权威·前沿·原创

皮书系列为
“十二五”“十三五”国家重点图书出版规划项目

“一带一路”产业合作发展报告（2017~2018）

ANNUAL REPORT ON THE BELT AND ROAD INDUSTRIAL COOPERATION (2017-2018)

主　编／尹丽波
国家工业信息安全发展研究中心

社会科学文献出版社
SOCIAL SCIENCES ACADEMIC PRESS (CHINA)

图书在版编目(CIP)数据

“一带一路”产业合作发展报告. 2017－2018 / 尹丽波主编. －－北京：社会科学文献出版社，2018. 6
（工业和信息化蓝皮书）
ISBN 978－7－5201－2427－0

Ⅰ. ①一…　Ⅱ. ①尹…　Ⅲ. ①“一带一路”－产业合作－国际合作－研究报告－2017－2018　Ⅳ. ①F269

中国版本图书馆 CIP 数据核字（2018）第 047967 号

工业和信息化蓝皮书
“一带一路”产业合作发展报告（2017～2018）

主　　编 / 尹丽波

出 版 人 / 谢寿光
项目统筹 / 邓泳红　吴　敏
责任编辑 / 吴　敏　吴云苓

出　　版 / 社会科学文献出版社 · 皮书出版分社（010）59367127
地址：北京市北三环中路甲 29 号院华龙大厦　邮编：100029
网址：www. ssap. com. cn
发　　行 / 市场营销中心（010）59367081　59367018
印　　装 / 三河市龙林印务有限公司

规　　格 / 开 本：787mm × 1092mm　1/16
印 张：16. 5　字 数：246 千字
版　　次 / 2018 年 6 月第 1 版　2018 年 6 月第 1 次印刷
书　　号 / ISBN 978－7－5201－2427－0
定　　价 / 98. 00 元

皮书序列号 / PSN B－2015－448－1/6

工业和信息化蓝皮书
编　委　会

《“一带一路”产业合作发展报告（2017～2018）》课题组

课题编写 国家工业信息安全发展研究中心
对外合作研究中心

指　　导 黄　颖　郑　凯　周　健　王超楠　李　圆
王　佐　高　展　李　辉　田启家　唐晓伟

组　　长 李新社

副 组 长 汪礼俊

编写人员 褚玉妍　胡　杨　李　强　张　宇　徐　杰
王宇弘　孙倩文　高　焕　彭静怡　赵　千
陈星霓　徐然冉　杨超均　王　宇

主编简介

尹丽波 国家工业信息安全发展研究中心（工业和信息化部电子第一研究所）主任、党委副书记，高级工程师。工业信息安全产业发展联盟理事长、工业大数据分析与集成应用工业和信息化部重点实验室主任、国家网络安全检查专家委员会秘书长。长期从事网络信息安全和信息化领域的理论与技术研究，先后主持工业转型升级专项、国家发改委信息安全专项、国家242信息安全计划等几十项重要研究课题，作为第一完成人获部级奖励2项。

国家工业信息安全发展研究中心

国家工业信息安全发展研究中心（工业和信息化部电子第一研究所），前身为工业和信息化部电子科学技术情报研究所，成立于1959年。经过近60年的发展与积淀，中心在工业信息安全、两化深度融合、工业互联网、大数据、人工智能、物联网、军工电子和工业经济等诸多领域具有较强的优势积累和持续能力，逐渐形成软硬协同的业务体系。多年来，中心积极参与国家重大战略、规划、政策编制，为行业主管部门、科研机构、高等院校和行业企业提供专业咨询和技术服务。国家工业信息安全发展研究中心还是两化融合服务联盟、工业信息安全产业发展联盟等的发起单位和依托单位。

国家工业信息安全发展研究中心将深入贯彻习近平新时代中国特色社会主义思想，以服务于新时代制造强国和网络强国建设为使命，以保障工业领域信息安全、推进信息化和工业化深度融合为主攻方向，致力于成为支撑国家战略决策的高端智库和服务产业创新发展的权威机构。

深入实施制造强国和网络强国战略
推动制造业高质量发展

当前，以信息网络技术加速创新与渗透融合为突出特征的新一轮科技革命和产业变革，正在全球范围内孕育兴起，加速全球经济数字化转型步伐。党的十九大报告指出，要加快建设制造强国，加快发展先进制造业，推动互联网、大数据、人工智能和实体经济深度融合。在 2018 年全国网络安全和信息化工作会议上，习近平总书记进一步强调，要围绕建设现代化经济体系、实现高质量发展，加快信息化发展，整体带动和提升新型工业化、城镇化、农业现代化发展的新发展理念。这为我们指明了新时期工业和信息化发展的方向。

从国际上看，云计算、大数据等新一代信息技术与制造业加速融合，工业互联网推动制造业效率变革、模式变革，网络化协同、个性化定制、在线增值服务、分享制造等新应用广泛普及，软件定义、数据驱动、平台支撑、服务增值、智能主导的特征日趋明显。美国、日本、欧盟等发达经济体先后出台一系列政策措施，大力发展人工智能、物联网、量子计算、区块链等新兴领域，加快促进自动驾驶、语音识别、智慧城市等场景应用。工业和信息化领域的国际竞争日益激烈，国际环境复杂多变。

从国内来看，我国经济呈现平稳运行和质量提升互促并进的良好局面，为制造业高质量发展创造了有利条件。特别是在实施“中国制造 2025”的有力推动下，制造业发展顶住了下行压力，实现了稳中向好。2017 年，规模以上工业增加值增长 6.6%，比 2015 年和 2016 年分别提高 0.5 个和 0.6 个百分点，改变了自 2010 年以来单向放缓的运行走势。更重要的是制造业产业结构调整步伐明显加快，重点领域创新能力大幅提升，制造模式变革深

入推进，全社会重视和支持制造业转型升级、创新发展的良好氛围基本形成。制造业的稳中向好的转型升级也有力促进了新旧动能转换，为国民经济长期健康发展奠定了坚实基础。

制造业是国民经济的主体，是推动经济高质量发展的关键和重点。我们要紧紧抓住新一轮科技革命和产业变革的历史机遇，以习近平新时代中国特色社会主义思想为指导，以深化供给侧结构性改革为主线，坚持质量第一、效益优先，全面实施“中国制造 2025”，推动制造业质量、效率、动力三大变革，加快制造业高质量发展步伐。

一是提升制造业创新能力。按照习近平总书记系统创新链思想，围绕产业链部署创新链，围绕创新链部署资金链，加快形成以企业为主体、市场为导向、产学研深度融合的技术创新体系。实施国家制造业创新中心建设工程，聚焦行业共性技术需求，建成一批高水平制造业创新中心。加强核心技术攻关，重点突破一批技术门槛高、投资强度大、投入风险高、研发周期长的关键短板装备和材料。实施工业强基工程，突破重点领域发展的基础瓶颈。

二是加快发展先进制造业。紧跟世界制造业发展前沿，加快发展新能源汽车、智能机器人、增材制造、石墨烯、5G 等新兴产业，形成新的增长点和综合竞争优势，进而抢占长远发展制高点。运用市场机制和经济手段去除无效低端产能，加快构筑物联网、工业互联网等新基础设施，发展网络协同制造、大规模个性化定制等新型制造模式，大幅提升传统产业的产品质量和劳动效率，让“旧产业”焕发出“新活力”。

三是加强质量品牌建设。制定和实施与国际先进水平接轨的制造业质量、安全、卫生、环保及节能标准。建立一批制造业发展急需的高准确度、高稳定性计量基标准，完善检验检测技术保障体系。深入开展质量提升行动，加快消费品提质升级，支撑民众消费升级需求；加快装备制造业标准化和质量提升，提高关键领域核心竞争力；加快高端材料创新，形成高性能、功能化、差别化的先进基础材料供给能力。鼓励企业实施品牌战略，树立中国制造品牌良好形象。

四是进一步深化制造业对外开放。全面放开一般制造业，将加快汽车、船舶、飞机等行业开放。推动“中国制造2025”与德国工业4.0、美国工业互联网等战略对接，加强制造业领域国际交流合作。注重原始创新、集成创新和引进消化吸收再创新相结合，在坚持自主可控的基础上，大胆引进各种先进技术。加强海外能源资源的利用，鼓励和支持有能力的企业“走出去”。以“一带一路”沿线国家为重点，推进制造业国际布局。

五是营造有利于高质量发展的良好环境。进一步深化“放管服”改革，简化审批手续和流程，最大限度降低制度性交易成本。落实公平竞争审查制度，规范政府行为，防止出台排除、限制竞争的政策措施。加快产业政策转型，从结构性、倾斜型向功能性、普惠型转变，提高企业对政策的获得感，促进各类市场主体在市场上公平竞争、共同发展。围绕制造业发展的重点领域，创新人才培养引进方式，完善人才激励机制，为高质量发展提供人才和智力支持。

习近平总书记强调，“在激烈的国际竞争中，唯创新者进，唯创新者强，唯创新者胜”。值此之际，国家工业信息安全发展研究中心推出“工业和信息化蓝皮书”，深入分析了2017~2018年世界信息化、世界信息技术产业、工业信息安全、“一带一路”产业和新兴产业等领域的最新动态和发展趋势，希望能够在理论探讨和实践探索方面，为我国工业和信息化领域各界人士提供有益的启示。

罗文

工业和信息化部党组成员、副部长

2018年5月

摘　要

《“一带一路”产业合作发展报告（2017～2018）》是关于工业和信息化领域“一带一路”建设发展状况的年度综述性研究报告，2018 年首度出版，视角独特、分析全面、解读权威，希望能对业界有一定借鉴意义。

本报告结合 2017 年全球科研院所、权威机构的研究成果和观点，借助大量的数据分析、典型案例和预测分析，多层面、多角度、系统性地阐述了中国与沿线国家参与“一带一路”产业合作的发展态势。在结构上分为总报告、重点区域篇和专题研究篇，共计 11 份报告。总报告针对国内及全球“一带一路”产业合作总体发展态势进行整体分析和预测，重点区域篇从共建陆海经济走廊的角度，阐释中蒙俄、中国—中亚—西亚、新亚欧大陆桥、中巴、中国—中南半岛、孟中印缅等六大走廊建设中，中国与沿线各国的产业合作、友好交往的最新动态与发展特点。专题研究篇针对电子信息产业、工业信息安全、中小企业等“一带一路”研究中的热点问题进行深入系统性的研究和探讨，进一步提高了综合性和权威性。本报告对业界、学界均有一定的指导作用和可读性。

目　录

Ⅰ　总报告

Ⅱ　重点区域篇

Ⅲ 专题研究篇

皮书数据库阅读**使用指南**

总 报 告

General Reports

B.1
“一带一路”产业合作发展态势

褚玉妍　王宇弘*

摘　要： 2017 年，“一带一路”产业合作取得重大进展，重点国家和区域在产能、投资、数字丝绸之路等方面的合作取得丰硕成果，战略对接不断深入，经贸合作区建设突破百个，累计与 86 个国家和国际组织签署了 100 份“一带一路”合作文件，一大批重要项目陆续落地，带动了各国经济发展，创造了大量就业机会。2017 年 5 月，在北京成功举办的第一届“一带一路”国际合作高峰论坛对“一带一路”的未来合作路径做出规划，向全世界展示了和平友好共同发展繁荣的光辉前景，具有重大历史意义。

* 褚玉妍，国家工业信息安全发展研究中心工程师，硕士，研究领域为“一带一路”、区域产业合作；王宇弘，国家工业信息安全发展研究中心工程师，硕士，研究领域为国际合作、国际经济与贸易、区域产业等。

关键词： 产业合作 “一带一路” 产业园区

当前，世界经济持续低迷，复苏乏力，民粹主义思潮卷土重来。从普遍的贸易保护主义到贸易增长缓慢以及移民政策收紧，反全球化浪潮此起彼伏。经济全球化面临前所未有的挑战。自习近平主席提出“一带一路”倡议的四年间，“一带一路”建设取得了丰硕成果和广泛好评。2017 年 5 月，在北京成功举办的第一届“一带一路”国际合作高峰论坛，成为“一带一路”建设进入新阶段的标志性事件。在会上，习近平总书记提出，要让“一带一路”成为文明、和平、繁荣、开放、创新之路。论坛最终收获了 270 多项成果，在政策沟通、民心相通、贸易畅通、资金融通、设施联通等各方面都有所涉及。2017 年，中国深入开展重点区域、重点国别的产能、投资、数字丝绸之路等合作，与 86 个国家和国际组织签署百余份合作文件，在世界 50 个国家建设百余个经贸合作区，以“一带一路”建设为重点，开放型经济新体制逐步健全。亚洲基础设施投资银行成员总数从 57 个扩大至 84 个，成员地域从亚洲扩至全球。同时，一批重大项目取得突破性进展：中俄亚马尔液化天然气项目首条生产线正式投产，中斯汉班托塔港合作项目正式启动，《中巴经济走廊远景规划》发布，中欧班列累计开行近 7000 列……此外，中国各省份也充分发挥自身优势，积极对接“一带一路”建设，中西部地区表现尤其突出。2017 年中国企业对“一带一路”沿线国家投资 143.6 亿美元，投资金额占总额的 12%，同比下降 1.2%，合计比上年同期增加 3.5 个百分点；对 59 个国家有新增投资，主要投向新加坡、马来西亚、巴基斯坦、老挝、印度尼西亚、俄罗斯、阿联酋、越南和柬埔寨等国。

一 倡议进入从理念到行动、从规划到实施的新阶段

2017 年，随着“一带一路”国际合作高峰论坛的成功举办，“一带

一路”建设正向纵深领域迅速推进，“一带一路”倡议已经进入从理念到行动、从规划到实施的新阶段，多层次政府间政策沟通交流机制推进迅速，政治互信高度提升。多边外交平台集中构建高层次对话机制，区域双边合作与政策沟通机制逐步走向成熟，中央高层也在2017年频频将“一带一路”写入多部重大文件，各地方尤其是关键节点城市更是主动对接，参与“一带一路”建设成为中国产业国际化发展的重要渠道。

（一）多边外交平台集中构建高层次对话机制

2017年，“一带一路”国际合作高峰论坛、第比利斯“一带一路”国际论坛、“一带一路”巴黎论坛、“一带一路”青年发展论坛等多个高端论坛成功举办，不仅吸引了世界各国的目光、宣介了“共商共建共享”的基本理念，而且在全球范围内取得了丰硕成果，加强了伙伴关系和国际合作，实现了战略对接和利益共赢。2017年中国—东盟博览会将主题定为“共建21世纪海上丝绸之路，旅游助推区域经济一体化”，并设立“一带一路”专区，邀请相关沿线国家企业参展。2017年，以上述一系列高端外交平台为依托，“一带一路”高层对话机制取得了五方面的成果。

一是进一步明确了“一带一路”合作的发展方向。“一带一路”国际合作高峰论坛是倡议提出以来最高规格的论坛活动，其地域和国别范围更加开放，所讨论议题、合作领域和推进方式等更具灵活性。论坛从国家层面系统评估过去几年来“一带一路”倡议的理论和实践，积极回应国内外疑虑，在沿线各国共商顶层设计的基础上，出台了一批新的指导性文件，为下一阶段“一带一路”倡议的加速实施指明方向，扩大了影响力。习近平主席的讲话指出，要以政策沟通、民心相通、贸易畅通、资金融通、设施联通为目标，让“一带一路”成为一条文明、和平、繁荣、开放、创新之路。讲话受到各国领导人的积极回应，其相关理念也被峰会联合公报吸纳，形成广泛的国际共识。在第比利斯“一带一路”论坛上，格鲁吉亚总理克维里卡什维利、乌克兰总理格洛伊斯曼、摩尔多瓦总理菲利等各国政要也为共建“一带一路”积极建言献策。

二是“一带一路”的开放性更加显现，平台推动合作机制持续多元对接。2017 年 3 月，联合国安理会决议呼吁各国通过“一带一路”加强区域合作。目前，中国—东盟“10 + 1”合作框架、中非合作论坛、中国—中东欧“16 + 1”合作框架等已经与“一带一路”形成密切联系。第比利斯“一带一路”论坛上，哈萨克斯坦副总理多萨耶夫希望继续加强“一带一路”与哈方“光明之路”新经济政策对接，斯洛文尼亚副总理兼外交部部长埃尔耶维奇表示将积极响应习近平主席倡议，将中国—中东欧“16 + 1”合作打造成“一带一路”倡议融入欧洲经济圈的重要承接地。另外，中国签署了中蒙俄经济走廊建设规划纲要以及中哈、中捷、中白合作相关文件，并相继对接了老挝、柬埔寨、孟加拉国、塔吉克斯坦、沙特阿拉伯、波兰、匈牙利等国规划。在第一届国际青年大会暨“一带一路”青年发展论坛上，来自美国、法国、英国等全球 64 个国家，剑桥大学、麻省理工学院及哈佛大学等 40 所世界知名高校的博士生、国际创客青年及各领域杰出青年代表参加了会议，这是一次全球性高层次青年交流盛会。

三是规划了“一带一路”建设的具体路线图。在“一带一路”国际合作高峰论坛举办期间，中国和参加论坛的国家、国际组织共同签署了一系列合作文件，实现了相关政策对接，确定了合作路径与方向。2017 年 6 月 27 日，由中国驻欧盟使团、中国（海南）改革发展研究院、中国公共外交协会、欧盟智库“欧洲之友”等联合举办的第七届中欧论坛在比利时布鲁塞尔举行，以“一带一路”倡议、“构建世界新秩序”为主题，来自欧盟委员会、欧洲议会、中欧智库的专家学者，企业家以及媒体代表围绕“‘一带一路’国际合作高峰论坛成果落实”“‘一带一路’贸易与投资”等议题进行了深入的探讨与交流。2017 年 11 月 28 日，2017 第比利斯“一带一路”国际论坛在格鲁吉亚举办，吸引了 60 多个国家和国际组织的 2000 多位政要、智库学者和商界代表参加，是除中国外，全球首个以“一带一路”为主题、以国家中央政府名义举办的国际性论坛。在第四届世界互联网大会上，中国、埃及、老挝、沙特、塞尔维亚、泰国、土耳其、阿联酋等国家代表共同发起《“一带一路”数字经济国际合作倡议》，在宽带接入、数字化转型、电子商务等方面提出15项具体倡议，在具体领域规划“携手共建网络空间命运共同体”的方案。

四是平台以一批重点项目为抓手，稳步推进形成“一带一路”建设的良好局面。目前，丝路基金已签约项目达19个，承诺投资金额超过74亿美元，项目覆盖中蒙俄、中亚、南亚、西亚北非、中东欧等“一带一路”重点区域，项目领域涵盖了能源电力、工程机械、石油化工、通信网络、海洋工程、船舶制造、金融合作等多个领域。

五是一系列平台的建设表达了中国对“一带一路”建设的决心。中国是高峰论坛的主办方，更是“一带一路”的首倡国，提出了一系列加强产业合作、加大资金支持、建设经济走廊等方面的举措。在论坛上，习近平主席宣布新增丝路基金1000亿元，同时鼓励金融机构开展海外基金业务，从而以企业为主体，以市场化方式，为“一带一路”提供资金上的投融资支持。

专栏1　中格自贸协定签订背景与内容

格鲁吉亚位于高加索地区的黑海沿岸，北邻俄罗斯，南与土耳其、亚美尼亚、阿塞拜疆接壤。格鲁吉亚地处“一带一路”重要节点，营商环境良好，是我国在欧亚地区的重要经贸伙伴，也是该地区第一个与我国商签自贸协定的国家。2013年习近平主席提出“一带一路”倡议后，立刻在格鲁吉亚各界引起巨大反响。2014年，格政府组建了由总理直接领导的参与“一带一路”建设跨部门协调工作机制。2015年，中国商务部与格鲁吉亚经济部签署《关于推进共建“一带一路”的合作备忘录》，决定共同启动自由贸易协定谈判。2016年，双方在短短半年多时间内成功结束谈判，2017年5月“一带一路”国际合作高峰论坛期间，双方正式签署自由贸易协定，此后双方顺利完成各自国内审批程序，2017第比利斯“一带一路”国际论坛期间双方共同宣布，协定将于2018年1月1日正式生效。

中格自贸协定是“一带一路”倡议提出后我国启动并达成的首个自贸协定，内容全面，水平较高，利益平衡，是推动形成全面开放新格局、发展更高层次开放型经济的具体举措。协定主要内容涵盖货物贸易、知识产权、服务贸易等共计17个章节，同时也包括了电子商务、竞争和环境等新议题。

该自贸协定生效后，格鲁吉亚将对中国96.5%的产品实施零关税，所覆盖的商品贸易额约占格鲁吉亚自中国进口总额的99.6%；中国将对格鲁吉亚93.9%的产品实现零关税，所覆盖的商品贸易额约占中国自格鲁吉亚进口总额的93.8%。2018年1月1日之后，中国企业可以申领中格自贸区优惠原产地证书，享受关税优惠和通关便利化。

在两国政府共建“一带一路”的强劲推动下，中格经贸合作迸发出强大活力，各领域务实合作规模和水平不断提升。2016年，中格双边贸易额达到7.2亿美元，2017年1~10月达到8亿美元，已经超过上年全年水平，同比增长20.7%。中方企业对格直接投资同比增长41%，累计投资超过6亿美元，在格投资经营的银行、工业园区、酒店、住宅小区、水电站等项目取得了不俗业绩。在格承建的风电站、铁路、公路等项目受到当地社会的一致好评。

资料来源：国家工业信息安全发展研究中心分析整理。

2017年，“一带一路”商学院联盟、“一带一路”人才培养校企联盟、“一带一路”航天创新联盟、“一带一路”国际产能合作园区联盟等多个联盟成立，从多领域深入持续推进“一带一路”建设、搭建多方合作平台，标志着联盟建设推动产能合作已进入实质阶段。一方面，联盟有利于发挥桥梁纽带作用，为“走出去”企业提供政策、法律、金融、信息等方面的服务；另一方面，通过联盟可以进一步规范企业境外经营行为，推动国际产能合作健康有序发展。“一带一路”商学院联盟是由哈工大经管学院、厦门大学管理学院等9所中国商学院发起，联合“一带一路”沿线国家20余所商学院共同成立的高等管理教育机构联盟，致力于融合中西教育资源、环境和模式，探索“一带一路”倡议背景下跨国高水平管理人才培养新机制，为“一带一路”沿线国家和地区搭建促进经贸活动、国际产能合作、基础设施投资建设项目落地、科技成果转移转化及教育教学资源共享的开放性国际化平台。“一带一路”国际产能合作园区联盟标志着“一带一路”境外产业集聚区、经贸合作区、工业园区、经济特区等合作园区建设迈入一个新的发展阶段。

（二）双边区域合作与沟通机制逐步走向成熟

截至2017年底，中国与69个国家和国际组织签署了“一带一路”合作协议，覆盖政策沟通、民心相通、设施联通、贸易畅通、资金融通各个方面。“一带一路”倡议与俄罗斯欧亚经济联盟、蒙古“发展之路”、老挝“陆联国”、沙特2030愿景、泰国东部经济走廊计划、哈萨克斯坦光明之路、乌兹别克斯坦“福利与繁荣年”规划、吉尔吉斯斯坦“国家稳定发展战略”、塔吉克斯坦“能源交通粮食”、土库曼斯坦建设“强盛幸福时代”等发展战略加快对接。同时，为落实好“一带一路”相关合作协议，中国国家发展和改革委员会成立了推进“一带一路”建设工作领导小组办公室，并制定相应工作方案，确保有序推进“一带一路”沿线合作。同时，与已签署备忘录的国家，开展合作规划纲要的编制与签署，目前已签署中蒙俄经济走廊建设规划纲要以及中白、中哈、中捷对接合作文件，并逐步展开与老挝、柬埔寨、孟加拉国、沙特阿拉伯、塔吉克斯坦、匈牙利、波兰等国的规划对接工作①。除亚欧国家外，非洲、拉美以及加勒比地区国家也积极响应并参与“一带一路”建设，“一带一路”“朋友圈”扩大。

① 推进“一带一路”建设工作领导小组办公室：《共建“一带一路”：理念、实践与中国的贡献》。

表1　“一带一路”倡议与沿线国家发展战略对接情况

国家	对接战略	主要内容	合作重点
蒙古	“发展之路”倡议战略	推动建立跨境经济合作区,启动中蒙自贸协定联合可研。双方将推动在矿产开发和基础设施建设等传统领域的合作,加强住房改造、农畜牧业等合作,用好中蒙博览会等平台。	中方将继续在过境运输、出海口等领域向蒙方提供便利和支持。蒙方将保持政策稳定,为包括中国企业在内的外国投资者在蒙投资创造良好环境。
沙特	2030 愿景	双方表示将致力于加强文化、教育、卫生、科技、旅游、新闻等领域的交流与合作。	深化两国在能源、贸易、投资和安全等领域的务实合作。
泰国	东部经济走廊计划	东部经济走廊计划连接了泰国的北柳、春武里和罗勇三个地区,在发展新型汽车、智能电子、高端农业及生物科技、食品加工、机器人、生物材料及信息技术等十大产业的同时,完善该地区高铁、公路等基础设施建设。	实现东部经济走廊铁路与中泰铁路合作项目对接,特别是与中国基础设施如铁路、港口等实现对接。

资料来源：国家工业信息安全发展研究中心分析整理。

“一带一路”建设成为2017年双边论坛、会议的重要议题，有力推动了中小企业“走出去”、产业合作向多领域发展。第七届欧洲中小企业大会配套举办了“丝绸之路——欧洲中小企业发展新机遇”等系列会议，第十四届中国国际中小企业博览会启动了“一带一路”专项行动2017之广东行——走进非洲系列活动、“一带一路跨境电商交流会”，中韩中小企业合作发展论坛双方企业家和有关专家学者在“一带一路”建设、产业领域互联互通、深层次产业链合作等方面进行深入探讨。阿尔巴尼亚合作与发展研究所同中国—中东欧智库网络在地拉那联合举办“‘一带一路’和‘16+1’合作框架下的中阿合作”圆桌会。2017年2月24日，在菲律宾马尼拉，中国商务部和菲律宾贸工部合作举办了“中菲经贸投资论坛”，与会的近300名政府和金融企业代表共同探讨了双边合作的推动方式。同年举办的国际产能合作论坛暨第九届中国对外投资合作洽谈会，也以推动“一带一路”建设为主题，以创新投资方式，促进产能合作，培育新优势，让中国企业更好地“走出去”为目标。“一带一路”中小企业国际合作高峰论坛、第二十一届软博会、“一带一路”软件行高峰论坛、第三届中俄中小企业实业论坛、中俄原材料工作会议、电子信息产业国际合作论坛、2017 中非产能合作展等也将“一带一路”作为重要议题。

中国与沿线国家共同编制的多项经济规划集中签署，为双边产业合作指明方向。2017 年 12 月 5 日，在中国—乌克兰政府间合作委员会第三次会议召开期间，中国商务部、农业部与乌克兰农业政策与粮食部、经济发展与贸易部共同签署《中国—乌克兰投资合作规划》。双方将按照“政府引导、市场运作、企业主体”的原则，鼓励两国企业通过多种方式开展农业投资合作，推动重大项目攻坚，不断提高两国农业投资合作水平。12 月 18 日，《中巴经济走廊远景规划（2017 ~ 2030 年）》发布，是经两国政府批准的国家级规划，由两国政府有关部门共同编制，将中国相关国家规划、地方规划与巴基斯坦“愿景 2025”国家发展战略对接，有效期至 2030 年。规划共分为前言、走廊界定和建设条件、规划愿景和发展目标、指导思想和基本原则、重点合作领域、投融资机制和保障措施六部分。其中，重点合作领域包括互联互通、能源领域、经贸合作与产业园区领域、旅游、民生、金融领域合作、农业开发与扶贫和民间交流合作等。

与此同时，一批区域合作促进平台、联合实验室开始运行并在双边、多边产业合作中起到巨大推进作用。2017 年 4 月 19 日，中国—东盟中小企业贸易促进平台（CASTPP）首批泰国直采商品到港，着力打造区域内最大贸易平台。2017 年 7 月、11 月，中阿国际联合实验室、中阿无人智能系统自主控制国际联合实验室相继启动，进一步推动两所大学的学术合作和伙伴关系。

（三）中央高层推动“一带一路”倡议行稳致远

2017 年，高级别领导人讲话中也多次出现“一带一路”的关键词：瑞士达沃斯论坛上，习近平主席提出“共担时代责任，共促全球发展”的战略指引，并宣布在北京主办“一带一路”国际合作高峰论坛的消息；2017

年9月，习近平出席金砖国家工商论坛开幕式并发表主旨演讲，总结出中国成功举办“一带一路”国际合作高峰论坛标志着“一带一路”建设已经实现从理念到行动、从规划到实施的前进，并提出“一带一路”建设也为落实2030年可持续发展议程创造新的机遇；2017年10月，习近平在十九大报告中提出，未来五年，中国要以“一带一路”建设为重点，在共商、共建、共享的基础上，加强创新合作，坚持“引进来”和“走出去”相结合，形成陆海内外联动、东西双向互济的全面开放新格局，并将其写入党章；在2017年的政府工作报告中李克强总理也提出“扎实推进‘一带一路’建设”，中央经济工作会议要围绕“一带一路”建设，创新对外投资方式，以投资带动贸易发展、产业发展。

2017年，在为“一带一路”建设对外投资产业布局提供方向指引的基础上，中国也陆续配套出台相应的产业对外投资合作支持政策。2015年5月，《关于推进国际产能和装备制造合作的指导意见》《关于构建开放型经济新体制的若干意见》相继发布，要求“立足国内优势并结合当地市场需求开展优势产能国际合作”，“将钢铁、有色金属、建材、铁路、电力、化工、轻纺、汽车、通信、工程机械、航空航天、船舶和海洋工程等共12大产业作为重点”，建立“走出去”战略新体制，其中涉及“促进高铁、核电、航空、机械、电力、电信、冶金、建材、轻工、纺织等优势行业‘走出去’”；“提升互联网信息服务等现代服务业国际化水平，推动电子商务‘走出去’”；“支持重大技术标准‘走出去’”等。2015年7月，《关于积极推进“互联网+”行动的指导意见》在拓展海外合作方面明确提出，支持和鼓励具有竞争优势的互联网企业联合制造、金融、信息通信、智慧能源、智慧医疗、交通运输服务、资源环境动态监测等领域企业率先“走出去”；鼓励“互联网+”企业面向全球提供工业云、供应链管理及大数据分析等网络服务。陆上走廊与海上走廊合作支点建设、深化产能合作成为关注重点。在此基础上，2017年5月10日，推进“一带一路”建设工作领导小组办公室发布了《共建“一带一路”：理念、实践与中国的贡献》，从时代呼唤、合作框架、合作领域、合作机制、愿景展望五个方面系统展示共建

“一带一路”的丰富成果，增进各国战略互信和对话合作，并再次强调产能和投资方面的国际合作，是“一带一路”合作的另一个优先方向。《关于2017年深化经济体制改革重点工作的意见》《2017年国务院关于落实〈政府工作报告〉重点工作部门分工的意见》均提出加快陆上经济走廊和海上合作支点建设，构建沿线大通关合作机制。深化国际产能合作，带动中国装备、技术、标准、服务“走出去”，实现优势互补。

在装备方面，《2017年工业节能与综合利用工作要点》要求加强与“一带一路”沿线国家合作，推动节能环保装备产业积极主动“走出去”。《关于积极推进供应链创新与应用的指导意见》提出积极推动国际产能、装备制造合作与边境经济合作区、境外经贸合作区、跨境经济合作区建设，鼓励企业深化对外投资合作，设立境外分销和服务网络、海外仓、物流配送中心等，建立本地化的供应链体系。在技术方面，《国家技术转移体系建设方案》提出广泛开展向“一带一路”沿线国家的国际技术转移，有利于科技成果资本化、产业化的体制机制基本建立。《国务院关于进一步扩大和升级信息消费持续释放内需潜力的指导意见》提出，积极参与建设沿线重要国家和节点城市网络，推进第五代移动通信（5G）研究试验，在2020年实现商用化。《关于积极推进供应链创新与应用的指导意见》在人员流动、标准互通、资格互认、知识产权、认可认证等方面加强与沿线国家的交流合作，完善供应链利益联结机制，推动制定全球经贸新规则，形成全球利益共同体与命运共同体。在服务方面，《2017年石油和化工行业“质量兴业”活动方案》提出开展“一带一路”沿线国家和地区质量管理政策研究，支持推动中国石油和化工企业和产品“走出去”。《关于开展支持中小企业参与“一带一路”建设专项行动的通知》提出支持中国中小企业技术、营销、品牌、服务等“走出去”，同时鼓励中小企业积极引进吸收沿线国家的先进技术与管理经验，加快培育中国中小企业的国际竞争力。

（四）产业合作政策深入务实推进“一带一路”

2017年，在国家战略指引下，中国从中央到地方的产业政策在“一带一路”方面深入对接，主要在数字经济、质量品牌建设以及汽车、纺织、可再生资源、食品工业和应急产业等领域与“一带一路”国家集中合作。

在数字经济方面，国务院发布《国务院关于强化实施创新驱动发展战略进一步推进大众创业万众创新深入发展的意见》，提出将发起“一带一路”数字经济国际合作倡议，以促进“一带一路”沿线国家在数字经济方面的交流与合作。《工业和通信业标准化工作服务于“一带一路”建设实施意见》提出，推动我国标准与国际标准互认，把我国的先进技术标准引入沿线国家，服务于东道国经济发展。目前，埃塞俄比亚、肯尼亚已分别采用我国水泥和建筑陶瓷行业标准。

在质量品牌建设方面，2016 年《国务院办公厅关于发挥品牌引领作用推动供需结构升级的意见》未将“一带一路”品牌建设纳入其中，2017 年我国就首次提出了实施中国品牌“走出去”行动，积极推进国际品牌共建共享，贯彻落实国家“一带一路”倡议。《中共中央国务院关于开展质量提升行动的指导意见》《深入推进信息化和工业化融合管理体系的指导意见》《工业和信息化部办公厅关于做好 2017 年工业质量品牌工作的通知》《2017 年全国打击侵犯知识产权和制售假冒伪劣商品工作要点》等从不同角度提出“一带一路”质量品牌建设的新要求，北京、内蒙古、山东等省份也结合自身实际提出品牌建设的要求（见表 2）。

表 2　2017 年“一带一路”品牌质量相关文件

序号	地区	文件名称	相关内容
1	全国	中共中央国务院关于开展质量提升行动的指导意见	促进“一带一路”沿线主要贸易国家和地区间质量国际合作，共建共享质量基础设施，推动互联互通。
2	全国	深入推进信息化和工业化融合管理体系的指导意见	支持在“走出去”、“一带一路”建设中的应用推广，以新模式打造中国品牌。
3	全国	工业和信息化部办公厅关于做好 2017 年工业质量品牌工作的通知	落实国家“一带一路”倡议，引导企业拓展对外合作方式，创新商业运作模式，增强境外经营和品牌推广能力。

续表

序号	地区	文件名称	相关内容
4	全国	2017年全国打击侵犯知识产权和制售假冒伪劣商品工作要点	针对“一带一路”沿线国家和地区突出进出口、重点专业市场、跨境电子商务等重点环节,加强执法协作,打击跨境制售侵权假冒商品违法犯罪行为。在经贸领域积极推动与金砖国家、“一带一路”沿线国家和地区的知识产权合作。
5	北京市	北京市2017年质量品牌工作要点	抓住“一带一路”建设等契机,推动本市品牌“走出去”。引导企业拓展对外合作方式,增强境外经营和品牌推广能力,实现国际化发展,打造国际品牌。
6	内蒙古自治区	内蒙古自治区2017年度工业质量品牌建设的工作计划和实施方案	落实国家“一带一路”倡议,鼓励企业拓展对外合作方式,创新商业运作模式,增强境外经营和品牌推广能力。
7	山东省	山东省2017年工业质量品牌建设工作计划和专项行动实施方案	落实国家“一带一路”倡议,引导企业拓展对外合作方式,创新商业运作模式,增强境外经营和品牌推广能力。

资料来源：国家工业信息安全发展研究中心分析整理。

在具体产业领域，《加快推进再生资源产业发展的指导意见》提出应结合“一带一路”建设科学规划，统筹产业园区与产业带的空间布局，建立企业间和产业间物质流、信息流、产品链、资金流紧密结合的循环经济联合体，延伸再生资源产业链条，提升再生资源产品附加值，实现资源跨企业、跨行业、跨产业、跨区域的循环利用。《关于促进食品工业健康发展的指导意见》紧密结合“一带一路”倡议，鼓励食品企业采取设立境外办事处和技术中心等多种方式“走出去”，支持加工企业到海外建立粮油、乳制品、肉制品等重要食品原料基地。鼓励开展对目标国法律、政策、标准、贸易规则等研究和服务，支持有实力的企业通过并购、合资等方式进入海外食品加工和研发领域，拓展营销网络，深度融入全球食品产业链。《应急产业培育与发展行动计划（2017～2019年）》要求服务“一带一路”建设，提高涉外突发事件应急能力。加强应急产业国际交流合作：加强与“一带一路”沿线国家及德国、美国、日本等发达国家应急产业国际合作，推动我国应急产品、技术、标准“走出去”。鼓励相关企业积极开拓海外市场，提供系统集成、应急服务、产品供应、运营维护等全链条保障，在对外援助、境外救援等事项中体现我国应急产业实力和综合救援能力。并提出将应急产业相关内容纳入鼓励外商投资目录，吸引国外优秀企业在华设立研发机构和生产基地，支持地方发展具有区域特色的国际应急产业合作基地。《产业用纺织品行业“十三五”发展指导意见》将结合“一带一路”倡议，在大型水利设施、城市地下管网、高速铁路、大型机场改扩建、港口码头建设等基础设施建设重点领域，围绕基础设施建设需求，加强与具体应用领域对接，发展基础设施配套用纺织品。《汽车产业中长期发展规划》以“一带一路”建设为契机，推动全球布局和产业体系国际化，推动汽车产业发展由规模速度型向质量效益型转变，从汽车大国向汽车强国转变。《关于推进黄金行业转型升级的指导意见》提出加强与“一带一路”沿线国家开展深度合作，通过资源互补、资源共享和资源整合等方式进行强强联合。

表3　2017年“一带一路”相关产业活动

地点	活动名称	涉及内容
北京	借力“一带一路”　加快汽车行业转型升级研讨会	政府完善相关政策为企业搭建产融平台，作用很大，有利于推动汽车行业“走出去”，能够有效加快汽车行业转型升级。
长春	第十一届中国—东北亚博览会	突出智能制造主题，围绕智能网联汽车、轨道交通装备、卫星及无人机、智能装备与机器人和3D打印等前沿技术，聚焦制造业服务化、“互联网+”等开展一系列展览展示。
天津	2017中国汽车产业发展（泰达）国际论坛	分别利用国际国内两种资源、两个市场，提升国际化经营能力，抓住“一带一路”等重大机遇抱团出海。
北京	第26届中国国际信息通信展	多国驻华使馆及香港展团将加入，助力“一带一路”企业对接。
武汉	“一带一路”国际产能合作交流会	来自印尼、埃及、巴基斯坦、波黑等“一带一路”沿线国家以及南非、尼日利亚等非洲国家和乌拉圭、委内瑞拉等美洲国家的近60名外方代表出席，湖北、浙江、河南、北京、上海等地的90多家中方企业交流，共促成合作意向54个，主要集中在基建工程、建筑建材、机械设备等领域。
上海	十九届中国国际工业博览会	深化工业领域开放合作，以“一带一路”建设为重点，坚持“引进来”与“走出去”并重，积极参与和推动国际产能合作。

续表

地点	活动名称	涉及内容
南京	2017年知识产权协同创新论坛暨“‘一带一路’与知识产权风险”国际研讨会	围绕“一带一路”背景下我国知识产权相关工作、知识产权制度的重构与完善、知识产权战略协同以及沿线国家的知识产权相关情况等进行了主题发言。
昆山	昆山产业对接德国智造交流活动	引导企业积极对接“中国制造2025”与“德国工业4.0”，全面加强与德国商会和科研机构的沟通交流，在产业合作、技术创新、企业管理等方面与德国开展广泛合作。
济南	2017中德中小企业合作交流大会	山东省特别是济南市大力推进“一带一路”倡议，积极落实《中德合作行动纲要》，推动与德国等欧洲国家中小企业在管理、技术、设备、资本、人才等领域务实合作。
揭阳	中德（欧）中小企业合作交流会	以“一带一路　智造未来”为主题，中欧科创中心、中德双元教育培训中心等2个项目举行了授牌仪式。
北京	第四届北京国际友好商协会大会	倡议成立“一带一路”城市商会联盟，促进中小企业参与“一带一路”国际合作。
南京	2017（第五届）江苏互联网大会	江苏处在“一带一路”交汇点上，发展数字经济具有独特的区位优势、市场优势和坚实的网络基础、产业基础，潜力巨大、前景广阔。

资料来源：国家工业信息安全发展研究中心分析整理。

二　深入推进园区和互联建设，海上合作步入加速期

（一）多模式建设经贸合作园区成效卓著

国际产能合作是推进“一带一路”建设的优先领域与重要支撑，而境外产业园区作为实施中国企业“走出去”战略的重要载体和平台，能够大幅降低“走出去”企业境外投资经营的风险和筹建成本，推进企业的国际化发展。近年来，“一带一路”沿线国家积极推动产业园区发展，为中国企业“走出去”提供了难得的机遇。全球产业园区建设的发展历史可划分为三个阶段（见表4）。第一阶段为“飞地型”产业园区：通过吸引外商直接投资，致力于提升就业和劳动技能，在创造就业和外汇收入方面发挥了重要

作用。例如柬埔寨的一些产业园区仍为传统的出口加工区，以当地低廉的劳动力吸引企业入驻，企业雇用的所有工人几乎都集中在服装、电子、电器产品和家具等低技术行业。到第二阶段，园区的发展主要受益于跨国企业日益复杂的离岸经营活动。发达经济体技术的溢出使园区企业能够采用更先进的技术，进而促进了园区内企业的能力建设和技能的积累。在技术更先进的第三阶段，产业园区通过引入某些改革，如劳动力市场和服务业部门提高生产率，促进创新，加强技能开发，而且越来越多的经济体将产业园区视为促进区域合作和一体化的政策工具①。双国双园双基金的模式也是非常有效的在“一带一路”沿线进行推广的模式。

表4　产业园区三种形式

阶段	形式	决定性因素	贡献
第一阶段	“飞地型”园区	廉价劳动力	提升就业和劳动技能，创造就业和外汇储备
第二阶段	跨国企业离岸经营园区	企业能力建设和技能的积累	有助于人力资本的升级和出口多元化
第三阶段	“自主发展型”园区	改革、提高生产率、促进创新、技能开发	有利于技术进步、转移和溢出，促进区域合作和一体化

资料来源：国家工业信息安全发展研究中心整理自《“一带一路”倡议与海外产业园区建设》。

2017年，中国企业在“一带一路”沿线国家持续推进建设75个境外经贸合作区，累计投资270多亿美元，上缴东道国税费22亿美元，吸引入区企业近3500家，为当地创造近21万个就业岗位。其中，新增的国家级境外经贸合作区达19个，主要分布在中亚、东南亚、中东欧和非洲地区；增加入园企业2330家，较上年增长2倍多；入驻园区的企业集中在农业、家电、轻纺、商贸物流、建材、钢铁、化工、机械、汽车、矿产品等行业领域。目

① 中国社会科学院国家全球战略智库编《2016年的中国与世界》，社会科学文献出版社，2017，第76～77页。

前，依托正在打造的产业集群式“走出去”平台，中国与沿线国家共建包括境外经贸合作区、中国境内边境合作区、跨境跨双方边境的经济合作区三类园区。其中，中国—白俄罗斯工业园、中国—马来西亚“两国双园”项目、埃及苏伊士经贸合作区等一批重点境外经贸合作区建设推进迅速；中泰罗勇工业园、中哈霍尔果斯国际边境合作中心等重点园区目前已初具规模。截至 2017 年 8 月，中马钦州产业园建成，在建的产业和城市项目近 100 项，总投资约 500 亿元，入园项目投资超过 280 亿元。马中关丹产业园已吸引了 7 个中国优势产能项目入驻，包括年产 350 万吨的现代化全流程综合性钢铁厂、大型轮胎生产基地、铝型材加工项目、炼油催化剂项目等，投资金额超 180 亿元。同时，中国与沿线国家共同推进的跨境、边境经济合作区建设也取得新进展。2017 年 1 ~ 11 月，中哈霍尔果斯国际边境合作中心出入境人员达 509.4 万人次，同比增长 10.7%。2017 年 5 月，中国与缅甸、尼泊尔分别就边境、跨境经济合作区建设达成新的共识。2017 年 11 月，《中国商务部与越南工贸部关于加快推进中越跨境经济合作区建设框架协议谈判进程的谅解备忘录》正式签署。

表 5　通过确认考核的“一带一路”经贸合作区产业合作情况

所在国家	合作区名称	主要投资合作产业
柬埔寨	西哈努克港经济特区	纺织服装、机械电子、高新技术
泰国	泰中罗勇工业园	汽配、机械、建材、家电、电子
越南	龙江工业园	轻工、纺织、建材、化工、食品
巴基斯坦	海尔—鲁巴经济区	家电、纺织、建材、化工
赞比亚	中国经济贸易合作区	铜钴开采、冶炼、加工；现代物流、加工制造、房地产、新技术
埃及	苏伊士经贸合作区	纺织服装、通用机械、汽车、高低压电器、配套服装
尼日利亚	莱基自由贸易区	加工制造、石油仓储、商贸物流
俄罗斯	乌苏里克经贸合作区	轻工、机电、木业
俄罗斯	中俄托木斯克木材工贸合作区	木材加工、销售、建筑材料销售服务
埃塞俄比亚	东方工业园	轻工、纺织、冶金、建材、机电等

资料来源：国家工业信息安全发展研究中心分析整理。

（二）基础设施建设、通信互联稳步深入推进

除了工业结构差异较大，沿线国家信息化发展水平更是千差万别。新加坡、卡塔尔、以色列、希腊、中东欧部分国家等信息化程度较高，蒙古国、中亚、南亚部分国家产业发展尚处于初级阶段，其余大部分国家则处于初期到中期阶段的发展进程中，因此沿线各国的整体发展水平仍为“中等”。因此，促进基于“互联网+”的多领域、多层次信息经济带合作，加强网络互联、信息互通，有助于缩小国家间、地区间和人群间的数字鸿沟，释放数据红利，也是“一带一路”建设的题中之义。2017年，“网上丝绸之路”跨境陆缆、海缆的铺建仍为重点推进项目，信息服务方面的合作也更加深入，以促进中国与沿线各国的通信互联互通，帮助各地区ITC及相关产业繁荣发展。

“网上丝绸之路”是中国与“一带一路”沿线各国，在加强网络互联、信息互通基础上形成的多领域、多层次“互联网+”信息经济带。而建设

表6 “网上丝绸之路”相关政策文件

发布时间	文件名称	发布机构	主要内容
2016年12月15日	《“十三五”国家信息化规划》	国务院	作为规范和指导未来五年国家信息化发展的纲领性文件，首次提出“网上丝绸之路”建设优先行动，作为中国未来五年的优先战略重点行动。
2017年1月5日	《促进电子商务发展部际综合协调工作组工作制度及三年行动实施方案（2016~2018年）》	国家发改委办公厅、中央网信办秘书局、商务部办公厅	提出“跨境电子商务综合通关提速工程”和“提升电子商务对外开放水平专项行动”，围绕落实“一带一路”倡议，推动与“一带一路”沿线国家重要节点城市的对点合作，推动跨境电子商务合作通道建设，带动对外贸易和产业合作；支持电子商务企业建设国际合作平台，促进国际化发展。
2017年1月15日	《关于促进移动互联网健康有序发展的意见》	中共中央办公厅、国务院办公厅	意见指出，围绕“一带一路”国家倡议，推进网上丝绸之路国际合作，促进移动互联网基础设施互联互通，大力发展跨境移动电子商务。

资料来源：国家工业信息安全发展研究中心分析整理。

“网上丝绸之路”也具有缩小数字鸿沟、释放数据红利，全面助力“一带一路”倡议实施的重大意义。2017 年，“网上丝绸之路”建设初显成效。《推动共建丝绸之路经济带和 21 世纪海上丝绸之路的愿景与行动》就已经指出“共同推进跨境光缆等通信干线网络建设，提高国际通信互联互通水平，畅通网上丝绸之路”。2016 年 12 月，《“十三五”国家信息化规划》首次提出“网上丝绸之路”建设优先行动，并将此作为中国未来五年的优先战略重点行动。2017 年，《促进电子商务发展部际综合协调工作组工作制度及三年行动实施方案（2016 ~ 2018 年）》《关于促进移动互联网健康有序发展的意见》相继发布，着力促进跨境电子商务合作通道建设和跨境移动电子商务发展。中国工信部批复将新建 6 条国际互联网数据专用通道，分别在洛阳、开封、徐州、兰州、长沙、大连 6 个城市，计划于 2018 年全部建成开通。6 条专用通道预计服务外向型企业超过 1800 家，初期开通总容量达 540G，拉动产业规模超过 1000 亿元，将为当地产业转型升级和外向型经济发展提供有力支撑。

2017 年，中国继续把基础设施互联互通作为与沿线国家合作的优先领域，在公路、铁路、港口、城建、发电站等方面开展大量合作，加强各国之间基础设施建设的规划和技术标准体系的对接，有效提升了沿线国家的基础设施建设水平。2017 年 3 月，《“十三五”现代综合交通运输体系发展规划》提出打造“一带一路”互联互通开放通道，发挥交通在扶贫工作中的支撑作用，发展适合新型城镇化的城际、城市交通，构建区域协调发展交通新格局；同时推动运输服务一体化，优化枢纽布局，提高客运服务和货运服务的安全便捷与集约高效程度，增强国际运输能力，发展相关技术装备。“一带一路”沿线国家在国内建设和区域合作上都亟须基础设施建设，但多数国家的相应资金匮乏。在“一带一路”倡议下，中国参与建立的金砖国家开发银行与亚洲基础设施投资银行，是中国开展对外基建投资战略构想的实践表现。中国积极支持 G20 成立全球基础设施中心，也在很大程度上是希望借助全球基础设施中心的力量，对“一带一路”建设助一臂之力。

2017 年，在铁路方面，中欧班列开行近 7000 列，运行线路达 57 条，国内开行城市达35个，欧洲12个国家达34个。在航空方面，与中国民航实现直航的沿线国家已达43个，国外航空公司新开通18条“一带一路”国家航线。在港口和海上物流方面，中国已与沿线36个国家及欧盟、东盟分别签订了双边海运协定；2017年11月8日，国家交通运输物流公共信息平台与马来西亚巴生港、国际港口社区系统协会、比利时安特卫普港、阿联酋阿布扎比港等单位签署合作备忘录，并携手先期互联签约单位西班牙巴塞罗那港、葡萄牙锡尼什港，共同推进“一带一路”沿线港口物流信息互联共享，构建“一带一路”沿线港口命运共同体。截至2017年11月，国家交通运输物流公共信息服务平台实现与全球31个港口的物流信息互联共享。

目前，“一带一路”沿线国家的基础设施建设以PPP模式为主，该模式下投资、建设、运营基础设施的做法较为成熟。如道路、机场、港口码头等基础设施，按照使用者付费模式可以回收投资和弥补运营。“一带一路”沿线国家基础设施建设资金需求量大，单一的投融资方式往往难以满足项目建设需求，应该采取传统和创新模式相结合的方式，不断探讨新的融资模式。2017年1月，中国国家发改委会同多个部门建立“一带一路”PPP工作机制，意在于沿线国家中积极推广PPP模式，推动其在沿线国家基础设施项目设计、建造、融资、维护、运营方面扮演重要角色。这一举措将帮助中国与沿线国家在基础设施等领域加强合作，一方面可引入发达国家资本作为项目参与方，中国企业可以获得宝贵的学习机会；另一方面通过PPP的保险协议，还能够分散与转移项目的投资风险。

在“一带一路”国际合作高峰论坛上，国家发改委与联合国欧洲经济委员会（简称“联欧会”）签署《谅解备忘录》，在“一带一路”沿线推广PPP模式合作。双方约定：帮助“一带一路”沿线联欧会成员国建立健全PPP体系和相关法律制度；在沿线国家中筛选10个PPP项目典型案例，作为推广PPP模式的借鉴和参考；建立“一带一路”PPP国际专家库，成员是熟悉“一带一路”沿线国家PPP法律并在规划、建设、运营、维护和融资等阶段兼具理论和实践的专家；建立“一带一路”PPP常态对话机制，通过举办多边对话论坛，邀请各方面专家交流互动。

2017年，中国主动对接“一带一路”沿线国家工业和信息化方面的发展战略。与俄罗斯签署了民用航空领域政府间合作文件，与柬埔寨、孟加拉国、伊朗、阿富汗等国政府部门签署了信息通信技术合作谅解备忘录，与波兰能源部签署了新能源汽车领域合作文件，与古巴工业部开展联合编制古巴工业中长期发展规划建议工作，与东非共同体五国、埃塞俄比亚和国际电信联盟签署共建东非信息高速公路合作文件。高峰论坛期间，工信部还与国际电信联盟签署了《关于加强“一带一路”框架下电信和信息网络领域合作的意向书》。

为加速构建高速、移动、安全、泛在的新一代信息基础设施，确保为建设国际一流的和谐宜居之都提供有力支撑，在《国家信息化发展战略纲要》《关于深化制造业与互联网融合发展的指导意见》的基础上，2017年中国将重点放在深入推进提速降费、建设大数据中心、发展云计算、移动互联网、下一代互联网、物联网等信息产业上。

表7　2017年“一带一路”信息产业相关政策文件

序号	地区	文件名称	相关内容
1	全国	《云计算发展三年行动计划（2017～2019年）》	结合“一带一路”倡议实施，推进建立多层次国际合作体系，支持骨干云计算企业加快海外布局，提高国际市场能力。
2	全国	《软件和信息技术服务业发展规划（2016～2020年）》	紧密结合“十三五”规划纲要对“中国制造2025”“互联网+”“一带一路”等的部署要求，强化软件和信息技术服务业对国家战略实施的服务支撑和对国家信息安全的保障作用。
3	全国	《关于促进移动互联网健康有序发展的意见》	在第五代移动通信（5G）、下一代互联网、物联网、网络安全等关键技术和重要领域，积极参与国际标准制定和交流合作。支持移动互联网企业“走出去”，鼓励通过多种方式开拓国际市场，加大移动互联网应用、产品、服务海外推广力度，构建完善跨境产业链体系，不断拓展海外发展空间。围绕“一带一路”国家倡议，推进“网上丝绸之路”国际合作，促进移动互联网基础设施互联互通，大力发展跨境移动电子商务。

续表

序号	地区	文件名称	相关内容
4	全国	《关于实施深入推进提速降费、促进实体经济发展2017专项行动的意见》	鼓励企业面向“一带一路”全球化战略需求，加快海外网络、数据中心和内容分发节点等方面的布局和优化升级。
5	北京	《关于深入推进2017年提速降费工作的通知》	下调“一带一路”沿线国家的语音和流量资费。

资料来源：国家工业信息安全发展研究中心分析整理。

2018年工信部将重点推进“一带一路”建设，在智能制造、工业互联网、民用航空、5G、车联网、网络安全等领域开展国际合作。加强与“一带一路”沿线国家的战略对话与对接，推进境外合作园区建设。妥善应对贸易与投资摩擦，稳妥推进汽车、工程机械、电子、冶金、建材、纺织等领域的国际产能合作。

（三）蓝色经济通道推动海上合作进入加速期

作为“一带一路”国际合作高峰论坛重要成果，《“一带一路”建设海上合作设想》首次就推进“一带一路”建设海上合作提出中国方案，首次系统提出中国政府推进“一带一路”建设海上合作的思路和蓝图，围绕一个愿景、遵循一条主线、共建三个通道、共走五条道路。即围绕构建包容、共赢、和平、创新、可持续发展的蓝色伙伴关系这个愿景，以发展蓝色经济为主线，共同建设中国—印度洋—非洲—地中海、中国—北冰洋—欧洲和中国—大洋洲—南太平洋等三条蓝色经济通道，推动与沿线国家务实合作，携手共走绿色发展之路、共创依海繁荣之路、共筑安全保障之路、共建智慧创新之路、共谋合作治理之路，实现人海和谐，共同发展。

中资在全球港口中越来越活跃。截至2017年6月，中国企业已累计宣布10个海外港口的投资计划，格里森斯皮克公司统计数据显示，中国近一年对外港口项目投资翻番，投资总金额从往年同期的99.7亿美元增至201

亿美元，加上汉班托塔港，过去一年境外港口总投资达到 210.74 亿美元。而得益于中国与印度洋及非洲沿线国家的先期启动项目，中国—印度洋—非洲—地中海蓝色经济通道建设推进较快，马来西亚皇京港、瓜拉宁宜国际港、槟城港、雅加达丹戎不碌港、斯里兰卡汉班托塔港、巴基斯坦瓜达尔港、伊朗恰巴哈尔港、以色列海法新港、希腊比雷埃夫斯港等港口建设快速推进。2017 年 7 月，招商局港口控股有限公司以 9.74 亿美元获得斯里兰卡南部的汉班托塔港 85% 的股权，并将拥有该港口 99 年特许经营权。根据公司公告，中资公司的四个投资项目（72 亿美元的马六甲皇京港、28.4 亿美元的瓜拉宁宜国际港、14 亿美元的槟城港以及 1.77 亿美元的关丹港项目）将在马来西亚上马。在印度尼西亚，宁波舟山港公司计划向印尼最大港口雅加达丹戎不碌港的卡里布鲁港扩建项目投资 5.9 亿美元。北极航线也在有序推进中，立陶宛克莱佩达港采纳了招商局港口的投资提议，挪威港口希尔克内斯，以及冰岛的两个港口也在洽谈中。

（四）国际产能和装备制造有力对接产业合作

2017 年，中国积极搭建国际产能和装备制造合作对接平台，双边、多边合作机制活力突出；组织行业协会、企业赴境外交流对接，深化与沿线国家产业合作，扩大实体经济合作；企业积极参与收购并购、直接投资、参股运营，为加快迈向中高端提供发展新动能。目前，在装备行业，具有较高技术水平的轨道交通、汽车制造、工程机械企业纷纷到“一带一路”沿线国家投资。在原材料领域，建材企业在境外投资项目达到 33 个，炼化和化肥行业境外在建项目金额达 600 亿美元，有色金属行业投资了 15 个沿线国家。在电子信息产业，多家光伏企业在东南亚、欧洲、美国、日本、南美等地投资建设光伏站或开展 EPC 总包服务。

围绕以下三个方面，铁路领域合作各项工作加速开展。一是积极发展以中欧班列为重点的铁路国际物流。发挥中欧班列国际运输联合工作组的作用，推动中欧班列合作协议落实落地。协调提高国际运输能力和效率，扩大班列开行范围，推进班列电子信息交换，提升便利化通关水平。充分利用中

欧班列运输协调委员会机制，加大双向货源组织力度，实现班列开行持续稳定增长，提高班列开行质量和效益。加强国际联运市场营销策略研究，积极开发国际邮包、电商快件、冷链运输等高附加值货源，吸引更多跨境货源，加快构建与“一带一路”建设相适应的铁路国际物流体系。二是扎实有序推进境外重点铁路合作项目。以政府间合作项目为重点，发挥总公司在企业层面的牵头作用，推动中老铁路有序实施，推进印尼雅万高铁、匈塞铁路塞尔维亚段全线开工建设和中泰铁路项目一期工程建设，做好马新高铁投标和莫喀高铁前期合作相关工作。落实境外项目风险防控机制，重点抓好质量安全和廉政风险控制。三是提高铁路对外交流合作水平。完善对外交流合作机制，务实推进重要合作协议落实，不断扩大合作成果。充分发挥内地与香港协调机制作用，支持帮助广深港高铁香港段，做好按期开通准备和深化互利合作工作。积极参与国际组织重要活动，加大对外宣传推介力度，讲好中国铁路故事，营造有利于深化国际合作的良好氛围。

除基础设施投资外，沿线国家加强产业特别是深化装备制造业的投资与合作，这不仅是沿线各国推进工业化进程的需要和促进各国社会经济深度融合的重要路径，也是“一带一路”建设的重点领域。2017 年 6 月 27 日，中铁装备集团高端装备再制造中心项目在天津滨海东疆港区正式开工，项目总投资 4.1 亿元，建设内容包括盾构机再制造中心、仓储中心、盾构机商业交易中心，将于 2018 年全面建成投产。该项目投产后将成为我国大型隧道掘进机再制造基地和再制造产品及零部件仓储中心、交易中心，可年产隧道掘进机、再制造整机 20 余台（套）。

三　协定促进双向贸易增幅显著，跨境电商发展迅速

在贸易总量方面，2017 年我国与“一带一路”沿线国家的贸易额明显增长，东南亚地区仍是我国最大的贸易伙伴，而且地位有所上升。据海关统计，2017 年“一带一路”经贸合作在探索中前进，沿线产能合作不断深化、贸易投资水平不断提升。2017 年我国对“一带一路”沿线国家进出口 7.37

万亿元，同比增长 17.8%，高于我国整体外贸增速 3.6 个百分点，占我国外贸总值的 26.5%，其中出口 4.3 万亿元，增长 12.1%，进口 3.07 万亿元，增长 26.8%。我国企业直接投资 124 亿美元，对“一带一路”沿线 59 个国家有新增投资。我国与沿线国家贸易结构持续优化，双向贸易投资不断攀升，其中货物贸易平稳增长，服务贸易出现新亮点，对外承包工程实现快速增长。

2017 年，我国分别与格鲁吉亚、马尔代夫签署了自贸协定，与智利签署了自贸区升级议定书，并签署了《亚太贸易协定第二修正案》。此外，还启动了与巴拿马、蒙古国、巴勒斯坦的自贸协定联合可行性研究和与瑞士的自贸协定升级联合研究。截至目前我国已签署 16 个自贸协定，涉及 24 个国家和地区，而 2018 年这一丰收成果有望进一步扩大：2018 年我国将有 10 个自贸协定推进谈判，还有 10 个自贸协定启动可行性研究。“一带一路”沿线市场潜能逐步爆发。第 122 届广交会“一带一路”沿线采购商占与会总人数的 43.99%，同比增长 3.48%；对“一带一路”沿线的出口成交额增长高达 13.6%，占总成交额的 31.1%。

依托“一带一路”建设，跨境电商发展迅速。通过跨境电商平台，双向贸易持续推进，出口已经成为我国外贸发展新的增长点。2017 年，我国商品销往俄罗斯、波兰、乌克兰、埃及、泰国、沙特阿拉伯等 54 个“一带一路”沿线国家，同时，超过 50 个沿线国家的商品通过跨境电商进入了中国。“网上丝绸之路”使民间商贸往来在世界地图上构成的连接线日益繁密，已经成为我国与沿线国家扩大文化、商品流通，实现共同繁荣的交流支点。据统计，2017 年上半年，13 个综试区跨境电商进出口的规模已经超过 1000 亿元，其中，B2B 占比达到六成，手机、电子配件、电脑和网络产品、家居用品是最受海外市场欢迎的中国商品。近两年，智能产品、运动户外、汽车配件、美容健康是海外销售最为亮眼的品类。顺应海外电商发展需求，2017 年 7 月 1 日起，全国海关通关一体化全面展开，企业可以在全国任意一个海关完成相关手续。全国海关也设立了风险防控中心和税收征管中心，实现了全国海关风险防控、税收征管等关键业务的集中、统一、智能处置。

2017 年前 10 个月进口货物通关时间为 17.55 小时，缩短 30.2%，出口货物通关时间为 1.16 小时，缩短 35.3%。

“一带一路”倡议顺应了时代要求和各国加快发展的愿望，沿线国家共建“一带一路”，共享“五通”成果，可以相信，与“一带一路”沿线国家贸易将继续成为我国对外贸易的亮点和增长点。下一步，海关将提高服务全面开放新格局的能力和水平，具体而言，我们将全方位地深化“一带一路”沿线国家大通关合作，积极推动沿线国家 AEO 互认；继续优化海关监管服务，推进通关流程去繁就简，切实提升贸易便利化水平；促进外贸转型升级，加快培育外贸发展新动能，支持新型贸易业态发展，支持办好中国国际进口博览会，主动参与国际贸易规则制定，全力办好世界海关跨境电商大会。

四　多双边合作基金快速推进，产业投融资持续加码

2017 年，我国持续加大对“一带一路”建设的投融资力度，国内国际金融机构都在积极拓展金融合作空间。9 家中资银行在“一带一路”沿线 26 个国家设立了 62 家一级分支机构，“一带一路”沿线 20 个国家金融机构在我国也设立了数十家分支机构和代表处。我国与“一带一路”沿线 22 个国家和地区签署了本币互换协议，总额近 1 万亿元。进出口银行、国家开发银行将分别提供 1300 亿元和 2500 亿元等值人民币专项贷款，用于支持“一带一路”基础设施建设和产能合作；丝路基金对外投资超过 60 亿美元；出口信用保险公司承保“一带一路”沿线国家出口和投资超过 3200 亿美元，丝路基金明确后续增资 1000 亿元，2017 年新签项目 2 个，承诺投资金额约 10 亿美元。国家发改委牵头设立中俄地区合作发展投资基金，总规模 1000 亿元，首期 100 亿元，重点推动中国东北地区与俄罗斯远东地区开发合作。同时，多双边投融资机制发展迅速。中国—中东欧“16+1”合作框架下的多边金融合作取得积极进展，14 家成员行构成的中国—中东欧银行联合体正式成立，由各国政府控股的政策性银行、开发性金融机构和商业银行等参

与，我国国家开发银行将在未来五年内向银联体成员行提供总额度为 20 亿等值欧元的开发性金融合作贷款。中以创新发展基金正在筹备中，中国—中东欧投资合作基金二期已设立完成。中国人民银行稳步推进与 IMF 合作，建立中国—国际货币基金组织联合能力建设中心，亚洲金融合作协会也正式成立。

（一）合作基金快速推进，助力人民币加速出海

2017 年，随着设施联通项目加快推进，资金需求巨大，开发性、政策性金融机构活跃。在“一带一路”国际合作高峰论坛上，习近平主席承诺向丝路基金新增资金 1000 亿元，鼓励开展人民币海外基金业务，预计规模约 3000 亿元。截至 2017 年 12 月，丝路基金承诺投资约 70 亿美元，已签约 17 个项目，支持项目涉及总投资金额达 800 亿美元，今后基金将进一步推进投融资币种多元化。同时，中国进出口银行、国家开发银行将分别提供 1300 亿和 2500 亿等值人民币专项贷款，以促进“一带一路”基础设施产能建设、金融合作，为有投资意愿的企业提供参与“一带一路”的资金保障。12 月，亚洲开发银行投资 50 亿美元，用于支持“中亚区域经济合作（CAREC）2030”新战略的实施。

2017 年 12 月，中英财长对话双方同意将继续加强在亚投行框架下的全方位合作和伙伴关系，英方正式承诺向亚投行“项目准备特别基金”捐款 5000 万美元，并宣布已与亚投行签署“捐款协议”。双方在“一带一路”议题下取得 7 大项成果，双方将加强在装备制造、基础设施互联互通、投资、金融等方面的合作，并探讨在沿线开展第三方市场合作，积极打造可持续的贸易、经济发展和安全成果。另外，双方同意成立首期 10 亿美元中英双边投资基金的提议，英国出口融资署将支持规模不高于 250 亿英镑的新增业务，用于支持“一带一路”亚洲项目。2018 年，双方将共同支持人民币国际化，并将在伦敦共同举行中英人民币国际化对话，促进中国国内资本市场国际化进程。

2017 年，亚投行“朋友圈”不断扩大。2017 年 3 月、5 月、7 月和 12

月先后进行四次扩容，批准了27个成员的加入，成员数增至84个，从亚洲拓展至全球。在最近一次扩容中，亚投行宣布批准库克群岛、瓦努阿图、白俄罗斯和厄瓜多尔四个经济体的加入申请。除了成员扩展，投资运营也稳步展开。亚投行有关负责人透露，自正式开业运营以来，亚投行已在12个成员国开展了24个基础设施投资项目，项目贷款总额达42亿美元，撬动了200多亿美元的公共和私营部门资金。2017年6~7月，亚投行先后获得了全球三大评级机构穆迪、标准普尔及惠誉的AAA信用评级，10月还获得巴塞尔银行监管委员会零风险权重的认定。截至目前，其投资的24个项目主要涉及能源、交通、城市基础设施等领域，且多为联合融资项目。2017年5月，亚投行等五个多边金融开发机构与中国财政部还就参与“一带一路”建设签署了合作备忘录。亚投行官网显示，目前其投资的24个项目分布在菲律宾、印度、巴基斯坦、缅甸、印尼等国，内容涉及贫民窟改造、防洪、天然气基础设施建设、高速公路/乡村道路、宽带、电力系统、地铁建设等。

2017年，受境内债券市场融资成本上升等因素影响，中资银行、企业海外发债迎来高峰。彭博统计数据显示，2017年以来，中资企业海外发行美元债约1800亿美元，较上年增七成，创下历史新高。Wind数据显示，2017年房企海外债发行数量已达74只，实际发行规模超过366.58亿美元，继续刷新历史高位，且较过去两年发行总和增逾99.4%。其中，11月房企海外计划发债规模35.5亿美元，债券数量9只，重回下半年以来高点。12月，国家开发银行在香港以私募方式成功发行3.5亿美元5年期固息“一带一路”专项债，截至2017年第三季度末，其在“一带一路”沿线国家累计发放贷款1789亿美元，余额超过1100亿美元。

与此同时，“一带一路”投融资机制也吸引了国际金融机构的关注与支持。2017年5月，中国财政部与26国财政部共同核准了《“一带一路”融资指导原则》，与世界银行、亚洲基础设施投资银行、亚洲开发银行、新开发银行、欧洲投资银行、欧洲复兴开发银行等共同签署了“一带一路”合作备忘录。财政部联合多边开发银行将设立多边开发融资合作中心，用于组织培训、研讨、分享经验，以宣传多边开发融资领域的良好实践，促进

“一带一路”沿线国家政府和企业的能力建设，开展多种形式的资金合作。10 月，世界银行与 IMF 年会也首次聚焦“一带一路”，推进“一带一路”融资体系建设。通过持续的沟通和实质性合作，中国—联合国和平与发展基金将优先聚焦加强“一带一路”相关国家合作；2017 年，渣打银行已参与超过 50 笔“一带一路”相关交易，价值总额超过 100 亿美元，其中，大约有一半交易发生在非洲；并计划 2020 年底前为“一带一路”倡议相关项目提供总值至少 200 亿美元的融资支持。

银行间业务合作不断。中国银联与“一带一路”建设参与国家和地区的合作范围越来越广，目前共与 343 家机构签署了合作协议，中国银行在菲律宾举办中小企业跨境洽谈会，中刚非洲银行成立两年以来，银行业务增长平稳，财务状况良好，已经在刚果（布）第二大城市黑角设立了分行。

（二）沿线国对外投资并购在理性中逆势上扬

对于中资跨境并购来说，2017 年是一个特殊的转折年。首先，在《关于 2017 年深化经济体制改革重点工作的意见》等文件的指引下，我国进一步完善对外投资管理制度，加强对外投资真实性审查，建立对外投资黑名单制度。在此影响下，2017 年上半年从上一年创历史新高的火爆中，降温急冻，下半年逐步缓慢升温，全年并购规模在金额上下降了 35%。

从目的地看，对美并购下降 8 成，对欧并购下降 5 成，对亚洲地区尤其“一带一路”相关地区则逆势上扬。中国—中南半岛、中蒙俄及中巴经济走廊方向成投资重点。更关键的是，政策基调从之前的鼓励变为要求理性、真实，市场氛围也随之转变。在技术、资金等需求的推动下，中资跨境并购的动力仍在。目前处于草拟阶段、即将出台的《境外投资法条例》，将更多地为业界指明方向。投资主要流向新加坡、马来西亚、老挝、印度尼西亚、俄罗斯、越南等国家和地区，东南亚地区仍是我国在“一带一路”沿线投资流向的重点（见图 1）。

从投资潜力来看，六大走廊的进展目前各不相同，其中中巴经济走廊起步早、进展快，实质性启动建设的重大项目在数量上处于领先地位；中蒙俄

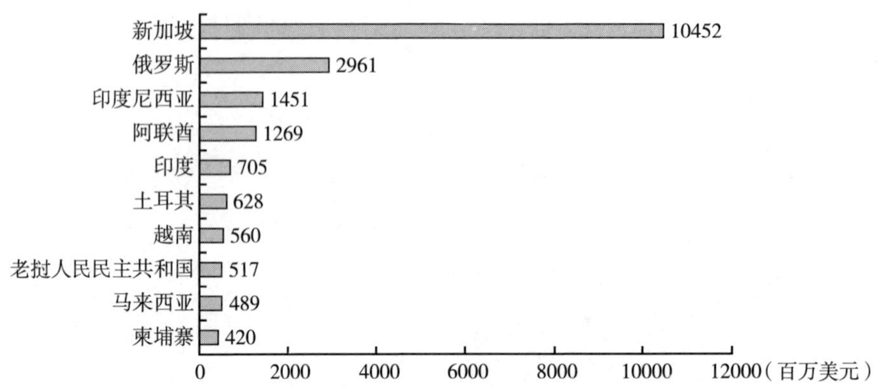

图1　中国在“一带一路”沿线国家投资前10名

资料来源：Wind 2015年数据，国家工业信息安全发展研究中心整理。

三方顶层合作较深，已经建立互信，正抓紧编制规划纲要；新亚欧大陆桥、孟中印缅经济走廊建设整体稳步向前推进，并且已经先行取得个别重大项目突破；而中国—中亚—西亚、中国—中南半岛经济走廊正在积极规划建设，有较大投资潜力。商务部数据显示，我国企业对沿线国家直接投资144亿美元，在沿线国家新签承包工程合同额达1443亿美元，同比增长14.5%。

五　教育成“走出去”新途径，带动多领域融合发展

中国与“一带一路”参与国实现产业合作的基础是民心相通，需要从多方面下功夫，其中文化教育是必须依靠的力量，高等教育在全球化进程中起着基础与先导作用。在“一带一路”建设中，我们应有意识地推动文化教育“走出去”，与其他国家的文化、教育交流互鉴，为产业合作提供有力支撑。目前，“走出去”的中国企业对海外进行新闻发布时，主题相对集中在两个方向上：新产品/服务和展会信息。这两个主题的新闻分别占所有对外新闻总量的28%与25%，企业形象过于单一，文化宣传比较单薄；而与此相对，我国政府部门和高校对中国教育和文化“走出去”则更为热心。2017年，我国与世界卫生组织携手打造“健康丝绸之路”，建设中医药海外

中心，新疆将成为丝绸之路国际医疗服务中心；与60多个国家签署教育合作协议，实施丝绸之路政府奖学金计划，新设一批孔子学院、中国文化中心；继续实施“杰出青年科学家来华工作计划”，组织发起国际科技合作计划，开展杂交水稻、传染病防治的研发应用。与此同时，“一带一路”人才培养校企联盟、“一带一路”航天创新联盟、“一带一路”多语服务与国际传播联盟启动建设。

共建学院、研究中心主要定位于服务“一带一路”建设的高端人才培养与产业相关专题领域研究，成为“一带一路”国际化人才实践平台。如重庆工商大学融智学院与泰国商会大学（CIC）共建的“中泰丝路国际学院”、中巴共建的北航北斗丝路学院、陕西“一带一路”知识产权语言服务人才培养中心、上海外国语大学俄罗斯东欧中亚学院、“北京外国语大学VIPKID国际人才教育基金”等均为培养国际视野的人才成立。而纺织行业“一带一路”国际合作发展研究中心、中国社科院大学与陕西师范大学“一带一路”文化研究院、清华大学—西咸新区“一带一路”清洁能源发展联合研发中心则助力纺织业、清洁能源产业发展。

另外，值得注意的是，“一带一路”沿线国家整体教育发展水平并不落后，教育已经进入大众化阶段的占43.5%、普及化阶段的为40.6%、精英化阶段的也有15.9%，职业教育与经济依存度较高，职业人才成为当地紧缺人才。2017年，“一带一路”职业教育起步，北京、宁波表现突出。北京率先发布《北京市对接共建“一带一路”教育行动计划实施方案》，提出未来3年，将建设不少于30个北京市“一带一路”国家人才培养基地，预计基地将吸引“一带一路”沿线国家1800名高层次研修人员以及900名硕博士研究生和博士后来京进行学习交流。在人才培养方面，将设立“紫禁城奖学金”全奖资助“一带一路”沿线国家留学生来京接受全日制硕士、博士和博士后教育，力争3年实现“一带一路”沿线64国全覆盖。在学科专业建设方面，北京市将支持建设汉语或英文授课的专业课程和专业基础，如非通用语种课程，中国概况、中国文化特色课程，还有沿线国家相关文化、制度研究课程等。宁波成立“一带一路”产教协同联盟，发布了《“一带一

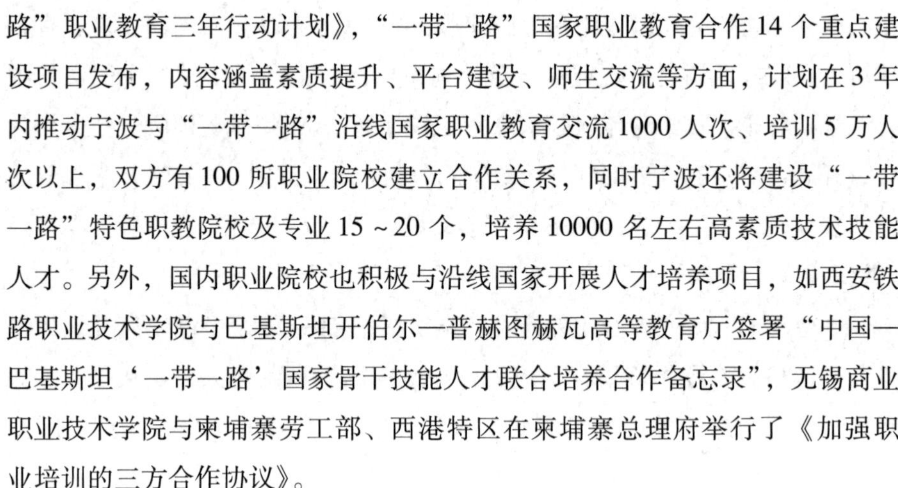

路”职业教育三年行动计划》，“一带一路”国家职业教育合作14个重点建设项目发布，内容涵盖素质提升、平台建设、师生交流等方面，计划在3年内推动宁波与“一带一路”沿线国家职业教育交流1000人次、培训5万人次以上，双方有100所职业院校建立合作关系，同时宁波还将建设“一带一路”特色职教院校及专业15～20个，培养10000名左右高素质技术技能人才。另外，国内职业院校也积极与沿线国家开展人才培养项目，如西安铁路职业技术学院与巴基斯坦开伯尔—普赫图赫瓦高等教育厅签署“中国—巴基斯坦‘一带一路’国家骨干技能人才联合培养合作备忘录”，无锡商业职业技术学院与柬埔寨劳工部、西港特区在柬埔寨总理府举行了《加强职业培训的三方合作协议》。

参考文献

中国社会科学院国家全球战略智库：《2016年的中国与世界》，社会科学文献出版社，2017。

推进“一带一路”建设工作领导小组办公室：《共建“一带一路”：理念、实践与中国的贡献》，《有色冶金节能》2017年第4期。

国宏高端智库：《“一带一路”建设最新进展、形势变化与2018年推进策略》，2018年1月8日。

范周：《以文化交流搭起民心相通之桥》，《人民日报》2017年7月11日。

阿里研究院：《eWTP助力“一带一路”建设——阿里巴巴经济体的实践》，2017年4月21日。

美通社：《中国企业海外传播白皮书》。

《2017“一带一路”建设进入新阶段》，中国网财经，2018年1月8日。

《打造一带一路职业教育共同体》，《人民日报》2017年6月15日。

B.2
中国与“一带一路”相关国家合作形势展望

胡　杨*

摘　要：“一带一路”建设已写入中共十九大报告和党章。可以预见，进入中国特色社会主义新时代，“一带一路”将进一步汇聚各方智慧，推动沿线国家开展更大范围、更高水平、更深层次的国际合作。在经济全球化的必然发展趋势下，本报告从顶层设计、货币秩序、自由贸易、设施互联互通及国际人才培养等方面对2018年中国与“一带一路”沿线国家的合作进行展望。

关键词：经济全球化　命运共同体　人民币国际化　自由贸易　产业园区

展望2018年，全球经济状况将持续改善，世界经济从分化走向同步复苏的趋势更加明显。根据联合国发布的《2018年世界经济形势与展望》，2017～2019年全球经济将持续保持3%的增长速度。国际货币基金组织和世界银行等主要机构均稳步上调2018年全球经济增长预期。从发达经济体看，制造业趋于活跃、金融市场走强、就业和通胀形势总体较好等积极因素有望延续。从新兴市场经济体看，贸易回暖、市场投资环境改善、大宗商品价格

---

* 胡杨，国家工业信息安全发展研究中心工程师，硕士，研究领域为国际经济、“一带一路”、产能合作等。

相对稳定等有利因素可望继续保持。

从全球重点区域角度分析，2018 年各地经济增长前景乐观。美欧日政府推出的一系列经济促进计划在一定程度上将支撑其经济温和增长。非洲、拉美地区的贸易收支、投融资和财政状况将得到进一步改善。此外，“一带一路”沿线国家经济有望持续向好，在全球经济中的重要性将显著提升。目前“一带一路”地区的经济平均增速远高于北美或欧盟。未来，“一带一路”建设将给沿线国家的基础设施和贸易投资带来新的快速发展机遇，将进一步释放其经济增长潜力，预计 2018 年沿线国家 GDP 占世界的比重将进一步增长至 32.4%。由表 1 可见，“一带一路”沿线国家和地区中，南亚和东亚将继续保持全球最高的经济增速，南—东欧、非洲和西亚经济体经济增长速度同比均会有较大幅度的提升，这将为推动“一带一路”建设尤其是深入推进中国—中南半岛、新亚欧大陆桥及中国—中亚—西亚经济走廊建设提供重要的经济支撑。

表 1 “一带一路”沿线经济增速预期

单位：%

区 域	联合国		世界银行		国际货币基金组织		经济合作与发展组织	
	2017 年	2018 年	2017 年	2018 年	2017 年	2018 年	2017 年	2018 年
全球经济	3	3	2.7	2.9	3.6	3.7	3.6	3.7
发达经济体	2.2	2	1.9	1.8	2.2	2	—	—
美国	2.2	2.1	2.1	2.2	2.2	2.3	2.2	2.5
欧元区	2.1	2	1.7	1.5	2.1	1.9	2.4	2.1
日本	1.7	1.2	1.5	1.0	1.5	0.7	1.5	1.2
新兴市场与发展中经济体	4.3	4.6	4.1	4.5	4.6	4.9	—	—
东亚	5.9	5.7	—	—	—	—	—	—
中国	6.8	6.5	6.5	6.3	6.8	6.5	6.8	6.6
南亚	6.3	6.5	6.8	7.1	—	—	—	—
印度	6.7	7.2	7.2	7.5	6.7	7.4	—	—
南—东欧	2.5	3.2	—	—	—	—	—	—
俄罗斯	1.8	1.9	1.3	1.4	1.8	1.6	—	—
西亚	1.9	2.3	—	—	—	—	—	—
非洲	3	3.5	—	—	—	—	—	—

资料来源：国家工业信息安全发展研究中心整理。

尽管如此，全球加强宏观经济政策沟通和协调的任务依旧迫切，主要经济体货币政策变动对全球的影响不可小觑，能否尽快让经济全球化的发展成果惠及更多人群，也将对世界经济走势产生重要影响。世界各国仍须应对协调政策，持续推动改革创新，增强中长期增长潜力。要在经济全球化进程中，向更加包容普惠的方向发展。中国是经济全球化的受益者，更是贡献者。2018 年，中国经济仍将是全球经济增长的强大动力，中国仍将在全球经济复苏增长过程中发挥重要作用。

“一带一路”倡议自提出以来，引发国际社会广泛关注与强烈反响，建设从无到有、由点及面，进度和成果超出预期。中国国家主席习近平作为 2017 年“一带一路”国际合作高峰论坛主办国的领袖，在论坛开幕式上的主旨演讲更是向世界表明了中国推动经济全球化发展的决心和信心，为世界注入和平发展、合作共赢的“中国力量”。目前，“一带一路”建设已写入中共十九大报告和党章，可以预见，进入中国特色社会主义新时代，“一带一路”将进一步汇聚各方智慧，推动沿线国家的国际合作走向更大范围、更深层次、更高水平。

一　十九大指明建设新方向，携手共建命运共同体

“一带一路”倡议是中国为更好地促进世界发展提供的重要国际公共产品，将为互利共赢的国际发展合作提供更大的平台和更多的机遇。中共十九大报告指出，“要以‘一带一路’建设为重点，坚持‘引进来’和‘走出去’并重，遵循共商共建共享原则，加强创新能力开放合作，形成陆海内外联动、东西双向互济的开放格局”。十九大关于《中国共产党章程（修正案)》的决议也决定将推进“一带一路”建设的内容写入党章。这都表明在中国共产党的领导下，中国重视和推进“一带一路”建设与沿线国际合作的决心和信心。

“一带一路”倡议的提出，在世界发展史上具有里程碑的意义，随着进程的推进和巨大成果的显现，其意义将得到验证。就经济合作的驱动方

式来看，从 WTO 时代的单项贸易带动相关要素在全球流动，发展为国家和地区的发展意愿驱动相关要素在全球流动。单项贸易的决策由相关的企业来形成，事关国家和地区命脉的基础设施建设和经济布局要由国家、地区的行政和法律首脑机关决策。几百年来，源于海洋航线便利所形成的经济发展布局，随着欧亚非陆上联通和交流便利的实现，将呈现新的经济版图，世界经济、军事、政治局面为之改观。享受经济发展和贸易红利的人群，将由沿海、沿边区域深入大陆内部地区。就微观而言，在海洋风光的另一端，昔日“深藏不露”的大陆深部景色将更多展现在世人面前。与海洋交通工具和装备相对的，内陆交通工具和装备会出现深刻的变化。作为经济和社会现象的折射，现有的思想认识、知识结构、法律框架，逐渐发生嬗变。

“一带一路”倡议提出近 5 年来，得到了越来越多国家和国际组织的积极响应，越来越多的国家参与到合作中来，在沿线不少国家的早期收获也实实在在地造福了当地人民。推进“一带一路”建设写入中国共产党章程，必将于 2018 年中国迈入新时代特色社会主义之际，为与各方携手共建“一带一路”、推动构建新型国际关系、共建人类命运共同体进一步指明方向，注入强劲动力。

从顶层设计来看，“一带一路”将从多边和双边等层面推进命运共同体建设。将充分依靠中国与有关国家既有的双边多边机制，继续以经济带、经济走廊等推动区域合作理论、全球化理论、经济发展理论的创新，与沿线国家建立广泛的沟通和协作机制，促进沿线国家和地区加强战略对接，如与俄罗斯“欧亚联盟”、印度“季风计划”、巴基斯坦“愿景 2025”、哈萨克斯坦“光明之路”、蒙古“发展之路”、波兰“琥珀之路”、土耳其“中间走廊”计划、越南“两廊一圈”、印尼“全球海洋支点”等；沟通双方政策，合作打造包容、开放、普惠、均衡的区域经济合作框架，促进资源优化配置、要素自由流动和市场深度融合，推动沿线国家更广范围、更深层次、更高水平的国际合作，以持久和平、普遍安全、开放包容、共同繁荣的世界为建设目标，共同构建人类命运共同体。

二 人民币国际化沿线优先，区域化发展夯实基础

“一带一路”建设与人民币国际化战略具有内在一致性，两者相互促进、协同发展。人民币国际化有利于加强沿线各国之间的货币流通。中国的金融、经济和社会发展水平在“一带一路”沿线各国中处于领先水平，同时，中国也是“一带一路”沿线国家最重要的贸易伙伴。“一带一路”沿线区域内人民币使用比例的提高，将有效降低交易成本，提升区域竞争力和经济协同水平，同时将形成全新风险管理机制和金融安全锚，起到抵御“一带一路”区域内金融风险、维护金融稳定的作用。

2016 年 10 月人民币正式加入 SDR，标志着人民币国际化进入新阶段。2017 年“一带一路”国际合作高峰论坛期间，中国决定新增 1000 亿元丝路基金，同时鼓励金融机构开展人民币海外基金业务，无形中为加快人民币国际化进程赢得新的机遇，开启了人民币国际化的新起点。“一带一路”沿线国家也将成为 2018 年推进人民币国际化的重点。

目前，人民币周边化进展顺利，并向区域化发展，而人民币区域化正是国际化的重要一环，正如欧元区域化极大促进了其国际化。“一带一路”六条走廊联结亚太经济圈、欧洲经济圈及其他海权国家，能充分承担经济交流的桥梁和纽带作用。2018 年“一带一路”建设的不断深入开展，将进一步推动人民币“走出去”，扩大人民币在周边国家和地区的使用，同时为人民币跨境需求提供实体经济支撑，加强人民币区域化的基础。

近年来，中国不断加大与“一带一路”沿线国家的投资和贸易交流，马来西亚、俄罗斯、菲律宾等沿线国家开始将人民币纳入外汇储备，更多其他国家也表示了持有人民币的意愿。2018 年“一带一路”建设中的贸易投资加速，将使区域化发展中在大宗商品贸易、产业园区建设、基础设施融资、跨境电子商务方面人民币被更多地使用，流通性不断提高；尤其在国际基础设施建设投融资方面，预计人民币将成为主要货币。根据国务院发展研究中心估算，仅“一带一路”基础设施投资需求在未来五年将达到 10.6 万

亿美元。据亚洲开发银行数据显示，到2030年，全亚洲基础设施建设投资需求将达26万亿美元。在“一带一路”沿线国家中，中国的基础设施建设水平相对较高，基础设施建设投融资经验相对丰富，运作模式较为成熟，有望成为“一带一路”基础设施建设投融资体系的资金供给者和组织指导者。提升在亚投行、丝路基金等机构基础设施建设项目投融资中人民币的使用，将发挥人民币在国际投融资中的功能，提升人民币在国际基础设施建设工程中的地位。

三　自贸区丰收提升贸易额，小经济体成升级对象

2017年“一带一路”国际合作高峰论坛上，各方表达了对当前经济全球化问题的高度关切和通过“一带一路”推进全球经济和区域经济一体化的强烈诉求。加快建设沿线自贸区，有助于推进“一带一路”的贸易畅通，有利于提升区域经济一体化水平及贸易投资的自由便利度，深化经贸合作。目前，中国正在绘制一份立足周边、辐射“一带一路”、面向全球的自由贸易区网络图，与沿线各国、各地区及各国际组织一道，加速推进“一带一路”自由贸易体系建设，从而构筑起中国自贸区战略的骨架。2018年将是自贸区的“丰收年”，根据中国商务部国际司司长张少刚介绍，2018年有10个自贸区在谈，10个联合可研在推进；商务部将积极推动《区域全面经济伙伴关系协定》以及与斯里兰卡、以色列、新加坡、海合会、巴基斯坦等的自贸协定谈判或升级谈判。同时，做好与巴拿马、巴勒斯坦、蒙古国、瑞士、秘鲁等国家的自贸协定联合研究工作，推进《亚太贸易协定》谈判，继续推动形成立足周边、辐射“一带一路”和面向全球的高标准自贸区格局。

“一带一路”贸易畅通的最大障碍来自沿线各国的市场开放问题。“一带一路”沿线各国开放程度不同，贸易体系和经贸政策不够完善，市场分割较为严重；“一带一路”推动了沿线各国基础设施互联互通，为沿线各国的市场开放提升了“硬件”基础，带来了发展机遇，对较为落后封闭的小

经济体作用尤大。通过自由贸易协定，打通“一带一路”沿线各国市场，消除贸易壁垒，能够保障“一带一路”贸易的畅通。目前，我国与东盟签署的自由贸易协定进展最为顺利，成效最为显著，自由贸易协定使2016年与中国贸易额前十的经济体中有6个东盟成员国。但是，中亚、中东欧的很多小经济体与我国的贸易联系还未紧密。这些国家在彼此区域内发展水平比较接近，或许是2018年启动集体自贸谈判的理想对象；如何使合作双方更加便利地进行贸易，提升贸易额，为双方企业和国民带来更多的开放红利，是自由贸易谈判的重要指标。

中国将于2018年举办中国国际进口博览会，举办国际进口博览会是中国主动向世界开放市场的重大举措，也是中国外贸转型升级的一个重要标志。这不仅为世界各国扩大对华出口提供新机遇，而且为各国之间开展国际贸易搭建合作平台，将为全球贸易和世界经济联动增长贡献“中国力量”。据商务部估计，将有100多个国家和地区参加首届中国国际进口博览会。中国将加强与世界各国和国际组织的合作，汇聚各方力量，不断增强中国国际进口博览会的吸引力和影响力，在服务中国经济社会发展、对外开放和外交大局的同时，为世界各国加强交流合作提供国际公共产品。

四　设施联通由推广到落实，园区建设多形式发展

基础设施建设充分展示了中国的新优势。中国在“铁公基”、陆海空、“天电网”和人机交互、万物互联各个领域，资金、人才、培训、技术和设计、建造、运行、管理各个环节，具有在效率和性价比上无可比拟的优势。Timetric’s Infrastructure Intelligence Center数据显示，2017年全球基础设施建设投资中，中国占比达到31%。通过基础设施建设实现国际产能合作，推动横向全球化互联互通，在提高中国市场份额的同时，还将增强中国制度国际话语权，让中国标准变成世界标准。根据《标准联通共建“一带一路”行为规划（2018~2020年）》，标准化制定将聚焦互联互通建设要害通道和重大名目，到2020年，基本构成交换互鉴、开放容纳、互联互通、结

果共享的标准国际化发展新局势，中国标准与国际和各国标准系统兼容程度保持进步，标准化在推动“一带一路”建设中的基本性跟策略性作用充分施展。

2017 年，“一带一路”沿线国际合作重大工程项目有序推进，开工、完工项目不断增加，无论是铁路、公路、机场，还是港口、隧道、管廊，基础设施互联互通进展迅速、成绩斐然。2018 年，通路、通网、通电仍将为基础设施互联互通最基础和核心的内容，各大项目建设从“推广”更多向“落实”转变。中老、中泰、雅万、蒙内、匈塞铁路建设进一步完善，中欧、中亚班列实现更多通车，将有助于提升道路通达水平，实现国际运输便利化目标。通信基础设施水平进一步提高，中尼、中巴、中缅、中吉跨境光缆有序推进，亚洲、欧洲和美国等方向新海缆和新的国际通信业务出入口局正在筹备建设中。“北斗”卫星信息通道将实现沿线全面覆盖，信息网络的构建更加清晰，重点打造中欧、亚太和大湄公河次区域多路由精品通信业务。能源互联互通方面，随着输油管道的建设推进，配套的跨境电力与输电通道建设也将有更多项目落地。

园区建设方面，海外园区正在开始向更加多元化和高级化的方向发展。此前，中国在“一带一路”沿线建立的海外园区主要集中在制造业、能矿资源和农产品加工领域。制造业海外园区，如白俄罗斯明斯克中白工业园和印度（浦那）中国三一重工产业园，多建在工业基础和产业配套良好的城市区域；劳动密集型加工园区，如巴基斯坦（旁遮普）中国成衣工业区和孟加拉达卡服装和家电产业园区，则主要依托劳动力资源丰富的区域建立；能源资源加工产业合作区，如巴基斯坦瓜达尔能源化工园区和中哈阿克套能源资源深加工园区，则建立在口岸和能矿资源富集区；而农业产业合作区，如华信中俄现代农业产业合作区，则依托自然条件和农业基础优越的区域建立。实践证明，海外园区建设不仅能推动企业抱团“走出去”、减少企业“单打独斗”、规避海外风险，而且能推动我国企业在扩展海外发展空间过程中实现转型升级，同时促进东道国的经济发展。2018 年，产业园区建设将迎来新高潮，或将出现更多向商贸物流园区、科技合作园等建设形势转变。如目前已经在建的商贸物流海外园区有波兰（罗兹）中欧国际物流产业合作园、白俄罗斯明斯克商贸物流园和哈萨克斯坦（阿拉木图）中国商贸物流园；依托科教文化中心建立的高新技术产业合作区有莫斯科（杜布纳）高新技术产业合作园区和圣彼得堡信息技术园区等。多形式园区的开发更多契合所在国发展诉求，首先将成为中小企业集群出海的根据地，同时也成为推进中国与沿线国家国际产能合作的大平台，以相关国家的产业发展需求为导向，推动更多装备针对具体行业有针对性地“走出去”。

五　复合高端人才亟须培养，大学教育或成突破口

在积极推进“一带一路”倡议的过程中，中国企业纷纷在沿线国家落地，急需大量通晓当地语言、熟知当地风俗民情、了解当地政治经济状况的国际化人才，同时要求兼具较强的专业知识及较高的企业管理能力，可以为沿线国家落地项目提供智力支持，帮助“走出去”的企业进行更好的外事项目管理。

2018 年“一带一路”建设将有更多新项目开展实施，在新的发展形势下，应高度重视复语型、复合型高层次国际化非通用语种人才的培养，所培养的人才应当具备扎实的专业语言听、说、读、写、译基本功和英文能力，对语言对象国政治、经济、社会、历史、文化熟悉，兼具国际视野和民族情怀、创新意识和思辨能力，同时具备国际政治、国际金融、对外贸易、涉外法律、旅游会展、新闻传媒等某一领域的专业知识以及跨文化交际能力，能直接参与国际事务及国际竞争，在旅游、外交、外宣、外贸等部门从事翻译、管理、研究教育等工作。

与人才需求有所差距的是目前国际化人才培养体系尚不健全。大多数企业对国际化人才的选用，通常是因需而招，没有制定和建立人才长期培养计划，甚至短期培训也没有。高等院校也缺乏针对“一带一路”建设的外语、法律和财务等专线人才培养计划。尽管自“一带一路”倡议提出后，很多大学迅速建立了“一带一路”研究机构和相关项目，但缺乏制度构建，并

没有真正放宽视野，在人才流动上也缺乏相应的体制机制。“一带一路”倡议中的设施联通、贸易畅通、资金融通要求大学在学科布局和人才培养方面有所创新。面对世界经济一体化的新态势与“一带一路”新实践，大学需要进一步组织队伍，确定方向，培养有扎实基本功和实战经验、创新能力的人才来满足建立自贸区、促进通关便利化和金融创新的需要。

参考文献

《〈标准联通共建“一带一路”行动计划（2018～2020年）〉正式发布》，国家发改委网站，2017年12月26日。

北京第二外国语学院国家“一带一路”数据分析与决策支持北京市重点实验室：《“一带一路”2017年度十大进展和2018年十大趋势》，2017年11月10日。

上海社会科学院世界经济研究所宏观分析组：《2018年世界经济分析报告》，2018年1月9日。

普华永道：《中国与“一带一路”沿线国家未来经济合作趋势展望》，2017年5月10日。

重点区域篇

Key Areas Reports

B.3

中蒙俄经济走廊产业合作发展现状

胡 杨 陈星霓*

摘 要： 中蒙俄经济走廊是全面深化与俄罗斯、蒙古国合作的重要通道，是中国“一带一路”倡议的重要内容。2017 年中俄、中蒙双边贸易额均有大幅提升，设施联通仍为该走廊合作的优先领域，在能源、装备方面的合作也得到进一步深化。由此，本报告对中蒙俄经济走廊建设的现状进行总结，对困境进行分析并探讨了走廊建设的具体推进策略，以促进走廊经济健康发展。

* 胡杨，国家工业信息安全发展研究中心工程师，硕士，主要研究领域为国际经济、“一带一路”、产能合作等；陈星霓，国家工业信息安全发展研究中心工程师，学士，主要研究领域为中俄关系、“一带一路”、产能合作等。

关键词： 欧亚经济联盟　“草原之路”设施联通　能源项目　装备合作

中蒙俄三国相互毗邻，具有历史悠久的睦邻友好关系，发展战略高度契合。共建丝绸之路经济带倡议将对接丝绸之路经济带与蒙古国草原之路倡议以及俄罗斯欧亚经济联盟，建立中蒙俄经济走廊。这条亚洲与欧洲之间最短的路线，加强三国在铁路、公路、通信基础设施方面的互联互通，降低通关成本，提高运输便利程度，加强基础设施互联互通、能源、制造业、人文交流等领域的务实合作，实现中蒙俄三国共同发展。

根据国家发改委相关文件，中蒙俄经济走廊包括两条路线：西线从我国京津冀到呼和浩特，再到蒙古国和俄罗斯；东线从我国东北地区大连、沈阳、长春、哈尔滨到满洲里，再到俄罗斯赤塔。两条路线相互协同，形成中蒙俄三国间开放开发的新经济带。

中俄蒙三国在资源、市场、资金、技术等方面各有优势，经济互补性强，合作潜力巨大。蒙古国矿产资源丰富，采矿业占工业总产值的70%以上；俄罗斯石油、天然气储备丰富，GDP的60%来源于能源及原材料出口。但近年来全球煤炭、石油、铁矿石、铜等大宗商品价格下跌，俄蒙两国经济的主要支柱发展有下行压力，中国则为两国能源输出提供了具有购买力的周边市场。另外，蒙古国和俄罗斯远东地区基础设施落后，工业发展基础薄弱；中蒙俄经济走廊的建立能充分发挥三国间的地缘优势，进一步拉动双边贸易和投资的增长。可以输出中国在基建及制造业方面积累的经验和优势产能，以促进俄蒙两国的交通、电力、通信、港口基础设施建设，实现三国互联互通；同时建设能源管道，推动三国间经济互补发展。

2017年中俄、中蒙双边贸易额均有大幅提升，设施联通仍为该走廊合作的优先领域，在能源、装备方面的合作也得到进一步深化。

一　政治互信频出成果，战略对接定合作基调

中国“一带一路”倡议的提出，特别是中蒙俄经济走廊建设共识的达成，提升了俄罗斯、蒙古国与中国的合作意愿。2014 年 9 月，在中国、俄罗斯、蒙古国三国元首会晤时，国家主席习近平提出对接“丝绸之路经济带”与俄罗斯“欧亚经济联盟”、蒙古国“草原之路”倡议，打造中蒙俄三国经济走廊的倡议。2015 年 7 月，中蒙俄政府签署了《关于编制建设中蒙俄经济走廊规划纲要的谅解备忘录》，中蒙间建立了全面战略伙伴关系，中俄间建立了全面战略协作伙伴关系，三国间成立了副外长级磋商机制以统筹推进各领域合作。2016 年 6 月，三国元首共同签署了《建设中蒙俄经济走廊规划纲要》，在文件中正式写入对接“丝绸之路经济带”与俄罗斯“欧亚经济联盟”、蒙古国“草原之路”倡议。这标志着第一个“一带一路”多边经济合作走廊的建立，是重要的“一带一路”早期成果，进一步反映了中俄蒙三国对共建经济走廊的合作共识。

随着《建设中蒙俄经济走廊规划纲要》的出台，三国加强区域合作和追求合作共赢的目标相近，2017 年彼此间政治关系都处在历史最好阶段，三方开展合作拥有良好的政治氛围①。一方面，2017 年中俄元首实现五次会晤，7 月国家主席习近平访问俄罗斯，两国元首一致同意进一步深化中俄全面战略协作伙伴关系，推动“一带一路”建设同“欧亚经济联盟”对接，并批准了《中俄睦邻友好合作条约》2017～2020 年实施纲要，达成合作文件多达 18 份。另一方面，蒙古国时任总理、现任副总理和各大政党领导人分别赴华出席重要国际会议；2017 年 10 月蒙古国新政府成立，蒙古国新任外长朝格特巴特尔正式访华，正式启动了蒙古国新政府同中方的首次高层对接。此外，一系列的框架性文件、协议等也批准签署，如三国有关部门分别

① 蔡振伟、林勇新：《中蒙俄经济走廊建设面临的机遇、挑战及应对策略》，《北方经济》2015 年第 9 期，第 30～33 页。

签署了《关于创建便利条件促进中俄蒙三国贸易发展的合作框架协定》、《中华人民共和国海关总署、蒙古国海关与税务总局和俄罗斯联邦海关署关于特定商品海关监管结果互认的协定》、《关于中俄蒙边境口岸发展领域合作的框架协定》等合作文件。这些文件的签署有效地推动了中蒙俄三国在“一带一路”框架下的发展战略对接，并将提高三国经贸合作水平，利好三国经济。

二 经济互补打好基础，双边贸易大幅提升

中蒙俄三国经济互补性强，具有良好的双边贸易合作基础。根据中国海关的数据，2017 年 1 ~ 9 月，俄罗斯与中国货物进出口额为 615.9 亿美元，增长 32.2%。其中，俄罗斯对中国出口增长 38.4%，达 268.7 亿美元，占俄罗斯出口总额的 10.6%；俄罗斯自中国进口增长 27.8%，达 347.2 亿美元，占俄罗斯进口总额的 21.4%；俄罗斯逆差 78.4 亿美元，增长 1.1%。矿产品、木及制品和机电产品是俄罗斯对中国出口的主要产品，俄罗斯自中国进口的商品主要为机电产品、贱金属及制品、纺织品及原料。

2017 年中国与蒙古国间贸易持续增长，上半年中蒙双边贸易额同比增长 46%，达到 36 亿美元。截至 2017 年 6 月，中方对蒙非金融类直接投资达 41 亿美元，占蒙古国吸引外资总额的 30% 左右①。近年来，蒙古国煤炭出口一直在增长，大部分出口至中国。2016 年中国近 40% 炼焦煤进口来自蒙古国，而中国海关最新数据显示，2017 年上半年蒙古国出口至中国的炼焦煤同比增长近 60%，达到 1450 万吨。

当然，中俄、中蒙贸易存在一些不足和问题。首先，双边贸易缺乏完善的服务体系，混乱的贸易秩序使各方难以对市场进行规范化管理。产品质量标准不同、市场准入规范不同、海关货物通关速度的差异，检验检疫制度的不统一、不稳定的贸易政策、高关税都是贸易服务体系不完善的表现。其

① 《中蒙俄经济走廊凸显合作共赢》，《经济日报》2017 年 9 月 29 日。

次，三国法律体系不同。最后，贸易低度化和单一化也是不容忽视的问题。先不谈经济结构更为单一的蒙古国，2016 年中俄双边贸易总额为 695 亿美元，其在中国对外贸易总额（34757 亿美元）中的占比为 2%，在俄罗斯对外贸易总额（4712 亿美元）中的占比为 14.7%，与两国的国际地位和经济发展规模不相符①。

挑战固然存在，但是三国依托走廊进行贸易合作的机遇和潜力乐观。2017 年中蒙跨境经济合作区进入全面施工建设阶段，满洲里综合保税区也已顺利封关运行一周年，中国在俄罗斯建立的四个境外自贸区占中国境外经贸合作区总数的 20%，俄罗斯成为世界上中国跨境电商出口三个目的地之一。中国已经连续 7 年成为俄罗斯的最大贸易伙伴，是俄远东地区第一大进口来源国、第二大出口目的地和主要外资来源地。在全球贸易整体滑坡的背景下，中俄贸易在 2017 年上半年呈现企稳回升迹象，双边贸易额同比增长幅度超过 30%。同时，中国一直是蒙古国的头号贸易伙伴和主要投资国。中国商务部的数据显示，中国连续十多年成为蒙古国最大贸易伙伴国和第二大外资来源国。据中国驻蒙古国特命全权大使邢海明撰文介绍，中国克服自身面临的去产能等种种困难，做了大量协调工作，力图解决蒙古国甘其毛都口岸煤炭过货量问题。

中蒙俄三方应根据各自发展特点，进一步深化各领域的贸易合作。一是深入了解三方贸易模式创新的方针和重点行业产业的战略部署；二是继续加强两国口岸重点项目建设，引导资金向技术研发、航天、IT 等高科技领域倾斜；三是关注各方市场变化，提高贸易产品质量，扩大贸易规模，构建多元化、多层次的贸易结构。

三　设施联通持续升温，基建领域各有重点

蒙古国幅员辽阔，境内约有 5 万公里里程的各类公路，其中 1 万多公

① 郑楠：《中俄贸易合作之路越走越宽》，2017 年 11 月。

里为国家级公路，但仅有2000多公里为柏油路面；境内仅有1811公里的乌兰巴托铁路；交通建设的落后严重制约了蒙古国经济发展，尤其是矿产品出口贸易的发展。俄罗斯虽属发达国家，但其东部基础设施相较于西部落后很多，尤其是其远东地区，地广人稀、基础设施落后、经济发展不足。基础设施建设的落后严重阻碍了中蒙俄之间的贸易发展[①]。中蒙俄三国基础设施的互联互通，是中蒙俄经济走廊建设的首要任务，符合三国的战略要求，能够释放三国间合作潜力。基础设施的互联互通将促进整个东北亚地区的区域经济合作。

2017年，中蒙俄大规模基建项目建设正在稳步推进。铁路建设方面，在中俄之间，滨洲铁路向北经赤塔与俄罗斯西伯利亚大铁路相连；莫斯科—喀山高铁项目已完成设计工作；贝加尔—阿穆尔铁路以及跨西伯利亚铁路已收到73亿美元资金用于现代化改造[②]。在中蒙之间，白阿铁路、长白铁路如期转线贯通，作为“两山”铁路的后方通道，经过珲春—长春—乌兰浩特—阿尔山—乔巴山市—俄罗斯赤塔等地，和俄罗斯远东铁路连接，将带动沿途贸易的发展。据统计，2017年前8个月，经二连浩特市口岸进出境中欧班列288列，同比增长227.27%，占中欧班列开行以来总列数的52.94%；承运货物约16.57万吨，增长229.37%，占承运货物总量的56.64%；货值约13.99亿美元，增长256.97%，占总货值的63.64%[③]。

公路建设方面，已建成中国境内与蒙古国相连的四条公路：甘其毛都至蒙古国乌兰巴托、阿日哈沙特至蒙古国乔巴山、二连浩特至蒙古国乌兰巴托、珠恩嘎达布其至蒙古国温图尔汗。此外在蒙古国境内，首条高速公路——乌兰巴托新国际机场高速公路已由中铁四局承建并完成合同总额的41%[④]。中方使用优惠出口买方信贷资金，支持巴彦洪格尔省129.4公里公

① 单平、乌日丽格：《多点发力推进中蒙俄经济走廊建设》，2017年9月。

② 李振佳、陈筱瑜：《“一带一路”中蒙俄产能合作研究分析》，《中国集体经济》2017年第23期，第11~12页。

③ 《打造中蒙俄经济走廊核心枢纽》，《内蒙古日报》2017年9月26日。

④ 《合作成果丰富中蒙关系内涵》，《人民日报》2017年8月6日。

路、扎布汗省114公里和67公里公路等多条蒙古国西部省际公路启动实施；项目建成后，将极大提升蒙古国西部地区交通状况，为当地经济社会发展提供有力保障①。

口岸建设方面，内蒙古已经建成满洲里、二连浩特、甘其毛都和策克四大口岸，年进出境货运量达到1000万吨。四个对俄边境口岸承担了中俄间陆路运输货物总量的65%，九个对蒙边境口岸承担了中蒙货运总量的95%。2016年口岸进出境货运量达到7887.44万吨，增长19.8%，其中四大口岸占到91.7%以上，满洲里成为中国对俄最大的陆路口岸；二连浩特年进出境客运量达到200万人次，进出境货运量逐年增加，成为中国对蒙最大的陆路口岸。

电力方面，截至2017年已建成中俄、中蒙等10条输电线路。其中，东北电网通过4回线路与俄罗斯电网相连，每年向中国供电40亿千瓦时。包头达茂、锡林郭勒盟东苏220千伏输变电工程投产，向蒙古国南部矿区供电。中俄电力公司合作开发叶尔科夫齐煤田，将向华北地区提供±800千伏特高压的直流电，同时成立合资公司，在输配电网投资、建设、运营等环节展开合作。而在通信设施方面，中国电信已建成19个跨境陆缆边境站，与超过10个接壤的周边国家建立了跨境陆地光缆，可通过国际陆缆直接蒙古国。

四　能源合作更加巩固，传统项目再出佳绩

俄罗斯是世界上最大的能源生产国之一，是最大的石油和天然气输出国。蒙古国具备丰富的矿产资源，已发现和确定拥有80多种矿产，建有800多个矿区和8000多个采矿点；也是重要的能源需求与过境国，呼吁参与更多的东北亚能源合作项目。中国持续增长的能源进口需求为蒙古国与俄

① 中国驻蒙古经商参赞处：《驻蒙古使馆评出2017年中蒙经贸合作十大新闻》，2018年1月3日。

罗斯的能源提供广阔的出口市场；蒙古国与俄罗斯丰富的资源和不断提高的开采能力不断增强三国间能源互补性；中蒙俄相互毗邻的地理位置也增强了三国能源合作的基础。

中国与蒙古国的能源合作主要集中于矿产领域。中国从蒙古国进口大量铁矿石，通过二连浩特口岸从蒙古国进口铁矿石，相比从澳大利亚、巴西进口，显然具有运输距离上的优势。近年来，蒙古国各届执政党为了吸引外资正在努力改善投资环境和矿产法等，蒙古国对中国的主要出口产品为矿产资源（例如铜、铁、锌、铝及其制品及矿石原料）和畜牧类等，2017 年中国对蒙古国的投资主要也是在矿产资源领域，占中国对蒙古国投资总额的70% 左右。中蒙有关方面还签署了推进塔温陶勒盖煤矿深加工产业合作、奥尤陶勒盖铜金矿产业合作的谅解备忘录。来自中国庞大的市场需求给蒙古国经济复苏带来良好机遇[①]。

作为中俄间互补性最强的项目，能源合作一直是两国的优势合作项目，双方能源合作已由能源贸易拓展到整个能源产业链。在油气管道建设方面，中俄两国达成多项重大项目的合作协议，这也已经成为中俄关系热度持续攀升的重要标志和战略支撑。其中，双方结束了已维持十年之久的天然气供应谈判，签署了总额约 4000 亿美元、期限长达 30 年的供气协议。另外，中俄原油管道二线已正式投入商业运营，该管道与 2011 年投产的中俄原油管道漠大线并行铺设，使每年经中俄原油管道进口的俄油量将从现在的 1500 万吨增加到 3000 万吨[②]。因乌克兰问题受到西方国家的制裁后，俄罗斯开始战略东移，希望加强与中国的能源合作，中俄原油管道二线工程将为其原油出口提供更稳定的市场；对中国而言，二线工程的建成投产可及时填补东北地区的石油资源供应缺口，进一步保障国家能源供应安全，优化国内油品供输格局。

在能源一体化合作方面，俄罗斯亚马尔液化天然气项目是首个涉及全产

---

① 图门其其格：《中蒙自贸区将启动可行性研究矿产农牧业望深化合作》，2017 年 8 月 2 日。

② 《中俄原油管道二线正式投入商业运营向大庆林源输送原油》，黑龙江省人民政府网，2018 年 1 月 5 日。

业链的中俄能源合作项目，也是目前全球在北极地区开展的最大型液化天然气工程，中方全程参与了从能源勘探、开发到生产、运营的所有环节。中国持有该项目29.9%的股份，诺瓦泰克持50.1%，法国道达尔依然持有20%股份（见图1）。2017年12月亚马尔项目第一条生产线正式投产，预计未来每年将至少有400万吨俄罗斯液化气运往中国，占中国液化气进口的比重将达10%～15%。该项目开创了中俄两国共同勘探开发能源的历史。同时，中国承担了项目“模块化”设施的主要供应，这对于中国的产能国际化战略和石油装备业由低端加工向高端工艺转变具有重要的现实意义。另外，通过与俄罗斯合作，中国成功实现了北冰洋运输，开辟了北极航道。我国港口到北美东岸的航程，经东北航道将比经巴拿马运河传统航道缩短2000～3500海里；上海以北港口到欧洲西部、北海、波罗的海港口的航程，经东北航道将比传统航线航程短25%～55%，预计将为国际贸易每年节省533亿～1274亿美元的海运成本[①]。

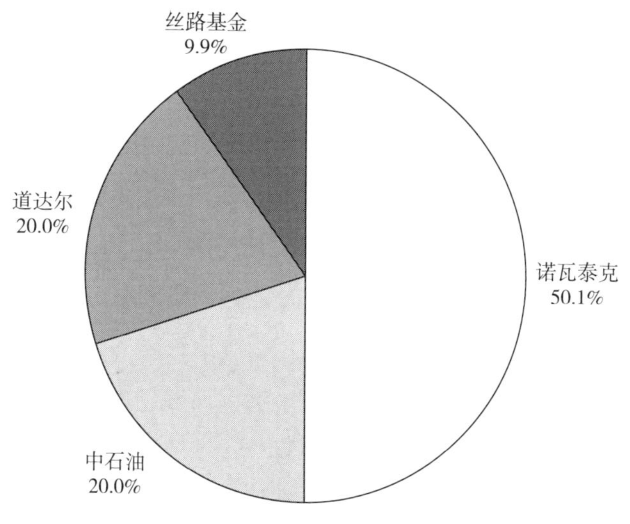

图1　亚马尔项目股份构成

资料来源：国家工业信息安全发展研究中心整理。

① 《厉害了！中国与俄罗斯在北极合作了个大项目》，中央电视台，2017年12月10日。

同时，中俄两国在核能领域的合作在稳健中进一步深化，中俄总理签署《中俄政府首脑关于深化和平利用核能领域战略合作的联合声明》，两国核能专家最突出的成功合作案例——田湾核电站建设工程于2017年完成三号机首次并网成功。在核电技术方面，俄罗斯拥有比中国更加成熟或值得借鉴的方面，因此中俄核能合作符合双方利益，符合“一带一路”与“欧亚经济联盟”对接的理念。另外，核能领域的合作具有很大的不确定性，和平利用核能使两国能够共同致力于核能技术革新，相互投资，推动两国核能发展达到更高水平。

五　装备合作需求增加，高科技研发现趋势

俄罗斯和蒙古国正处于大规模建设基础设施阶段，对重工业生产组装、大型工程建造等相关生产与运输工程机械设备产生巨大需求。2017年机械制造已经成为“欧亚经济联盟”工业发展的优先方向，相关产业占工业总产能的比重达四成左右。中国800吨级矿山挖掘机首次进入俄罗斯市场，中联重科、三一重工、徐工集团、哈电集团等中国机械企业加大对蒙俄市场的关注力度，充分发挥工程制造行业的竞争优势，通过向俄蒙出口工程制造机械以及在当地建立工程制造机械的相关生产基地，达到出口我国优势产能，提升与俄蒙产能合作水平的目标。在交通运输设备领域，俄蒙的重点是基础设施建设，尤其俄罗斯对于公路、机场以及高速铁路的建设需求巨大。中国企业在上述产业具有较强的国际竞争力，不仅拥有自主品牌，而且拥有先进的技术，因此，中蒙俄经济走廊建设对装备合作的需求提升，中国企业交通运输设备的输出力度进一步加大，也表现为与蒙俄进行交通基础设施产业合作以促进相关设备出口。

在航空领域，中俄两国签署的联合研制远程宽体客机和重型直升机等项目，将原本主要以能源合作为纽带的中俄合作提升到高科技研发和生产领域。由中国商飞与俄罗斯联合航空制造集团合作研制的C919大型客机完成

首飞，使该项目成为中俄两国在高端装备制造业合作的成功典范。通过C919大型客机项目，中国民用航空的新材料、新技术、新工艺取得全面突破，掌握5大类、20个专业、6000多项民用飞机技术，国产民用飞机的研制、生产、试验、试飞体系逐步建立、健全，民机产业链日益完整。而对于俄罗斯来说，苏联解体后，俄罗斯航空工业陷入严重衰退状态，大量人才流失，俄罗斯民机市场基本被空客和波音所占据；普京担任总统后，对俄罗斯航空工业进行改革和重组，使俄罗斯航空工业有所恢复和发展，但在民机领域，与欧美国家仍然存在一定差距。面对宽体客机市场已经被波音和空客垄断的局面，中俄两国联合研制新型民机成最佳选择，可共同攻克资金、技术、市场等难题。

考虑轻工业制造方面，俄罗斯是以重工业为主的产业结构，蒙古国尚未建立完整的工业体系，轻工业产品较为匮乏，国内生产的产品不能满足人民的消费需求。我国的纺织服装、皮革、食品、造纸、家电、家具等轻工业制造产业已成为具有竞争优势的产业，拥有先进技术和优质产品，可以带动相关领域的成套装备“走出去”，发展自然资源的深加工业。目前海尔等家电企业已在俄罗斯与当地企业进行合资合作，开设工厂，预计未来会有更多民族企业到蒙俄两国进行投资，建立生产加工基地，加大合作力度，开发适合当地需求的产品。

需要注意的是，2017年蒙古国内呈现政府人员更迭频繁、政策不够稳定、投资环境较差、经济增长滑坡等问题。一方面，为了减轻对中国经济的依赖，蒙古国除了在外交政策上奉行“第三邻国”政策，在国际经济合作方面也积极引入西方国家参与国内开发，无形之中制约了两国双边合作的深度与广度，加大了中蒙俄经济走廊建设的压力。另一方面，中俄合作仍存在一定阻碍。“中国威胁论”导致俄罗斯对华政策具有两面性，采取“合作与防范”并存的对华政策。远东地区落后于俄罗斯国民经济整体发展速度的现实使俄罗斯意识到必须促进远东地区参与区域经济合作，但又担心远东地区在与中国的经济融合度逐渐提高的过程中会逐渐减少对俄罗斯国内经济环境的依赖，可能会与俄罗斯整体经济发展渐行渐远，这样的思维无形之中绑住了远东地区参与中蒙俄经济走廊建设的手脚[①]。同时，蒙古国与俄远东地区自然环境恶劣，人口流失严重，导致社会治安混乱、融资环境较差，基础设施建设的落后造成该地区信息通信发展的孤立，无论是交通、电力供应还是通信联通均对两国合作构成较大阻力。

中蒙俄三方应当充分挖掘合作潜力，继续优化产业结构，努力提升贸易增长动力。在能源合作上拓展合作领域，在资源贸易上优化贸易结构，推动产业合作结构合理化，在广度与深度上提高中蒙俄三方合作水平。在交通、管道等基础设施充分互联互通的基础上，进一步推进金融领域和新兴产业的合作，尤其是科技领域的合作，以求改变中蒙俄三国产业合作中存在的低附加值产品、中低层次合作主体、低技术的“三低”现状，提升产业合作的质量与水平。

参考文献

蔡振伟、林勇新：《中蒙俄经济走廊建设面临的机遇、挑战及应对策略》，《北方经济》2015 年第 9 期。

《中蒙俄经济走廊凸显合作共赢》，《经济日报》2017 年 9 月 29 日。

郑楠：《中俄贸易合作之路越走越宽》，2017 年 11 月。

单平、乌日丽格：《多点发力推进中蒙俄经济走廊建设》，2017 年 9 月。

李振佳、陈筱瑜：《“一带一路”中蒙俄产能合作研究分析》，《中国集体经济》2017 年第 23 期。

《打造中蒙俄经济走廊核心枢纽》，《内蒙古日报》2017 年 9 月 26 日。

《合作成果丰富中蒙关系内涵》，《人民日报》2017 年 8 月 6 日。

中国驻蒙古经商参赞处：《驻蒙古使馆评出 2017 年中蒙经贸合作十大新闻》，2018 年 1 月 3 日。

图门其其格：《中蒙自贸区将启动可行性研究矿产农牧业望深化合作》，2017 年 8 月 2 日。

---

① 黄凤志：《对中蒙俄经济走廊建设的战略分析》，《人民论坛·学术前沿》2016 年第 13 期。

《中俄原油管道二线正式投入商业运营向大庆林源输送原油》，黑龙江省人民政府网，2018 年 1 月 5 日。

《厉害了！中国与俄罗斯在北极合作了个大项目》，中央电视台，2017 年 12 月 10 日。

黄凤志：《对中蒙俄经济走廊建设的战略分析》，《人民论坛・学术前沿》2016 年第 13 期。

B.4 中国—中亚—西亚经济走廊产业合作发展现状

张宇　彭静怡*

摘　要： 近年来，我国与中亚—西亚地区在产能合作上取得了长足进步。特别是2017年，我国同中亚五国的战略伙伴关系进一步深化，多边合作中多个项目落地；在与西亚地区国家，特别是阿拉伯国家的合作中亮点频现。随着“一带一路”建设的推进，我国与中亚—西亚地区的合作能源项目依旧有优势，交通、电力、制造、化工、冶金等领域的合作也渐入佳境。

关键词： 中亚—西亚　产业合作　能源　“一带一路”

中亚、西亚各国与中国因古丝绸之路而相知相交，友好关系更是延续至今，并继续成为丝绸之路经济带建设的天然伙伴。中国—中亚—西亚经济走廊是丝绸之路经济带的重要部分，开展这一区域中更大范围、更高水平的合作，有助于把中国—中亚—西亚打造为政治互信、经济融合、文化包容的利益共同体、命运共同体和责任共同体。

这条贯穿亚洲西部的经济走廊是一条能源大通道，贯穿世界各石油宝库

* 张宇，国家工业信息安全发展研究中心高级工程师，硕士，主要研究领域为“一带一路”、产能合作、工业信息安全等；彭静怡，国家工业信息安全发展研究中心工程师，硕士，主要研究领域为亚洲经济、“一带一路”、区域合作等。

国家；也是我国制造业、通信行业释放过剩产能、开拓新市场空间的区域之一。围绕经济走廊建设，中国同中亚和西亚沿线国家实施了一系列大型合作项目，在基础设施、能源、电力、通信、科技与交通等具体领域取得了积极进展，并在部分项目上实现了较为亮眼的早期成绩。

2017 年中国在与该走廊域内国家进行的产业合作可按区域划分归类：与中亚五国仍集中在用工业输出换能源，与西亚地区则以当地石油输出国与石油非输出国各有侧重。

一　顶层设计稳步推进，机制保障倡议落实

（一）伙伴关系愈加巩固，多边制度合作多有落地

随着 2017 年 5 月“一带一路”国际合作高峰论坛的成功举办和习近平主席 6 月访问中亚，中国与中亚国家的合作愈发受到世人关注。2017 年，中国与乌兹别克斯坦、哈萨克斯坦、塔吉克斯坦、吉尔吉斯斯坦以及土库曼斯坦中亚五国建交 25 周年。目前，中国与所有中亚国家都建立了战略伙伴关系，充分体现了双边关系的高水平发展。

2017 年 6 月，值中哈建交 25 周年之际，习近平主席访问哈萨克斯坦，在双边关系、发展战略对接、各领域合作及共同关心的国际和地区问题等方面交换意见，签署发表《中哈联合声明》，以及经贸、金融、水利等领域的合作文件。同期，在上海合作组织成员国元首理事会第十七次会议期间，习近平主席与其他成员国元首签署发表了《阿斯塔纳宣言》与《上合组织反极端主义公约》，并批准给予印度、巴基斯坦上合组织成员国地位等 7 份决议。此次深耕上海合作组织“朋友圈”，有助于增强合作共赢信心，维护区域和平与稳定。

近年来，“一带一路”倡议分别与哈萨克斯坦 2050 战略和“光明之路”新经济政策、乌兹别克斯坦“福利与繁荣年”规划、吉尔吉斯斯坦“国家稳定发展战略”、塔吉克斯坦“能源交通粮食”三大战略及土库曼斯坦建设

“强盛幸福时代”发展战略实现对接，寻找合作契合点，为各国发展提供了新的机遇。可以看到，2018 年“一带一路”建设将稳步发展，政策沟通渠道更加丰富，多边合作、区域合作不断落地。

（二）合作机制日益完善，产能合作务实顺畅推进

“一带一路”倡议自 2013 年提出后，得到阿拉伯国家的积极响应。在 22 个阿拉伯国家中，中国已与 7 国签署了“一带一路”合作备忘录或产能合作协议，与 21 国建立了双边经贸联委会机制。中国还与沙特建立了副总理级的高委会，与埃及、阿尔及利亚分别建立了产能合作机制。2016 年 1 月，习近平主席访问中东，中国政府发布对阿拉伯国家的政策文件，为中阿合作注入新动力。在“一带一路”国际合作高峰论坛期间，13 个阿拉伯国家的 20 多位部长应邀来华共商合作，推动中阿务实合作进入“快车道”。

2017 年 5 月，中国—阿拉伯国家合作论坛第十四次高官会举行，来自中国外交部、商务部、文化部、贸促会、全国友协等单位的代表以及 21 个阿拉伯国家和阿盟秘书处的高级别官员及阿拉伯国家驻华使节与会。会议回顾总结了论坛第七届部长级会议以来各项工作的进展情况，评估论坛2016～2018 年行动执行计划执行情况，就论坛第八届部长级会议筹备工作交换意见，并审议通过会议成果文件。会前，中阿双方还举行了第三次高官级战略政治对话。同月，由中国卫星导航系统管理办公室、中阿合作论坛中方秘书处、阿拉伯国家联盟秘书处、阿拉伯信息通信技术组织联合举办的首届中阿北斗合作论坛在上海举行。该论坛旨在落实习近平主席提出的“北斗卫星导航系统落地阿拉伯项目”和中阿合作论坛 2016～2018 年行动执行计划，共商中阿卫星导航合作，共建合作平台，共享合作成果。此外，中国—海合会自贸区谈判重启并取得实质性进展，将成为拉动中阿贸易和投资的新引擎。

二　西亚已成贸易大区，中亚合作渐有起色

2016 年，“一带一路”沿线 64 个国家的 GDP 之和约 12.0 万亿美元，

占全球 GDP 的 16.0%；人口总和约 32.1 亿人，占全球人口的 43.4%；对外贸易总额约 71885.5 亿美元，占全球贸易总额的 21.7%，该数据相比 2015 年降低 0.4 个百分点。其中，中亚 5 国 GDP 占沿线国家 GDP 的比重约为 2%，占全球 GDP 的比重为 0.3%，贸易总额占沿线国家贸易总额的比重为 1%，占全球贸易的比重为 0.31%；西亚北非 19 国的 GDP 占沿线国家 GDP 的比重约为 30%，占全球的比重约为 4.86%，贸易总额约占沿线国家贸易总额的 26%，占全球的 5.59%（见表 1、图 1 和图 2）。

表 1　2016 年中亚、西亚、北非各国人口、GDP、贸易情况

单位：万人，亿美元

区域	国家	人口	GDP	进口额	出口额	进出口总额
中亚5国	哈萨克斯坦	1794.7	1161.5	194.4	418.5	612.9
	乌兹别克斯坦	3134.3	616.5	99.3	56.5	155.8
	土库曼斯坦	546.3	354.0	55.0	92.7	147.7
	吉尔吉斯斯坦	605.9	60.3	39.2	15.4	54.6
	塔吉克斯坦	865.5	62.5	34.9	7.5	42.4
	区域小计	6946.7	2254.8	422.8	590.6	1013.4
西亚北非19国	阿联酋	985.6	3251.4	2221.8	1533.8	3755.6
	沙特阿拉伯	3201.3	6182.7	1638.2	2014.9	3653.1
	土耳其	7855.9	7511.9	1986.0	1426.1	3412.1
	以色列	852.8	3061.9	620.7	640.6	1261.3
	卡塔尔	257.8	1708.6	326.1	779.7	1105.8
	埃及	9020.3	3307.7	659.4	211.9	871.3
	科威特	422.5	1062.1	319.1	551.6	870.7
	伊拉克	3606.7	1484.1	314.6	531.0	845.6
	伊朗	8046.0	3861.2	438.6	383.2	821.8
	阿曼	385.7	516.8	290.1	319.3	609.4
	巴林	131.9	300.8	163.4	136.8	300.2
	约旦	697.6	398.0	200.4	78.6	279.0
	阿塞拜疆	949.2	351.4	100.8	160.6	261.4

数据来源：世界银行、联合国统计局，部分数据来自世界贸易组织、联合国、国际货币基金组织的预测。

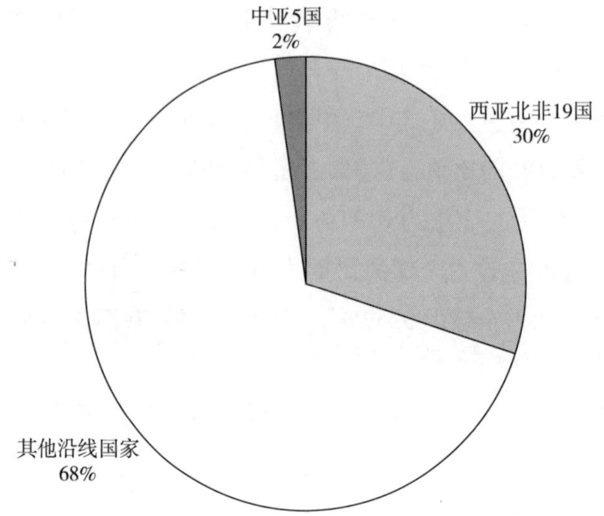

图1　2016年中亚、西亚区域GDP占“一带一路”沿线国家的比重

资料来源：国家工业信息安全发展研究中心整理。

此外，中国与中亚各国双边贸易水平也稳步提升。如今，中国已成为乌兹别克斯坦第二大贸易伙伴国、第一大投资来源国、第一大棉花买家、第一

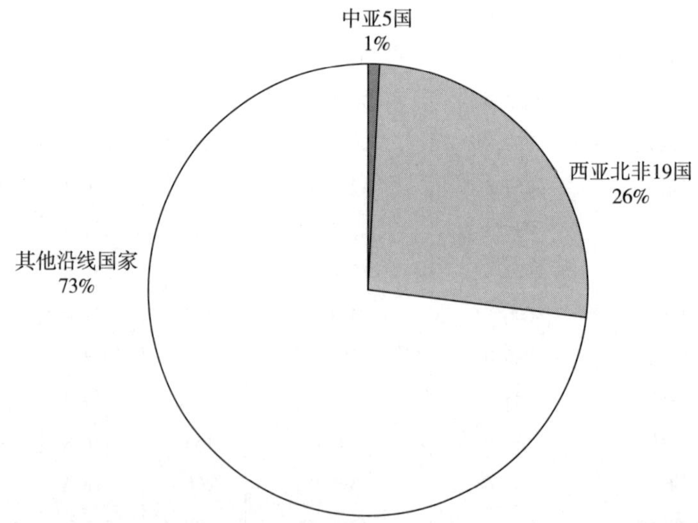

图2　2016年中亚、西亚区域贸易总额占“一带一路”沿线国家的比重

资料来源：国家工业信息安全发展研究中心整理。

大电信设备和土壤改良设备供应国。哈萨克斯坦、吉尔吉斯斯坦、塔吉克斯坦在中国对外贸易中的地位也不断上升。

（一）从贸易额上看，西亚北非为第二大贸易区域

在全球贸易整体低迷的情况下，中国与“一带一路”沿线各区域的贸易波动也较大，有增有降，以降为主。中亚、西亚北非地区降幅较大，分别为13.3%、7.9%，仅次于东亚地区。

从与“一带一路”沿线国家的贸易额来看，西亚北非地区是中国开展“一带一路”贸易合作的主要区域之一。2016年，中国与西亚北非（北非仅涉及埃及）地区的贸易总额为2152.0亿美元，占中国与沿线国家（地区）贸易额的比重为22.6%，仅次于东南亚地区。

从出口额来看，2016年中国对西亚北非地区出口额达1259.1亿美元，占中国对沿线国家（地区）出口额的比重为21.4%，较上年下降11.5个百分点；而向中亚出口达179.7亿美元，较上年增长2.3个百分点。从进口额来看，2016年中国自西亚北非地区进口额为892.9亿美元，占中国自沿线国家（地区）进口额的比重为24.4%，较上年下降15.7个百分点；自中亚地区进口额为120.7亿美元，较上年有所下降。

（二）从贸易品上看，资源能源型产品为进口主力

对中亚地区，中国对中亚出口额最高的产品主要是鞋靴及零件（22.8亿美元），占中国对中亚出口总额的12.7%；其次为服装及其附件，出口额为22.3亿美元，占比为12.4%；针织或钩编的服装及衣着附件，锅炉、机器、机械器具及零件，电机、电气设备及其零件三类产品出口额分别为20.4亿美元、19.4亿美元、14.8亿美元；其他类别产品均小于10亿美元。在中国对中亚出口额排名前十的产品中，增速最快的为非针织非钩编服装及衣着附件，增幅达93.5%；钢铁制品下降最为明显，降幅达34.2%。中国自中亚进口的矿物燃料、矿物油及其蒸馏产品等金额最高，达71.5亿美元，占中国自中亚进口总额的59.2%；其次为无机化学品、铜及其制品，进口额分别达13.5亿

美元、10.9亿美元，占比为11.1%、9.0%；其余类产品均小于10亿美元。在中国自中亚进口额排名前八的产品中，塑料及其制品异军突起，进口额较2015年增长了26倍；矿砂、矿渣及矿灰，钢铁，铜及其制品也出现增长，增速分别为74.7%、54.9%、11.5%；其他产品均不同程度下降，其中，盐、硫磺、石料、水泥等下降最明显，降幅为60.4%，棉花下降35.8%。

对西亚北非地区，中国出口到西亚北非地区的电机、电气设备及其零件（209.8亿美元）和锅炉、机器、机械器具及零件（201.9亿美元）的金额最高，占对西亚北非地区出口总额的16.7%和16.0%；其他类产品均小于100亿美元。出口排名前十的产品出口额均有下降。其中，降幅最大的是鞋靴类，家具、寝具，降幅分别为23.7%和23.2%。中国从西亚北非进口矿物燃料、矿物油及其蒸馏产品等的金额最高，达643.0亿美元，占自西亚北非地区进口总额的72.0%；其次为塑料及其制品、有机化学品，为79.1亿美元、67.1亿美元；其他产品均小于50亿美元。进口排名前十的产品中，电机、电气设备及其零件，锅炉、机器、机械器具及零件，矿砂、矿渣及矿灰，光学、计量、检验、医疗用仪器及设备等产品进口额有所增长，增幅达27.2%、19.4%、16.4%、15.8%；其他产品有所下降，有机化学品降幅最大，达19.0%。

（三）从贸易主体上看，国企民企对中亚青睐有加

从出口的企业主体来看，中国的民营企业成为最重要的出口主力，占出口企业的比重过半，达58.9%；从出口区域来看，作为各区域出口中坚力量的民营企业，其对中亚地区情有独钟。

从进口的企业主体来看，外商投资、国有企业和民营企业各占37.0%、31.6%和28.2%，呈现三足鼎立态势。从区域来看，最青睐中亚、西亚地区的为国有企业。

（四）从贸易方式上看，一般贸易成主要流通方式

从中国向“一带一路”沿线国家出口的贸易方式来看，边境小额贸易为中亚地区贸易往来的主要方式，占比过半，其他区域均以一般贸易为主。

从进口的贸易方式来看，中亚、东欧、西亚北非、南亚地区流行一般贸易方式，占比超过60%。

（五）从贸易地区上看，华北主向西亚、西北主向中亚

华北地区前10个进口来源国中俄罗斯、沙特阿拉伯、伊拉克、伊朗、阿曼、土库曼斯坦、科威特、蒙古国为能源、矿产生产国；其中仅伊朗有23.1%的进口增长，其余都有所下降，阿曼降幅最大，达31.4%。除此8国之外，从新加坡、越南的进口额也较大，新加坡为34.6亿美元，小幅增加2.2%；越南为29.0亿美元，大幅增加66.9%。

中亚国家和俄罗斯是我国西北地区的主要出口目的地。如图3所示，2016年对哈萨克斯坦的出口额为57.8亿美元，吉尔吉斯斯坦为40.9亿美元、俄罗斯为14.5亿美元、塔吉克斯坦为13.0亿美元，其他国家均小于8亿美元。出口额普遍有所增长，其中对吉尔吉斯斯坦增幅达27.5%、俄罗斯达26.5%、哈萨克斯坦达8.3%、巴基斯坦达7.9%（增幅以万美元为单位数据计算）。可以看出，我国西北地区与中亚国家及俄罗斯的联系有所加强，与东南亚国家的联系减弱。

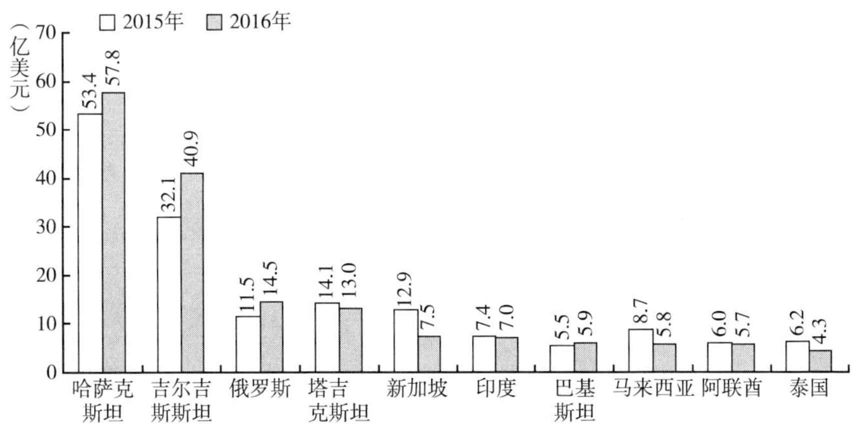

图3 2015~2016年我国西北地区主要出口目的地及出口额

资料来源：国家工业信息安全发展研究中心整理。

哈萨克斯坦是西北地区最大进口来源地，2016 年自哈进口额达 10.9 亿美元；随后为俄罗斯、蒙古国等，均小于 5 亿美元。在这些进口国家中，增降幅度差异十分明显。临近的国家诸如俄罗斯、吉尔吉斯斯坦、哈萨克斯坦等涨幅分别高达 77.5%、68.3%、56.8%；新加坡、菲律宾、印度、马来西亚等降幅分别高达 50.8%、44.3%、41.9%、15.9%（增降幅以万美元为单位数据计算）。可以看出，进口情况与出口类似，即与邻近的中亚、俄罗斯联系增强，与远端的东南亚、南亚国家联系减弱。

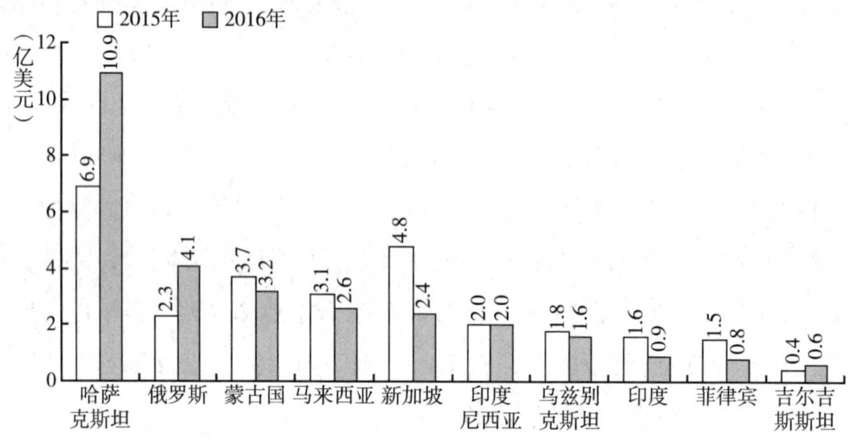

图 4　2015～2016 年我国西北地区主要进口来源地及进口额

资料来源：国家工业信息安全发展研究中心整理。

三　对外投资波动上升，西亚地区占据主要地位

“一带一路”沿线地区各国均有独特的资源禀赋和发展侧重，中国在各国的投资水平也各有高低。资金不足，一直以来是困扰“一带一路”沿线各国、制约其实现发展潜力和减贫目标的主要障碍。根据 2009 年亚洲开发银行（简称“亚开行”）与亚行学院发布的《亚洲基础设施建设》数据，2010～2020 年亚洲基建投资需求预计为 8.28 万亿美元，意味着平均

每年约有8000亿美元的基建投资需求，其中仅印度的基建投资需求就达到1000亿美元/年。而亚开行目前每年约有32%的贷款发放到交通基础设施领域，按照亚开行210.2亿美元的融资规模测算，只有近70亿美元是基础设施融资，在原有的多边合作框架下，对亚洲基础设施的投入十分有限。因此，“一带一路”项目的推动，除了现有的国际多边开发、援助机构（例如亚开行、世界银行等传统金融机构）外，还有新成立的亚投行、金砖国家新开发银行（NDB）等参与资金层面的合作，同时，国家开发银行、中国进出口银行等政策性银行与各大商业银行，也根据政策对投资项目进行资金支持。

例如2017年5月举办的“一带一路”国际合作高峰论坛上，习近平主席承诺新增丝路基金1000亿元，并鼓励金融机构开展人民币海外基金业务。同时，国家开发银行、中国进出口银行将提供2500亿元和1300亿元专项贷款来推动“一带一路”沿线基础设施建设和产能、金融合作，为企业提供参与“一带一路”的资金保障。12月，亚洲开发银行将投资50亿美元，用于支持“中亚区域经济合作（CAREC）2030”新战略的实施。

（一）从投资地区上看，西亚居首、北非逐步上升

2005~2016年，中国对“一带一路”区域的投资波动上升。2005~2016年，中国在全球的直接投资规模为8580.7亿美元，其中对“一带一路”沿线64个国家（地区）的直接投资为2047亿美元，占比达23.9%。2005~2016年，中国在“一带一路”国家的投资呈现稳步增长趋势，从2005年的46.9亿美元增加到2016年的305.9亿美元。

对“一带一路”沿线国家直接投资主要分布在东亚和西亚地区，两者占比在2016年达到79.31%。中国对“一带一路”沿线国家（地区）的总投资额为2047亿美元，其中西亚地区为891.2亿美元，占比43.54%。2015~2016年，中国在“一带一路”各区域的投资额总体呈上升趋势，西亚、东亚占据大部分，上升趋势相对显著，如图5所示。

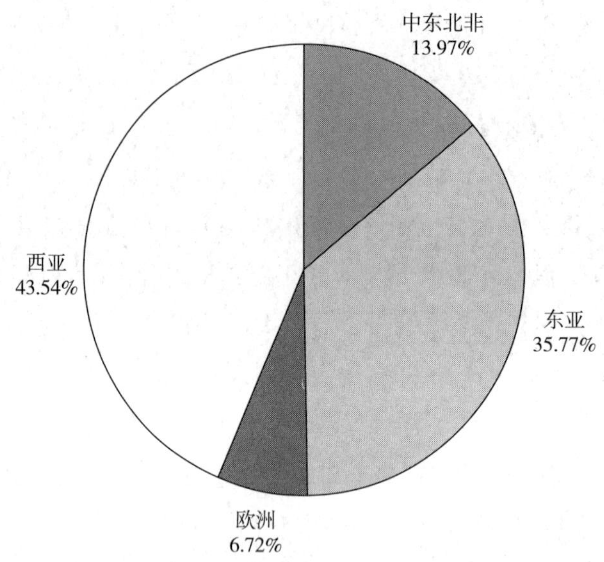

图5 2016年我国对“一带一路”沿线国家直接投资总额地区分布

资料来源：AEI，民生证券研究院。

（二）从投资行业上看，能源、交通、有色位列前三

西亚地区覆盖范围大，我国对“一带一路”西亚地区沿线国家直接投资额占比也比较高，2005～2016年投资呈现波动上升的趋势（见图6），2005年为42亿美元，2016年达到105.5亿美元，2015年达到最高的145.9亿美元。分行业看，2005～2016年的总投资额为890.4亿美元，能源、交通、有色为前三名，分别为601.29亿美元、76.6亿美元、74.8亿美元（见图7）。

从国家上看，中国对哈萨克斯坦和伊朗的投资主要集中在能源领域；对土耳其的投资主要集中在能源、金融、交通等领域（见表2）。

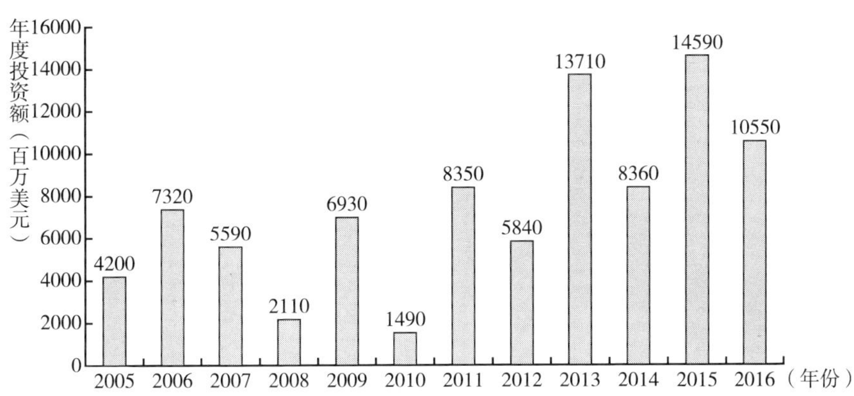

图6　对“一带一路”西亚地区沿线国家直接投资额

资料来源：AEI、民生证券研究院。

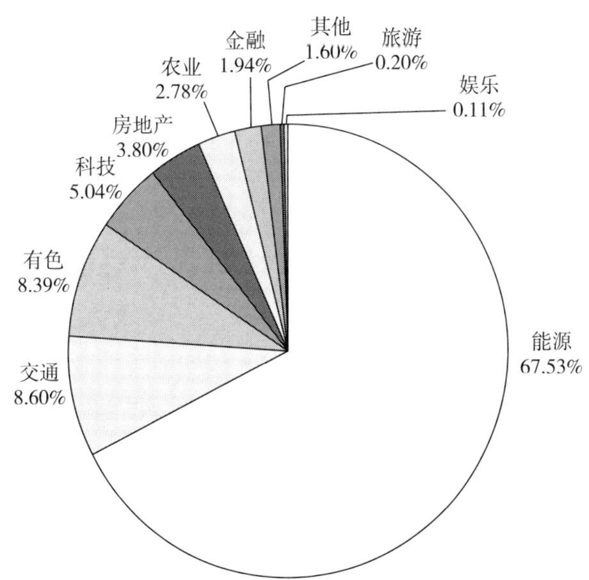

图7　“一带一路”西亚地区沿线国家直接投资行业分布

资料来源：AEI、民生证券研究院。

表 2　中亚—西亚地区直接投资额国家排名

国家	投资额(百万美元)	投资占比(%)	主要行业
哈萨克斯坦	18060	20.26	能源
伊朗	4720	5.30	能源
土耳其	4290	4.81	能源、金融、交通
沙特	3710	4.16	—
斯里兰卡	3630	4.07	—
阿富汗	3270	3.67	—
吉尔吉斯斯坦	710	0.80	—
土库曼斯坦	400	0.45	—
格鲁吉亚	370	0.42	—
塔吉克斯坦	300	0.34	—
乌兹别克斯坦	290	0.33	
伊拉克	9830	34.37	能源
以色列	6370	22.27	农业、娱乐、科技
埃及	5200	18.18	—
叙利亚	3470	12.13	—
约旦	1300	4.55	—
沙特阿拉伯	1200	4.20	—
也门	470	1.64	—
阿曼	370	1.29	—
卡塔尔	100	0.35	—

资料来源：国家工业信息安全发展研究中心整理。

四　能源已非唯一亮点，多领域互补求双赢

“一带一路”倡议推出以来，主要在交通、电力、港口、城市建设等基建相关领域取得了突破，一批合作意愿强烈、国内市场环境稳定的国家，已经成为优先合作发展的对象。产能与技术合作是中国—中亚—西亚经济走廊的亮点。中国与哈萨克斯坦的产能合作从 2014 年至今已有 52 个项目实现早期收获。中国企业承建的乌兹别克斯坦“安格连—帕普”铁路隧道通车，投资的吉尔吉斯斯坦炼油厂和矿业项目建设顺利。与中亚国家的产能合作为

中国产能项目开拓国际市场树立了典型。与其他经济走廊对比，中国—中亚—西亚经济走廊有较大投资潜力，正在积极进行规划建设。

（一）国家虽众体量小，交通基建动力弱于蒙俄

在所有的“一带一路”项目中，交通类投资以1245亿美元的规模独占鳌头，其中既涉及城市、国家之间的公路、铁路建设，又包括市内轨道交通，呈现涉及国家多、投入规模大的特征。

从各经济走廊来看，中蒙俄、中国—中南半岛的交通投资规模最大，中国—中亚—西亚走廊次之（见图8）。这种局面的形成，主要是基于当地对交通基础设施的需求，中国—中亚—西亚经济走廊虽然国家众多，但体量普遍较小，交通基建的动力弱于中蒙俄与中国—中南半岛经济走廊。

表3　中亚—西亚地区亚投行投资的交通类项目

单位：亿元

国别	项目名称	亚投行融资金额	项目总投资额	类别
阿曼	杜克港商业码头和运营区开发项目	2.65	3.53	已审批项目
	铁路系统准备工程	0.36	0.6	已审批项目
塔吉克斯坦	杜尚别—乌兹别克斯坦边界道路改建项目	0.275	1.06	已审批项目
格鲁吉亚	巴统绕道工程	1.14	3.15	在审批项目

资料来源：亚投行官网。

（二）多项目顺利投建，电力领域投资受益良多

“一带一路”沿线多数为发展中国家，电网建设滞后，人均用电量较低。IEA数据显示，“一带一路”沿线国家总人口达46亿，庞大的人口带来了庞大的用电量（见图9）。从人均水平来看，绝大部分国家和发达国家差距甚远，电力市场潜力巨大。

中国—中亚—西亚经济走廊投资达到113.7亿美元，占“一带一路”电力投资总量的15%（见图10）。从投资方向来看，中亚以吉尔吉斯斯坦

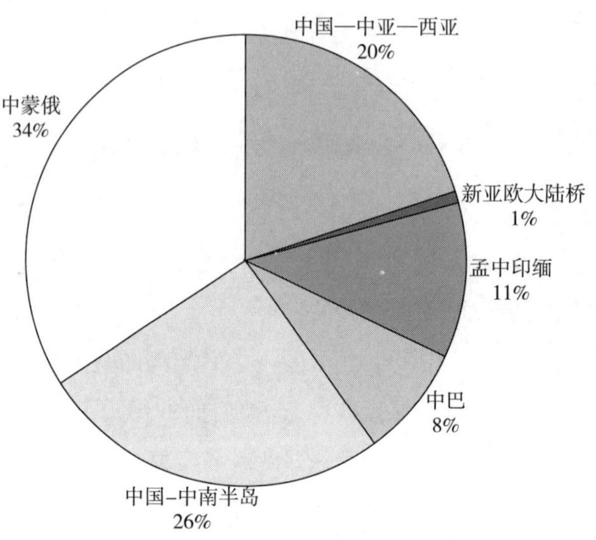

图 8　“一带一路”交通投资项目地区分布

数据来源：Wind、东方证券研究所。

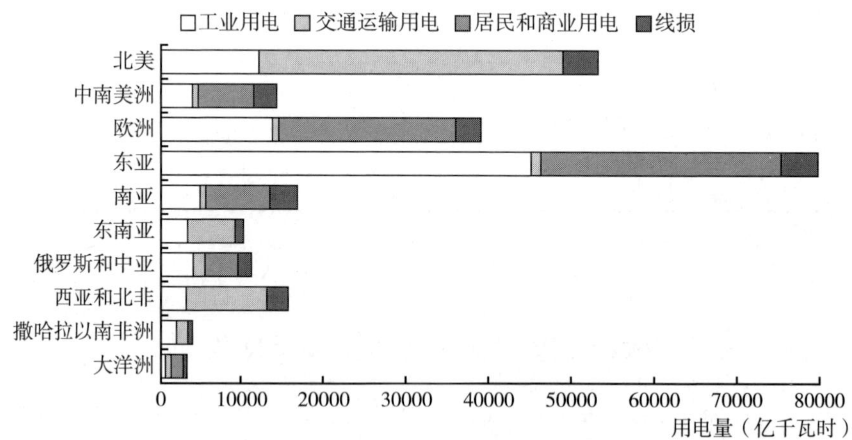

图 9　各地区用电量及线损

数据来源：GEIDCA、民生证券研究院。

（15.28 亿美元）为首、西亚以阿曼（19.5 亿美元）、伊朗（12.7 亿美元）最多，沿着这条走廊继续延伸到非洲，乌干达（17 亿美元）、莫桑比克（13

亿美元）、埃及（10.1 亿美元）都占较大比重。主要包括乌干达卡鲁玛水电站项目、莫桑比克焦煤项目、伊朗阿巴斯港热电站等项目。

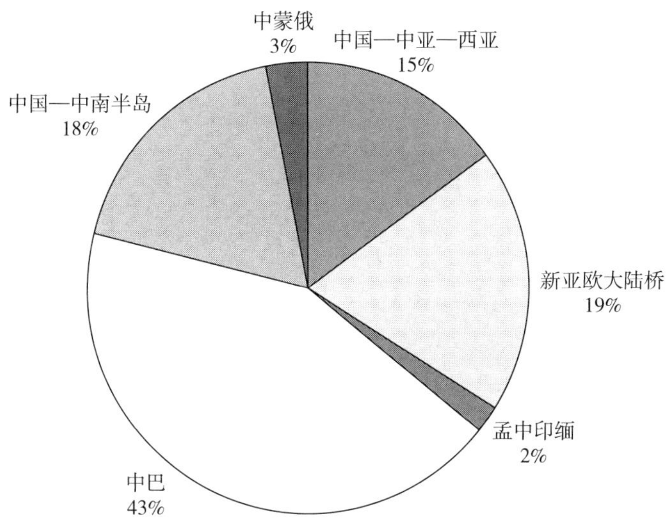

图 10 “一带一路”电力投资项目地区分布

数据来源：Wind、东方证券研究所。

（三）综合投资拉力大，中亚西亚潜力尚待挖掘

伴随着中国“走出去”企业的增多，以园区、新区、建筑、商城、旅游设施（酒店、度假区）等为主体的综合性投资的巨大拉动优势有所显现。这是因为这些主体或是具有容器功能，或是包含了多方面的建设，有利于贸易、基建、产能合作同时开展，同样产生了较大规模的总投资。目前已在建和规划中的项目达 83 个，共计 254.6 亿美元。从综合性投资的分布来看，占据首位的是孟中印缅经济走廊（41%），中亚西亚地区（14%）仅高于中巴经济走廊（6%）和亚欧大陆桥（4%），有较大的发展潜力。

（四）能源优势依旧在，项目总量大、投资量惊人

“一带一路”沿线的能源领域合作机会众多，资源国和消费国间的多方

位互补优势，合作空间广阔。截至目前，虽然在建项目数不多，但具有总量大、单个项目投资额高的特点。

在中亚—西亚地区，主要项目聚焦在西亚丰富的石油资源，除了百亿工程沙特延布炼油厂项目外，主要集中于伊拉克马季努恩油田（9500 万美元）、阿布扎比陆上石油公司油田开发（3.3 亿美元）、沙特拉斯坦努拉管道项目等。另外，中亚—西亚地区亚投行投资的能源类项目如表 4 所示。

表 4　中亚—西亚地区亚投行投资的能源类项目

单位：亿元

国别	项目名称	亚投行融资金额	项目总投资额	类别
阿塞拜疆	跨安那托利亚天然气管道项目	6	86	已审批项目
塔吉克斯坦	Nurek 水电恢复项目一期	6	35	在审批项目
哈萨克斯坦	40 兆瓦 Gulshat 光伏太阳能发电厂项目	0.16	0.69	在审批项目

资料来源：亚投行官网。

（五）原料矿产资源丰富，化工冶金优势难以比拟

截至目前，在“一带一路”建设中，化工领域涉及 18 个项目，共计 14.5 亿美元。从化工项目来看，中国—中亚—西亚经济走廊所占比重较高，达到 68%（见图 11）。这主要是因为化工产业的运行需要原料的支持，而中亚—西亚具有独特优势。从目前的化工项目来看，水泥是一个向外投资较为明显的行业，这与中国水泥行业产能严重过剩的现状相关。由于产能需要转移，国内企业便将眼光瞄准了基建需求大、劳动力价格相对较低的中亚—西亚地区。

中国—中亚—西亚经济走廊区域，冶金（钢铁、有色）等行业项目总量规模达到 40.5 亿美元，占行业总投资的 78%。中亚地区矿产资源丰富，特别是有色金属，是中亚国家重要的出口支柱。对该地区冶金行业的投资，主要是满足中国国内日益增长的需求。例如吉尔吉斯斯坦伊斯坦贝尔德投资金矿（1.03 亿美元）、中色股份哈萨克斯坦阿克托盖铜选厂项目（21 亿美

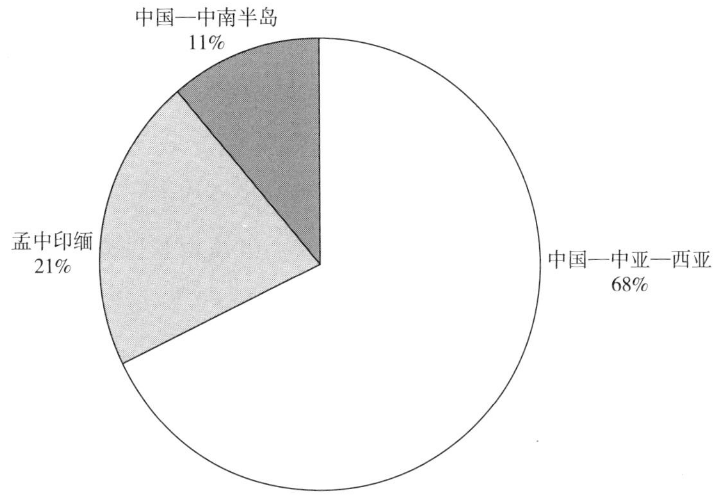

图 11　“一带一路”化工项目地区分布

数据来源：Wind、东方证券研究所。

元）、伊朗综合钢铁厂（16 亿美元）等。这一走廊延伸到非洲，还有阿尔及利亚年产 400 万吨球团项目 EPC 总承包项目（2.51 亿美元）。

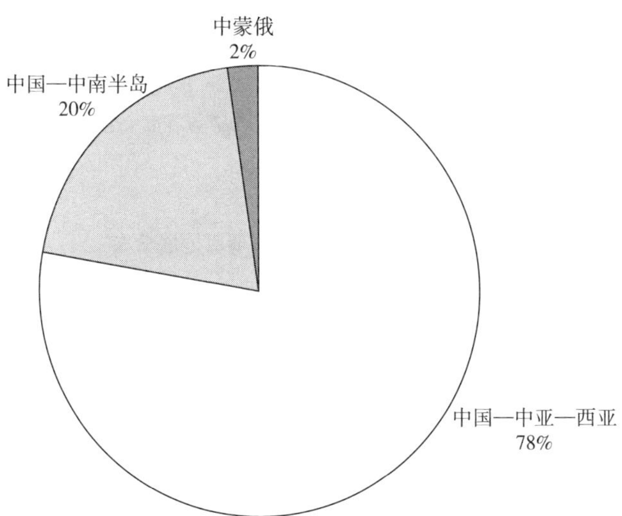

图 12　“一带一路”冶金（钢铁、有色）项目地区分布

数据来源：Wind、东方证券研究所。

（六）港口项目表现亮眼，带动地区贸易大增长

港口建设能够适应中国近年来与“一带一路”沿线国家贸易的不断增长。2016 年，中国与沿线国家贸易总额达 9536 亿美元，占中国全球贸易额的 25.7%，与东南亚、西亚、非洲等地区贸易规模均十分可观。

从“一带一路”港口项目的分布来看，占比最高的是孟中印缅走廊（43%），中国--中亚—西亚走廊位居第二，达到 35%（见图 13）。这一比例主要由以色列阿什杜德港工程带动，也由中国港湾承建。项目建成后，预计年集装箱吞吐量为 150 万标准箱，将成为欧亚桥梁。

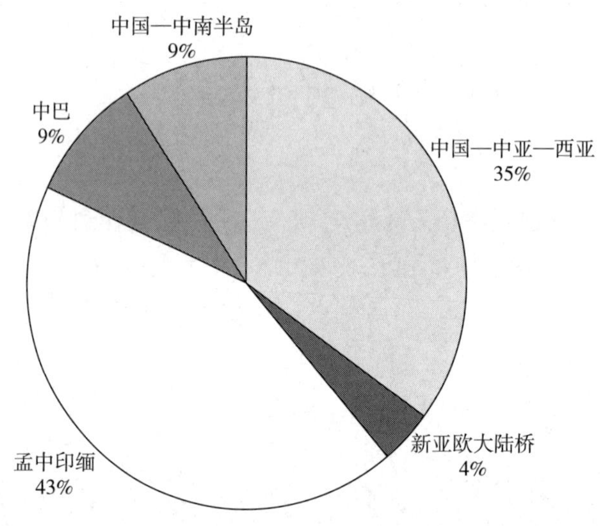

图 13 “一带一路”港口项目地区分布

数据来源：Wind、东方证券研究所。

（七）金额不大、涉及面广，制造项目金额逾六成

“一带一路”建设作为中国企业“走出去”的契机，在很大程度上带动了中国企业的在外设厂。从沿线国家制造类项目分布来看，中国—中亚—西亚经济走廊占了较大比重。虽然单项投资金额不大，但涉及的行业较多，包

括橡胶、汽车、轮胎、造纸、光缆、机电等，分布于乌兹别克斯坦、哈萨克斯坦、沙特、阿联酋等国，占制造类投资项目投资总金额的68%（见图14）。

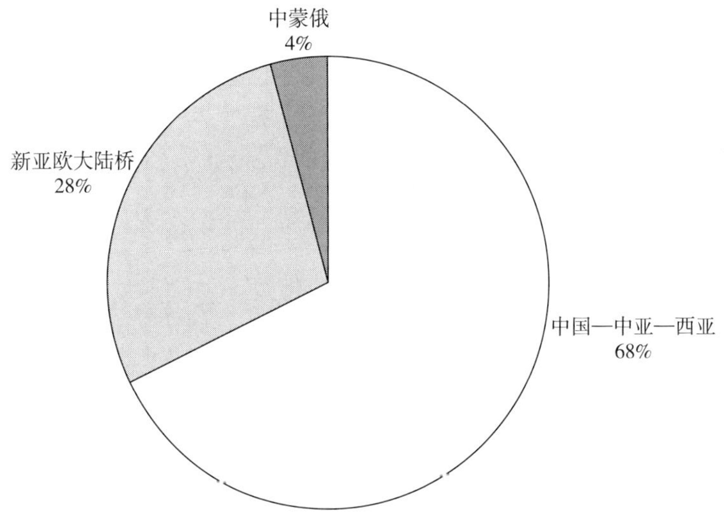

图14　“一带一路”制造类项目地区分布

数据来源：Wind、东方证券研究所。

（八）跨境电商连接不均，进出口比例悬殊大

作为“一带一路”建设中必不可少的关键部分，网上丝绸之路建设有助于缩小国家、地区和人群间的数字鸿沟，充分释放数据红利，并成为构建人类命运共同体的重要助力。

根据阿里巴巴“一带一路”沿线国家ECI指数（E-Commerce Connectivity Index，跨境电商连接指数），除以色列外，中亚—西亚地区国家与中国在跨境电商贸易方面的连接紧密程度普遍不及中东欧国家，且较多西亚国家几乎没有以跨境电商形式流入中国的产品。而从国家上看，ECI进出口双向较均衡的是以色列（见表5和图15）。

表5　“一带一路”沿线主要国家2016年ECI跨境电商连接指数得分表

国家/地区	ECI出口指数	ECI进口指数	ECI总指数	国家/地区	ECI出口指数	ECI进口指数	ECI总指数
以色列	10.9	2.8	13.7	格鲁吉亚	1.6	0	1.6
土耳其	7.4	0.2	7.6	约旦	1.3	0	1.3
沙特阿拉伯	5.7	0	5.7	埃及	1.3	0	1.3
哈萨克斯坦	4.6	0	4.6	伊拉克	1.1	0	1.1
希腊	2.9	1.2	4.1	土库曼斯坦	1.0	0	1.0
黎巴嫩	3.4	0	3.4	吉尔吉斯斯坦	0.9	0	0.9
阿联酋	3.1	0.1	3.2	塔吉克斯坦	0.5	0	0.5
科威特	2.7	0	2.7	巴勒斯坦	0.3	0	0.3
阿曼	2.6	0	2.6	阿富汗	0.2	0.1	0.3
阿塞拜疆	2.6	0	2.6	也门	0.2	0	0.2
卡塔尔	2.5	0	2.5	叙利亚	0	0.1	0.1
巴林	2.2	0	2.2	伊朗	0	0.1	0.1
乌兹别克斯坦	1.6	0	1.6	—	—	—	—

注：出口指数越高，表示该国购买中国商品越多；进口指数越高，表示中国购买该国商品越多。
数据来源：阿里研究院。

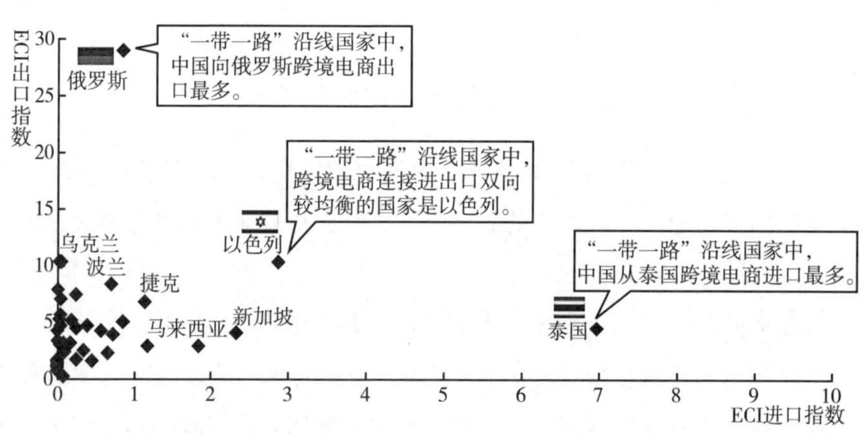

图15　“一带一路”沿线国家：跨境电商进出口比较

资料来源：阿里研究院。

（九）金融支撑逐年增强，支付清算合作有拓展

近年来，中国为“一带一路”建设提供的金融支持逐年增强，中资金融愈发便捷。这主要体现在：中国积极与“一带一路”沿线国家建立跨境银行监管合作、人民币清算安排并签署货币互换协议，为企业融资、贸易结算等提供法律支持等。

首先是跨境银行监管合作。近年来，根据巴塞尔银行监管委员会确定的跨境银行监管原则，中国银监会积极推动与境外银行监管机构签署双边监管合作谅解备忘录（MOU）或监管合作协议。与我国建立跨境银行监管合作的“一带一路”沿线国家及区域性密度如表6和图16所示。

表6　与中国建立跨境银行监管合作的“一带一路”沿线国家

区域	国家
东南亚	印度尼西亚、马来西亚、菲律宾、新加坡、泰国、柬埔寨、越南、老挝
南亚	尼泊尔、印度、巴基斯坦
中亚	哈萨克斯坦、塔吉克斯坦、吉尔吉斯斯坦
西亚北非	土耳其、以色列、伊朗、巴林、卡塔尔、阿拉伯联合酋长国、科威特
中东欧	捷克、匈牙利、立陶宛、波兰、白俄罗斯、乌克兰
东北亚	俄罗斯

数据来源：民生证券研究院。

其次是货币互换协议。中国央行已与16个“一带一路”沿线国家签署货币互换协议，为人民币跨境贸易结算和直接投资奠定基础，有利于维护金融稳定、在促进投资贸易方面发挥积极作用。从区域来看，与中国人民银行已有货币互换协议的国家主要集中在东南亚和中亚地区，东南亚11国中有5国已签署，覆盖率（区域内签署货币互换协议的国家数目/区域内国家总数）达0.45；中亚5国中有3国已签署，东北亚2国俄罗斯和蒙古国均已与我国签署货币互换协议。而南亚、西亚北非和中东欧地区与我国签署货币互换协议的国家较少，覆盖率分别为0.14、0.15和0.16（见图17）。

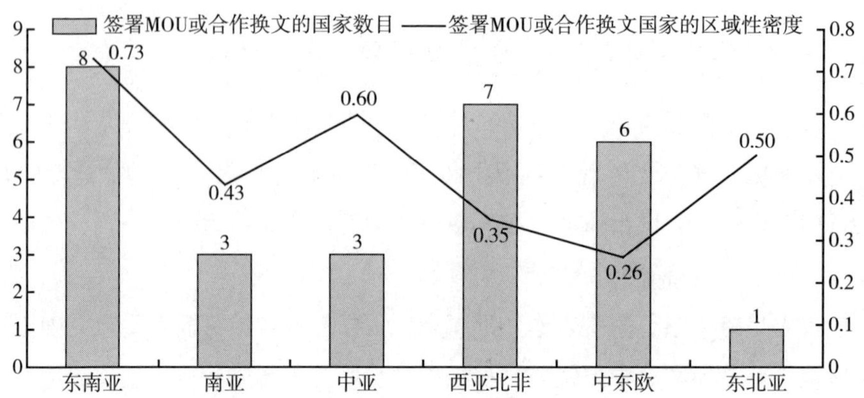

图16　银监会与“一带一路”沿线国家的跨境银行监管合作

资料来源：民生证券研究院。

表7　与中国签署货币互换协议的“一带一路”沿线国家

区域	国家
东南亚	印度尼西亚、马来西亚、菲律宾、新加坡、泰国
南亚	巴基斯坦
中亚	哈萨克斯坦、乌兹别克斯坦、塔吉克斯坦
西亚北非	亚美尼亚、土耳其、阿联酋
中东欧	匈牙利、白俄罗斯、乌克兰
东北亚	俄罗斯、蒙古国

数据来源：民生证券研究院。

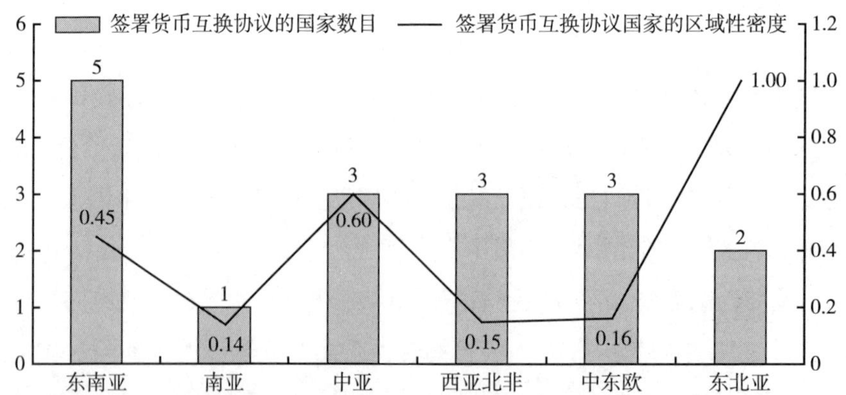

图17　中国人民银行与“一带一路”沿线国家货币互换协议签署情况

资料来源：民生证券研究院。

再次是人民币清算及境外金融机构设立。中国与中亚国家在本币支付和结算上不断深化合作，哈萨克斯坦将人民币列为储备货币并成立中哈产能合作基金，与中国合作建设阿斯塔纳国际金融中心和商品交易所，签署融资和合作协议。在西亚地区，中国与阿拉伯国家的银行近年来互设了多家分支机构，投融资合作规模不断扩大、形式更加丰富。中国在阿联酋、卡塔尔设立了人民币清算中心，与阿联酋、卡塔尔、埃及分别签署了本币互换协议。科威特等三国的主权基金取得了“合格境外机构投资者”资格。中国还与阿联酋设立了共同投资基金，未来规模将逐步达到100亿美元。丝路基金会同多家中资银行，成功地为阿联酋哈翔清洁煤电厂项目提供投资和融资服务，荣获了2016年度中东地区最佳电力项目融资大奖。沙特等9个阿拉伯国家已成为亚投行成员国，阿曼的铁路和港口项目成为亚投行向阿拉伯地区提供贷款的首例。

参考文献

姜安印、刘博、黄洁：《“一带一路”背景下中国—中亚能源合作研究述要》，《贵州省党校学报》2017年第1期。

黄福江、高志刚：《中国在中亚能源合作中的战略定位及策略选择》，《石河子大学学报》（哲学社会科学版）2016年第6期。

民生证券：《“一带一路”沿线中资金融便捷度梳理——“一带一路”系列研究》2017年5月19日。

东方证券：《“一带一路”战略跨国投资项目研究——“一带一路”专题研究之一》。

国家信息中心：《2017“一带一路”贸易合作大数据报告》。

全淅玉：《我国与中亚五国经贸金融合作的现状、障碍及对策》，《对外经贸实务》2016年第11期。

袁胜育、李全军：《中国与中亚各国的经济合作：问题及对策》，《社会观察》2016年第2期。

民生证券：《一带一路投资格局全解析：区域、行业、国别》。

B.5 新亚欧大陆桥经济走廊产业合作发展现状

徐 杰　徐然冉*

摘　要： 中国与新亚欧大陆桥经济走廊国家的合作具有广泛的基础，当前，合作力度不断加大，机制日趋成熟，各领域合作取得长足进展。在基础设施建设、装备制造、ICT、汽车、能源、化工、食品加工等产业领域合作成果突出，潜力巨大。以中白工业园等为代表的境外经贸合作园区已经成为本走廊"一带一路"产业合作的重要抓手和平台。中国国内也初步形成了对新亚欧大陆桥经济走廊国家合作的联动格局。在新时代新形势下，中国与新亚欧大陆桥经济走廊国家产业合作具有广阔前景。

关键词： "一带一路"　新亚欧大陆桥经济走廊　中白工业园

新亚欧大陆桥又名"第二亚欧大陆桥"，国外段在中俄边界的阿拉山口，出国境后可经 3 条线路西行穿越哈萨克斯坦等中亚地区，经俄罗斯、乌克兰、白俄罗斯、中东欧 16 国等"一带一路"沿线国家，抵达荷兰鹿特丹港。该走廊向北可辐射至波罗的海沿岸的北欧诸国，向西影响德国、英国等

---

* 徐杰，国家工业信息安全发展研究中心工程师，硕士，主要研究领域为中小企业、"一带一路"、世界经济；徐然冉，国家工业信息安全发展研究中心工程师，硕士，主要研究领域为西语系国家经济、"一带一路"。

国，向南还可与地中海沿线的意大利、法国及北非地区挂钩。

从地理空间布局上分析，作为横跨欧亚两大洲、连接大西洋和太平洋两大洋、贯通海—陆—海运输的新亚欧大陆桥经济走廊，极大地缩短了陆上运输距离，节约时间，减少运费，为扩大区域内各国经济往来创造条件。从沿线各地区优势分析，西端辐射的欧洲国家基本上属于发达地区，但空间容量较小，资源禀赋缺乏；走廊中部的中东欧地区被称为“欧洲工厂”，沿线国家大多是新兴经济体，制造业发展水平较高，但在基础设施互联互通建设方面相对滞后；而走廊东部除了少数国家属于发达经济体外，大多为深入亚欧大陆腹地的欠发达国家，虽然基础设施建设水平有待提升，但疆域广阔，资源禀赋优越，具有较大的开发价值。本走廊由于连接亚欧大陆，为两大洲的经贸往来特别是沿线国家（地区）的交流提供了便利。一方面，对于走廊西部的欧洲发达经济体而言，沿线国家（地区）的丰富资源和中国庞大的市场规模，对其有着巨大的吸引力，也便于其进行产品、技术的梯度转移。另一方面，对于沿线的发展中国家而言，依托经济走廊，可以更好地进行互补对接，加快振兴和发展。

目前，沿线各国都意识到产业合作对促进本国经济增长的重要性，与中国加强政治友好往来，合作关系不断深入，共建“一带一路”。2017 年中国与新亚欧大陆桥沿线各国加快构建区域合作机制，以基础设施互联互通为首要目标，以建设产业园为载体，在新能源、钢铁、汽车、航空、信息通信等方面加强产业合作，并取得一系列的项目成果。

总体而言，从合作的内容、方式、载体等方面来看，中国与该走廊沿线国家（地区）的合作均呈现不同特点。第一，从内容来看，基于走廊沿线许多国家亟须加强基础设施建设的现状，双方的合作仍以基建和产能合作为主要领域。如中国企业在塞尔维亚承建的连接多瑙河南北两岸泽蒙和博尔察两个地区的大桥，已成标志性合作项目；利用中方贷款实施的科斯托拉茨电站一期项目大修已完工，作为塞尔维亚能源领域近三十年来最大工程的科斯托拉茨 B 电站二期项目也于 2017 年 11 月开工；在波黑，首个使用中国—中东欧合作机制 100 亿美元专项贷款额度的坦纳里火电站项目正在如火如荼地

建设；在罗马尼亚，多个太阳能及风力发电等清洁能源项目已经在建设中；除了国企、央企在产能合作中发挥主力作用，许多大型民营企业已能在各自制造和服务市场的优势领域中发挥中坚力量。

从合作方式看，主要以并购和绿地投资为主。2017 年 1 月，由中国进出口银行牵头成立的中国—中东欧投资合作基金 China-CEE 收购匈牙利著名通信公司 Invitel 集团。4 月，达华智能 5 亿元收购塞浦路斯星轨公司，获得三条卫星轨道运营权，并将在大数据、物联网（智慧城市）以及为通信服务领域互补融合。4 月，比亚迪公司在匈牙利北部城市科马罗姆设立的欧洲第一座电动车工厂正式投产，产品将辐射整个欧洲大陆市场。8 月，罗马尼亚政府批准了中国华信收购大型石油公司 KMGI 集团 51% 股权的交易。以华为、中兴为代表的企业几乎在本走廊沿线的所有国家（地区）建立了代表处，在“走出去”方面取得了显著成效。

从合作载体来看，工业园区、研发中心等得以深耕。一方面，中国与走廊沿线国家合作建立工业园区的步伐正在加快。2016 年 11 月，保加利亚与中国在港口工业园区领域签订合作备忘录，为港口和港口工业园的建设、现代化以及开发提供了基础。2017 年 12 月，中通国际与匈牙利国家邮政合资成立公司，开辟中匈跨境电商快件专线，加快欧洲跨境物流业务的拓展步伐。另一方面，随着中国企业在多个制造领域迈向中高端，越来越多的企业在走廊沿线国家（地区）建立了研发中心。例如，青岛软控（Menac）欧洲研发中心是中国橡胶轮胎装备业在海外设立的首个研发中心（位于斯洛伐克），致力于研究轮胎装备、工艺技术和生产制造高质量的轮胎生产装备；在捷克，长虹在中捷克州宁布尔克市成立了欧洲研发中心，中国中车与捷克技术大学共建的联合研发中心在机车、电子牵引、动力系统、联合控制等领域开展了更加密切的研发合作，为推动北车走向中东欧市场提供核心技术支撑。

一 “16 +1”已成多领域多层次合作深度对接新端口

2017 年，中国与本走廊涉及的沿线国家（地区）间友好关系加速发展，高层互访频繁，并全面推进各领域合作机制。而中国与中东欧开启的“16+1”，则是中国与该地区合作的一大创举，这一合作模式可以将“一带一路”深入推进到更广泛的地区。经过几年的共同努力，中国—中东欧国家合作机制在主体、渠道和内容上具有了丰富的内涵，取得了实际的成效。

在主体上，形成了政府主导、民间参与的模式。政府和民间力量各有分工、共同配合，推动中国—中东欧国家合作快速发展。在政府层面，双方高层互访不断，“16+1”框架下的中国与中东欧国家领导会晤机制运作良好，还设立了合作秘书处、投资秘书处、国家协调员会议、经贸促进部长级会议等机制。在民间层面，通过智库研讨会、民间团体访问等形式，将社会和市场力量引入合作。2017 年 11 月举行第六次中国—中东欧国家领导人会晤后，各国共同制定和发表《中国—中东欧国家合作布达佩斯纲要》，声明各方愿探讨在服务贸易、电子商务、服务外包和数字经济方面开展合作的可能性，重申支持中欧在互联互通平台及产能、科技等领域的合作。中国与塞尔维亚关于推动产能合作重点项目，中国与爱沙尼亚关于电子商务合作，中国与波黑的能源、铁路和高速公路项目，中国与克罗地亚塞尼风电项目，中国与保加利亚电信项目，中国与黑山尼克希奇“科技城”创新创业项目，中国与斯洛文尼亚马里博尔机场项目等达成合作意向。2017 年，双方共进行了几十项合作与交流项目，中国与中东欧国家省州、市长级地方合作成果显著，参与主体涵盖政府官员、专家学者和企业家等。

在渠道上，形成了涵盖诸多领域的多元沟通、交流方式，包括国家领导人会晤、部长级会议、国家协调员会议、博览会、联合会、交流会、论坛等。中国—中东欧国家合作设立了相对固定的机构，在“16+1”合作框架下形成了政府间不同层级的交流合作机制。中东欧各国任命了国家协调员与中方进行协调，通过定期举办国家协调员会议共同推进中国—中东欧国家合作。此外，还充分挖掘地方和具体领域交流优势，形成中国—中东欧国家省州长联合会、中国—匈牙利—塞尔维亚交通基础设施合作联合工作组、发展智库研讨会等合作平台，多维度的互动机制已经成型。

在内容上，宽领域产业合作呈多面开花、齐头并进的态势。在经贸领域，在2016年中国与中东欧十六国贸易额近600亿美元的基础上，2017年双边进出口额继续保持高速增长态势，特别是中东欧国家对中国的出口相比进口增长速度更快。在基建领域，中国设计建造的塞尔维亚贝尔格莱德跨多瑙河大桥已竣工，匈塞铁路、马其顿等高速公路建设项目正在开展。在金融领域，波兰和匈牙利均加入了亚投行，特别是中匈彼此实现了本币互换，对促进两国的贸易投资发挥了积极作用。中资银行在沿线国家设立分行或驻外机构的数目进一步增加，在金融领域的合作往纵深方向拓展。

二　以装备制造为重点的互联互通建设成为加速器

就基础设施建设而言，本走廊沿线国家（地区）多属于正在努力提振本国经济、落实相关规划和项目的重要阶段。与此同时，在技术、资金、人才等关键要素的投入上，一些国家又面临较大缺口，这对中国企业，特别是作为主力军的大型企业集团来讲，正是赶赴当地展现实力和面貌的巨大机遇。

在互联互通建设方面，中国与本走廊国家的产业合作具有很好的互补性。中国企业在长期建设实践中积累了充足的经验，而沿线国家（地区）则具有很大的发展建设需求，特别是许多国家大大加强了投入力度，在基建项目的建设上迎来了高峰。在高速公路、机场、港口等交通领域，输气输油、光缆等管道领域，地铁、桥梁等市政领域，双边合作都达到了共赢的效果。与此同时，几年来，中企在走向本走廊国家（地区）的过程中，也摸索出了一系列创新性合作模式，如积极寻求以PPP、BOT等方式进行广泛参与。可以看到，亚欧运输通道建设步伐不断加快，中欧班列已累计开行超过6000列，中国与波兰、匈牙利、捷克、塞尔维亚先后开通直航，中东欧国家在亚欧大陆桥中的枢纽作用不断提升。中国企业承建的塞尔维亚跨多瑙河大桥、波黑斯坦纳里火电站、波兰弗罗茨瓦夫城市防洪项目已完工；塞尔维亚科斯托拉茨电站和高速公路、黑山南北高速公路、马其顿两条高速公路项目总体进展顺利；涉及爱沙尼亚、立陶宛、保加利亚、拉脱维亚、罗马尼亚、克罗地亚、斯洛文尼亚、阿尔巴尼亚等国的“三海港区合作”正加快推进；中欧陆海快线建设取得积极进展，作为中国同塞尔维亚、匈牙利三方合作的旗舰项目的匈塞铁路，其塞尔维亚段2017年底开工；中俄原油管道二线工程于2017年11月宣布彻底建成；实现了中国在亚美尼亚开展公路基础设施建设领域合作零的突破的“北—南”公路相关标段（兰吉科—久姆里）合作项目已完成设计工作。这些项目也成为推动合作稳步发展、带动当地就业和经济的典型案例。

在装备制造领域，把中国性价比高、质量上乘的装备与本走廊国家的经济建设进行有效的对接，不仅能让走廊沿线国家充分利用中国装备提升其经济建设能力，而且有利于提升中国装备产品的国际形象和竞争力。尤其是中国高铁等轨道技术装备，已经成为中国的一张名片，双方的合作有利于打通物流动脉，进一步加强互联互通。如中国出口马其顿的动车不仅大大提升了该国客运能力，而且表明东南欧市场对中国高端装备制造的认可。在保加利亚，中国出口的大客车也进入了其首都的公交客运系统，客车按照欧盟最高排放标准生产，并实现了批量出口。另外，愈来愈多的中国企业正在赴塞尔维亚、匈牙利等国寻求合作和装备产品输出，将其作为辐射“桥头堡”，进一步拓展中东欧市场乃至整个沿线市场。

三　ICT、汽车等产业领域合作表现突出、潜力巨大

当前中国在本走廊沿线开展跨国产能合作的产业，既有以轻工、家电、纺织服装为主的传统优势产业，以钢铁、电解铝、水泥、平板玻璃为主的富余产能优势产业，又有以电力设备、工程机械、通信设备、高铁和轨道交通为主的装备制造优势产业。产能合作还带动了中国铁路、电力、通信等优势行业的相关技术和标准“走出去”，有利于提升中国在该区域产业链和价值链中的地位。目前，中国与本走廊国家在ICT、汽车、能源、化工、食品加工等产业领域表现突出，潜力巨大。

（一）ICT产业

随着全球ICT产业的迅猛发展，本走廊沿线各国（地区）也越来越重

视信息基础设施和通信产业发展，在网络、信息化等方面均取得了建设成效。与此同时，中国也出台了一系列制造提升和促进相关产业的战略纲要和行动计划。中国积极与本走廊沿线国家（地区）提升 ICT 领域合作层次，不断提升网络互联互通水平。

当前，许多走廊沿线国家（地区）虽然在战略高度上认识到发展 ICT 特别是高精尖 ICT 的重要性，但受制于本国网络基础设施能力和 IT 发展水平，在一些领域的推进上往往力不从心。而 ICT 产业是中国的优势产业，面对多国亟须升级发展本国产业的良好机遇，中国企业可为这些国家提供高质量的通信产品和服务。以波兰为例，中波在 ICT 领域的合作领跑于走廊内其他地区；华为公司与波兰企业和高校分别签署了大额合作协议，在移动通信、云计算、大数据、智能设备等众多领域都展开了合作，在一些具体项目上更是实现了规模应用。该国消费者对于华为品牌的认知度大幅提升至 80% 以上。在乌克兰，联想的手机、平板、笔记本、路由器等电子产品在乌同类市场中占比连续名列前茅。根据格鲁吉亚官方最新公布的数据，在格鲁吉亚华为、联想等中国手机品牌由于性价比高及认知广泛，入选最受欢迎的品牌名单。在匈牙利，华为、中兴等企业巨额投资建立了供货中心，便于面向欧洲进行产品供应。可以预见，今后中国与本走廊国家的 ICT 合作将会更加广泛和深入。

（二）汽车工业

汽车工业是中国与新亚欧大陆桥经济走廊沿线国家（地区）合作的重点产业之一。沿线一些国家如波、匈、捷等，由于具有较强的汽车工业基础，汽车产业发展较为成熟和细分。在城市公共交通领域，波兰是供应欧盟市场的重要生产基地，在一些关键技术应用上具有较强的研发和应用能力。当前，波政府在电动汽车等新一代汽车领域寻求多层次的合作，作为新能源汽车生产和销售第一大国，中国与波兰在该领域的务实合作具有广阔基础。捷克的汽车零部件工业首屈一指，全球知名汽车零部件厂商在捷大多有直接投资，捷克的技术研发和汽车设计也吸引着更多的厂商设立创新中心，从而构建密集的产业链条。2017年，一些来自中国的汽车厂商相继在罗马尼亚、波兰、匈牙利等国家建立汽配生产工厂，并通过收购当地先进的自动化集成厂商，让产品提高知名度，进而进入欧洲拓展市场。

近年来，我国汽车工业发展迅猛，特别是在一些新兴领域已经具备了一定实力，在车联网、自动驾驶汽车、无人车、电容车等应用技术领域都取得了可喜的成绩。浙江中车电车有限公司研制的超级电容车已在奥地利南部城市格拉茨上行驶，如今已经开始进入欧洲市场。中国拥有全球领先的电动车技术，在新能源汽车领域同样拥有较强的竞争力，以宇通、比亚迪等为代表的国产品牌在向走廊沿线国家（地区）“走出去”的过程中发挥了重要作用。

（三）生物与化工

中国与本走廊国家在生物与化工领域的合作具有很强的互补性。中建材集团在乌克兰建设的光伏电站居乌光伏发电量首位（所占份额超过60%）。中企在乌的彩印设备厂和化纤厂分别在相关领域占比超过50%。以法斯托夫再生化纤厂等中国厂商为代表的企业，通过整合在地化的市场信息，形成上下游配套和产业集群，正在不断发展壮大。部分中国企业还通过海外并购方式进行延伸，烟台万华实业集团在斥巨资收购了匈牙利最大的化学企业后，提出了中匈宝思德经贸合作区计划，该合作区已成为中国化工行业唯一的国家级境外经贸合作区，也是中国生物、化工企业规避壁垒进入欧洲市场的重要平台。

（四）制药业

以匈牙利为代表的国家制药业发达，与中国药企的合作空间巨大。匈牙利的制药行业在东欧最为发达，基本能满足本地区大多数国家，特别是俄罗斯对制药产品的强劲需求。匈牙利的基础设施和科学基础吸引了许多跨国制药公司投入大量资金进行生产扩张，尤其在原料药和仿制药领域。近年来，中国制药产业发展迅速，但产业基础仍相对薄弱，研发能力有待进一步提高。我国制药企业可以通过在新亚欧大陆桥经济走廊国家（地区）设立药品研发中心等方式，将对方先进的制药经验加以吸收利用。

（五）能源

当前，中国无论是在可再生能源利用领域，还是非可再生能源发电等电力领域均已掌握了关键技术。但是，走廊沿线的许多国家则在电力资源的开发利用方面各有薄弱点，亟须提升电力基础设施水平。如波黑明确希望中国参与其电力项目的建设和投资，包括修复现有设施和扩建新型电厂。2017年11月，中国能建与波黑联邦政府在匈牙利首都布达佩斯签署波黑卡门格拉德2×215MW燃煤电站项目合作谅解备忘录，波黑联邦政府表示将在该项目的后续推进中给予最高的优先级，助力该项目尽早投产。中国企业已经成为波黑能源项目最主要的投资和建设者，在其他国家企业选择撤回或放弃在波黑的投资时，中国企业参与了数亿欧元的能源项目。又如，在塞尔维亚，按照之前两国达成的备忘录，双方同意以PPP等合作方式开发在塞可再生能源项目。在乌克兰，根据2017年2月乌中两公司（乌国家核燃料企业与中国核燃料有限公司）的会谈结果，双方制定和批准了为乌克兰VVER－1000反应堆联合生产核燃料的行动计划，在互利的基础上组织生产核燃料组件，以满足乌克兰核电站的需求。

（六）食品加工

新亚欧大陆桥经济走廊沿线的诸多国家（地区）在食品加工方面可谓历史悠久，具有丰富的农业资源，产业链条也向消费品工业的更深层次拓展。如罗马尼亚、克罗地亚等国依托葡萄广泛种植的基础，出产的葡萄酒品质优良，产量丰富，成为葡萄主要出口国家。保加利亚乳制品在中国享有良好声誉，其精制乳酪、酸奶等产品在中国也具有品牌优势。该国向中国出口的烟草、玫瑰油、食用油、肉类等加工产品也保持着较快的增长势头。在两国的产业合作方面，天津农垦集团先行一步在保加利亚通过政府许可的形式开发农用土地，进而延伸产业链。此次投资不仅让中方获益，成功走入当地市场，而且带动了当地就业和经济发展。保加利亚、波黑等国均不约而同地表示，希望以“一带一路”建设为契机，进一步扩大在中国市场的份额，加快其本国企业走向中国的步伐。

四 双向投资与产业园区提升合作整体水平

境外产业园具有高度的产业集成性和平台性，能够最大限度地促进我国产业上规模、成系统地抱团“走出去”。投资建设海外产业园区，也是“一带一路”建设背景下产业“走出去”的重要模式创新。产业园多由龙头企业在国外建园区，中小企业跟进配套，让企业服务企业，集群深耕“一带一路”沿线。中企在欧洲建设的第一个工业园——罗马尼亚的麦道工业园，也实现了阶段性建设，一期建设结束后已有部分企业进驻。以中白工业园等为代表的境外经贸合作园区已经成为本走廊“一带一路”产业合作的重要抓手，和国际产业园合作的重要平台。

自2015年建设以来，中白工业园在政策、机制、基础设施、引资、配套等多方面取得了持续性进展。该园是中国和白俄罗斯两国元首共同确定的重大项目，在实践中愈发显出其标杆作用，目标是要打造成“一带一路”上的明珠。园内定位的高端制造、电子、信息、生物、医药等精细化产业正在全力铺开，与之配套的一系列设施、机构、服务等也逐步完善。负责运营的厂商为中白工业园合资公司（中方在前期占据68%的投资份额），主要投入在设施、港口、金融服务等领域。

在定位方面，白俄罗斯根据其长远规划，从功能、作用、布局、人口、领域等多个维度进行了细致研究，力图让园区带动其首都和整个国家的进步发展。按照白方设想，工业园未来将以2020年和2030年为时间节点，最终建成为以尖端科技为主的首都卫星城。中方则致力于通过园区把“一带一路”和欧亚经济联盟的发展战略进行深度对接整合，构建集多功能于一体的经济区。把两国对园区的发展规划有机结合，是双方的共同目的和愿望。中白工业园项目将向走廊沿线国家（地区）、向欧洲以及全球彰显中国新面貌。

五　中国国内初步形成多头并进的联动格局

在与新亚欧大陆桥经济走廊国家的合作过程中，中国不单向外寻求合作，在中国国内也形成了多头联动格局，集中体现在华东、华北和成渝的多头并进。华东地区与走廊国家的合作主要体现在模式和领域的突破上。众多沪企在深耕自身领域基础上，紧跟国家战略，将投资重点放在互联互通、产能、装备制造及服务领域。上海发挥自贸区建设优势，2017 年 6 月在上海自贸区中东欧 16 国商品中心，启用的匈牙利国家馆则由匈牙利国家贸易署直接授权，上海自贸区管委会备案认可；“馆中馆”的捷克国家馆在 9 月开业；斯洛文尼亚国家馆在 11 月也启用。通过上海自贸区“国家馆”平台进入中国市场的商品已近万种。宁波则把加强与本走廊国家的合作作为参与“一带一路”建设的着力点，加强构筑大平台，并推动示范区建设。借助举办多个具有影响力的博览会和国际会议，宁波跻身对新亚欧大陆桥经济走廊，特别是对中东欧国家合作的重要桥头堡，已经形成多个国家级园区、基地等平台载体，建成贸易便利化国家试验区、跨境电商创新园区、中东欧商品展销中心等贸易园区，中捷（宁波）产业园、中东欧（宁波）工业园、中东欧贸易物流基地等项目。在政策方面，宁波出台了《关于加强与中东欧国家全面合作的若干意见》等一系列措施，重点支持中东欧商品经由宁波进入中国市场，同时支持宁波企业赴走廊国家投资建设。

京津冀地区与本走廊国家合作形成了以基础设施、产能合作为主导的格局。位于北京的众多大型央企在走廊沿线地区建立了具有示范性的项目。以河北河钢为代表的企业成为中企在沿线国家（地区）推进国际产能合作的重点示范。河北保定市正在建设中东欧创新产业园，产业园规划为一园两区，一区设在中国河北省保定市，一区设在黑山共和国尼克希奇市。其中，保定园区计划用地 1500 亩，总投资 50 亿元，推动企业更好地融入“一带一路”建设。天津与本走廊国家的合作也正加快速度。连续三年在津举办的中国—中东欧国家投资贸易博览会，不仅加深了沟通交流，而且是深化合作的重要见证。东方日升等津企在保加利亚等国进行光伏电站建设。2017 年，中国首个以贸易便利化为主题的国家试验区在天津授牌。以上这些常态化合作持续促进了京津冀地区与新亚欧大陆桥经济走廊国家之间的贸易流动“双向开闸”，激发了双向合作的无穷活力。

借助产业优势和优越的地理位置，成渝在新亚欧大陆桥经济走廊国家合作中势头强劲，两地均把打造在互联互通与高新技术方面的合作作为目标。大型央企、国企和上市公司在系列机制推动下，成为成渝对新亚欧大陆桥经济走廊国家合作的主体，行业涉及几十个领域。成都与波兰第二大城市罗兹建立了通向欧盟的“蓉欧快铁”，该班列从成都出发经哈萨克斯坦、俄罗斯、白俄罗斯等国直达波兰罗兹，是中国至欧洲最快的直达铁路货运固定班列，具有运行时间最短等一系列的重要优势。“蓉欧快铁”已成为中国中西部地区连接欧洲的重要国际物流通道。另外，一些具有代表性的项目落户该地，显示其较强的发展活力。如捷克轻型飞机制造项目在自贡落脚；四川长虹在中捷克州投资设立平板电视工厂等。在重庆与本走廊国家的合作方面，2017 年 4 月，借匈牙利的地理区位优势，“重庆—匈牙利”班列成功开行，由此增强了对欧洲地区三十多个城市的辐射力。部分走廊沿线国家在电子、通信、生物、光伏等高技术产业方面优势明显，与此同时，重庆也在积极发展战略性新兴产业，双方将积极拓展新兴领域的产业合作。

参考文献

刘作奎：《新形势下中国对中东欧国家投资问题分析》，《国际问题研究》2013 年第 1 期。

于军：《中国—中东欧国家合作机制现状与完善路径》，《国际问题研究》2015 年第 2 期。

龙平川：《为了新亚欧大陆桥经济走廊畅行无阻》，《检察日报》2015 年 12 月 7 日，第 2 版。

郭朝先、邓雪莹、皮思明：《“一带一路”产能合作现状、问题与对策》，《中国发

展观察》2016 年第 6 期。

沈铭辉、张中元：《中国境外经贸合作区：“一带一路”上的产能合作平台》，《新视野》2016 年第 3 期。

赵东麒、桑百川：《“一带一路”倡议下的国际产能合作——基于产业国际竞争力的实证分析》，《国际贸易问题》2016 年第 10 期。

李韶辉：《“一带一路”与国际产能合作取得新进展》，《中国改革报》2016 年 10 月 20 日。

项雪龙：《共享发展机遇共建物流通道携手推动新亚欧大陆桥经济走廊繁荣发展》，《大陆桥视野》2016 年第 12 期。

朱晓中：《中国—中东欧合作：特点与改进方向》，《国际问题研究》2017 年第 3 期。

魏忠杰、李佳：《中白工业园实质开发初见成效》，《经济参考报》2018 年 1 月 22 日，第 6 版。

吴汀亭：《从中白工业园看“一带一路”倡议的前景与挑战》，外交学院硕士学位论文，2017。

B.6 中国—中南半岛经济走廊产业合作发展现状

褚玉妍　高 焕*

摘　要： 中国—中南半岛经济走廊东起珠三角，经南宁、凭祥、河内至新加坡，沿南广高速铁路、南广高速公路，纵贯中南半岛，经过越南、老挝、柬埔寨、泰国、缅甸、马来西亚等国家，是澜湄合作、东盟合作的跨国经济走廊，联结中国与中南半岛的大陆桥。2017 年，时值东盟创建 50 周年、“10 + 3”合作启动 20 周年，作为“一带一路”建设的优先区域，走廊国家与我国交流机制更加多元，先导项目硕果累累，海陆联通取得突破性进展，园区建设也推动产能、贸易合作走向更加紧密的新阶段。

关键词： 中南半岛　东盟　澜湄合作　产业合作

2017 年，时值东盟创建 50 周年、“10 + 3”合作启动 20 周年之际，中国与中南半岛多层交流机制更加频繁，双方相互支持主场外交，不断探寻新的合作领域和利益共同点，深入对接发展战略，不断加强规划合作和顶层设计，加快构建基于合作共赢的中国—东盟命运体。值得关注的是，中国—中

* 褚玉妍，国家工业信息安全发展研究中心工程师，硕士，主要研究领域为“一带一路”、区域产业合作等；高焕，国家工业信息安全发展研究中心工程师，硕士，主要研究领域为国际关系、东盟经济、“一带一路”等。

南半岛经济走廊被纳入《“一带一路”建设海上合作设想》，重点建设三条蓝色经济通道，区域整体战略对接全面升级。与此同时，产业园区建设、中国—东盟信息港、泛亚铁路、南向通道、港口城市合作网络等重大区域性双边多边建设项目均顺利推进，并取得重大进展。

一 多层次交流机制形成，中国—东盟命运共同体加快构建

（一）高层交流更加深入频繁，推动中国—东盟关系从成长期迈向成熟期

2017 年，高层对话已经成为中国和东盟增进交流、达成合作共识的重要机制。国家领导人通过互相出席各自主场外交活动，讨论“一带一路”倡议，凝聚共识。5 月，东盟国家七位国家元首和政府首脑来京出席“一带一路”国际合作高峰论坛，包括印尼总统佐科、老挝国家主席本扬、菲律宾总统杜特尔特、越南国家主席陈大光、柬埔寨首相洪森、马来西亚总理纳吉布、缅甸国务资政昂山素季，东南亚成为参会领导人最集中的地区之一。9 月，泰国总理巴育专程赴厦门出席在金砖国家领导人会晤期间举行的新兴市场国家与发展中国家对话会。党的十九大后，习近平主席首次出访就选择越南、老挝两国，向东南亚国家和全世界传达出构建命运共同体的明确信号。在东盟主办的系列主场外交活动方面，11 月，习近平主席出席 APEC 峰会，李克强总理出席东亚系列峰会，并在第 20 次中国—东盟“10 + 1”领导人会议表示，希望促进“一带一路”倡议同东盟发展规划对接。11 月底，柬埔寨首相洪森和缅甸国务资政昂山素季来华出席中国共产党和世界政党高层对话会。双方都对加强双边关系以及对中国—东盟关系给予高度重视。

（二）各国将自身发展战略进一步与“一带一路”深度对接

2017 年 9 月 27 ~ 28 日，中国云南—老挝北部合作工作组第八次会议召开，中国“一带一路”倡议和老挝“陆联国”战略对接，中国云南—老挝

北部合作机制已成为澜沧江—湄公河合作机制的典范。菲律宾总统杜特尔特、社会经济规划部长埃内斯托·佩尼亚均认为，“一带一路”倡议与菲律宾通过的《2017～2022 菲律宾发展规划》十分契合，尤其在基础设施建设方面，“一带一路”倡议完全符合菲律宾提出的“打造基础设施建设黄金时代”目标。3 月，中菲签署《中菲经贸合作六年发展规划（2017～2022）》，建立起合作的策略和机制。越南积极对接“一带一路”与“两廊一圈”，为中越企业特别是中小企业创造更多参与区域及全球价值链生产的机会。泰国则提出希望中国生物技术、数字技术及纳米技术等领域的投资者能来泰投资，以技术优势促进泰国产业发展，并在此基础上进一步实现“东部经济走廊”铁路、中泰铁路合作项目与“一带一路”倡议的对接，帮助泰国实现“泰国 4.0”经济战略目标。柬埔寨“四角战略”和“一带一路”倡议高度契合，发展理念对接促进很多重要合作项目取得进展，如暹粒吴哥国际机场、金边至西哈努克港高速公路等基础设施项目、桑河二级水电站等能源项目以及柬埔寨首个洲际海缆项目等。

（三）多边融合交点不断扩大，区域整体战略对接升级

2017 年，中国—中南半岛经济走廊开启整体战略对接工作，东盟各国坚持多边关系、抱团发展态势明显。东盟各国加强互联互通，加快基础设施建设，推进区域一体化，在刺激本国经济发展的同时，促进全球经济发展，构建命运共同体。11 月 13 日，李克强总理出席第 20 次东盟—中国“10 + 1”领导人会议，提出制定“中国—东盟战略伙伴关系 2030 年愿景”的建议，以将“2 + 7”合作框架升级为“3 + X”合作框架，从而构建以政治安全、经济贸易、人文交流三大支柱为主线，多领域合作为支撑的全新区域合作框架，促进“一带一路”倡议与东盟发展规划对接。建议受到东盟的积极响应，会上通过并发表《中国—东盟关于进一步深化基础设施互联互通合作的联合声明》。另外，东盟承诺将“一带一路”倡议和《东盟互联互通总体规划 2025》对接，在经贸、金融、人员、基础设施等领域深化合作，推动东盟和中国进一步互联互通。

（四）“一带一路”框架下多元合作机制加速推进

2017年区域全面经济伙伴关系协定、澜湄合作等多元合作机制全面开展，11月14日，在菲律宾首都马尼拉举行了区域全面经济伙伴关系协定（RCEP）首次领导人会议，会后联合声明提出2018年将加快进程，完成RCEP谈判。澜湄合作由“培育期”向“成长期”过渡。6月，云南省中老泰经济走廊和滇老泰合作试验区建设领导小组成立。12月，中柬首批“澜湄合作”专项基金项目签约，双方共签署了涉及宗教发展、旅游培训、改善民生、渔业保护、减贫与城市化、互联互通等领域的16项协议，协议总额约为732万美元。2018年1月，中老首批“澜湄合作”专项基金项目签约，13个项目协议总额约为350万美元，涉及水文监测、工业制造、信息通信、人才培训等多个领域。2018年1月10日，李克强总理赴柬埔寨金边出席澜湄合作第二次领导人会议并对柬埔寨进行正式访问，会议发布《澜湄合作五年行动计划》《澜湄合作第二次领导人会议金边宣言》两份合作文件，发布澜湄合作第二批项目清单和澜湄合作六个优先领域联合工作组报告，为合作机制未来发展注入新动能。2017年6月10日，东盟华商会开幕，围绕“融入‘一带一路’，促进创新发展”主题，探索参与“一带一路”新模式，共享机遇、共谋合作、共赢发展。

二 先导性项目硕果累累，“中国标准”产品走出国门

得益于得天独厚的区位优势和扎实宽阔的经贸合作基础，东盟一直是“一带一路”倡议推进的重要地区。中国已在东盟7个国家建立了40多对临港友好城市、28个境外经贸合作区。

（一）产业园区成中企投资东盟国际产能重要平台

2016年开始，中马钦州产业园区和马中关丹产业园区开发建设由“三年打基础”阶段正式进入“五年见成效”新阶段。中马钦州产业园区是我

国与他国政府合作建设的第三个国际产业园区，中马钦州产业园区和马中关丹产业园区开创了“两国双园”的国际产业合作新模式，为“一带一路”倡议落实提供了积极实践和先行探索，同时，这也为中国—东盟自由贸易区升级版建设奠定重要基础。以“两国双园”模式为重要支撑，两国政府还建立了联合合作部长级理事会与司局级协调机制，在此框架下进行持续政策创新，推出金融、土地、税收、人才等多方面特殊政策，积极开展国际合作、联合招商等活动，同时提供“两国一检”和跨国金融服务。

目前，中马钦州产业园国际产能合作平台已逐渐构成，项目进展快速推进。钦州产业园区重点发展食品加工、电子信息、生物技术、装备制造、现代服务业、材料及新材料六大产业。资金使用率从 2015 年初的不足 45% 提高到 91%，园区土地供地率从 2015 年初的不足 40% 提高到 73%。截至 2017 年 10 月，园区共引进城市及产业项目 100 项以上，总投资额达 500 亿元以上，预计达产后可实现总产值 1000 亿元以上，税收 60 亿元以上。电子信息产业园、广西慧宝源医药科技有限公司、中马粮油、鑫德利光电科技研发与生产基地项目一期、天昊生物科技有限公司等平台项目、产业项目建成或投产；凯利数码智能电视机及其他高科技产品制造、大西新能源电机、金达雷由你造 3D 打印技术基地、保利协鑫分布式能源项目等产业项目 2017 年内可建成投产；启动区产业项目布局基本完成。积极探索园区开发模式创新，实施财政资金资本化战略，通过设立产业直投资金、股权投资基金、城市建设基金等，放大财政资金杠杆效应；积极探索搭建科技金融产业发展平台（TFM），推进高技术、轻资产和现代服务业发展。下一步，将通过设立国际产能合作基金与智能制造、生物医药等高科技专项基金的方式，吸引国际产能合作项目和智能制造等高科技项目入驻园区，并以“园中园”的布局方式，形成战略性新兴产业集群发展。

2013 年 2 月 5 日，马中关丹产业园区在马来西亚关丹隆重开园。在园区 7.87 平方公里的启动区域内，基础设施已全部建成，入园签约企业超过 140 家，各类入驻项目协议资金总额超 200 亿元。园区以钢铁、铝材深加工、石化、橡胶、棕榈油加工、汽车装配、清真食品加工等双方具有传统优势的工

业产业为重点，同时加快发展电气电子、环保产业、信息通信等新兴产业，以及物流业、研发展示、金融保险业等现代服务业。广西北部湾国际港务集团在关丹产业园首创“港口+园区+产能”模式，并在文莱复制。目前，由广西北部湾国际港务集团和中国优质民企合资打造的马来西亚联合钢铁厂已成功入驻关丹产业园，完全投产后预计年产量达350万吨，将成为马来西亚最大、东盟首家采取全流程工艺生产H型钢的钢铁厂。2017年2月，该集团又入股文莱唯一深水港——摩拉港，目前该集团正积极参与摩拉港物流运输基础设施等建设。

（二）中国—东盟信息港建设带动区域电信业爆发式发展

中国—东盟信息港由中国和东盟共同建设，在加强信息合作、深化互联互通的基础上，逐步形成以广西为支点的中国和东盟信息枢纽，携手共筑“信息丝绸之路”。2016年4月，中国—东盟信息港建设方案获中国政府批复，该方案计划在2018~2025年，将重点建设90多个项目，其中50个项目由市场主导建设，累计投资额达500亿元；约40个政府主导建设项目，累计投资额达250亿元。以“一基地、一中心、一轴、两组团”为战略布局，中国—东盟信息港将以南宁为核心基地、以中马钦州产业园为副中心，在桂林、柳州、梧州、北海等城市打造以人工智能、云计算、大数据为主的信息技术特色园区。目前，标志着以数据中心为节点的中国—东盟信息港云网络建设取得阶段性进展。面向东盟的北斗导航与位置公共服务平台完成一期建设，数据覆盖越南、老挝和柬埔寨等东盟三国。覆盖中国主要省市和东盟各国的中国—东盟技术转移协作网络建成。

中国—东盟信息港囊括106个重点项目，推进一年多来，有30个项目已建成或投入运营，正在推进建设的重点项目达42个，正在推进前期工作的有33个。2017年，信息基础设施建设快速推进。在海缆工程方面，中越国际光缆扩容完成，亚太直达国际海底光缆（APG）、亚非欧1号国际海缆（AAE1）、南亚中东欧洲5号国际海缆（SMW5）等相继投入运营。在陆缆方面，南宁国际局—东兴—越南、南宁国际局—凭祥—越南、南宁国际局—勐腊—老挝以及南宁国际局—瑞丽—缅甸等四路国际陆路光缆，已经全部开通使用，进一步提升了以广西为支点的中国—东盟信息港辐射和服务东盟的能力。

中国—东盟信息港南宁核心基地建设进一步提速。南宁五象新区信息港核心基地共储备了 42 个项目，已落地重大标志性项目 16 个，其中建成 3 个，在建 8 个，5 个正在有序推进前期工作，整体进展良好，累计完成投资约 136 亿元。作为中国—东盟网络视听产业基地的重要组成部分，广西新媒体中心一期工程主体结构全面封顶；中国—东盟电子商务产业园总部休闲公园电商小镇已开园运营，入驻 34 家企业，总体进展良好；地理信息小镇建设即将开工，将重点发展卫星导航与位置服务等创新型信息产业。

（三）交通带动多产业快速发展，“中国标准”走出国门

表 1　2017 年东盟国家基础设施发展指数排名

东盟十国	2017 指数	发展环境	发展潜力	发展趋势
印度尼西亚	195	32	10	1
越南	146	41	7	5
新加坡	145	1	67	25
马来西亚	135	18	8	14
菲律宾	124	54	16	11
泰国	120	19	6	38
柬埔寨	120	45	21	18
老挝	117	62	28	13
缅甸	113	50	2	35
文莱	109	20	59	49

资料来源：《2017“一带一路”国家基础设施发展指数》。

中国东盟合作始终把发展交通作为支撑经济发展、改善民生最紧迫和最重要的任务。铁路、公路、桥梁、港口等交通运输领域的互联互通项目和能源合作已经初见成效，以交通合作为引导，多项“中国标准”也走出国门。中国对外承包工程商会发布的《“一带一路”国家基础设施发展指数（2017）》显示，在“一带一路”国家中，东盟十国平均指数是 152.2，明显高出 71 国整体水平。其中，印度尼西亚、越南、新加坡、马来西亚和菲律宾五国进入前二十名。

在交通领域，在《中国—东盟交通合作战略规划》（修订版）、《中国—东盟交通运输科技合作战略》、大湄公河次区域交通发展战略框架下，多个国际合作项目建成。中国与东盟铁路建设项目的稳步推进直接提升了双方钢铁、水泥、玻璃等产业的更多合作，2017 年 1 ~ 11 月，中国东盟的双边贸易额达到 4639.7 亿美元，同比增长 14.8%。通过资本投资、技术合作等多种方式，鞍钢集团在印度尼西亚兴建多个钢铁生产基地，推动我国钢铁装备产品的对外出口。邢台德龙钢铁公司通过与泰国 Permsin 钢铁公司等合资，在泰国兴建的热轧窄带钢项目成功建成投产，年产能达 60 万吨。秦皇岛通联集团和老挝太平洋矿业有限公司合作建设的钢铁厂项目也已经完成，预计年产能可达 30 万吨。由广西北部湾国际港务集团和中国优质民企合资打造的马来西亚联合钢铁厂已成功入驻关丹产业园，完全投产后预计年产量达 350 万吨，将成为马来西亚最大、东盟首家采取全流程工艺生产 H 型钢的钢铁厂。2016 年 6 月，青山钢铁集团的印尼不锈钢第一炉出炉，9 月 28 日，印尼青山第二条 100 万吨不锈钢冶炼项目投产，目前合计不锈钢冶炼产能达 200 万吨/年，1780 热轧产线也已经开始轧钢，对中国不锈钢产业拓展海外市场起到引领作用。

专栏　东盟国家的基础设施发展计划

《印尼政府 2015 ~ 2019 年中期建设发展规划》将基础设施建设作为优先发展重点领域，已准备了 313 万亿盾（约合 231.9 亿美元）建设资金。泰国已经颁布了《基础设施发展规划（2015 ~ 2022）》，这将拉动 750 亿美元的大市场。老挝计划大规模升级国内道路基础设施，并将此作为一项长期计划，总投资额近 60 亿美元。新加坡推出了轨道交通建设计划，扩展地铁网络、高速公路系统。

此外，港口、机场等基础设施的整修、重建、搬迁等也提上议事日程。马来西亚鼓励中国企业前来投资设厂，参与地铁、高速公路、建筑、水电、航运建设。“一带一路”倡议为中国和东盟基础设施建设合作带来许多机遇和合作空间。

在“一带一路”背景下，我国红狮、上峰、华新、海螺等大型水泥企业陆续制定了对东盟各国的投资计划，我国中材集团、中国建材集团等龙头集团企业也陆续在印尼投资建成水泥厂。2016 年 2 月，安徽海螺在缅甸投资的水泥工厂正式投产，并进一步计划在印尼、老挝等地建立工厂。南加海螺窑运转率达到 99.2%，基本实现满负荷运转。如今，海螺品牌已在当地深入人心，销量一路飙升，形成产销两旺的良好局面，经营利润稳步提升。海螺水泥在印尼的投资也不断扩张，先后在西巴、苏拉威西、苏门答腊、爪哇等进行项目选点。截至目前，印尼南加海螺首条熟料生产线正式投产；印尼南加海螺二期项目、孔雀港粉磨站项目和印尼西巴项目也已建成投产；印尼北苏海螺项目主体工程相继开工；印尼西加项目正式启动，项目前期工作正稳步推进。红狮集团已在东南亚建设 5 个大型新干法水泥生产项目，预计到 2018 年水泥产能将达 2000 万吨。在中国水泥产能严重过剩的背景下，借“一带一路”倡议的东风，中资企业努力开拓周边新市场，加快水泥优势产能转移，推进产业转型升级。

随着多条中国高铁项目“走出去”，“中国标准”也加速出国，在东盟国家获得更多认可。4 月，中车青岛四方机车车辆股份有限公司（中车四方）签订印度尼西亚雅万高铁项目合同。中车四方将提供雅万高铁的高速列车。这是第一单“走出去”的中国高铁标准项目，项目将借鉴中国高铁的建设运营管理经验，并全面采用中国的高铁技术和装备。中泰铁路、马来西亚东海岸铁路线全部采用中国标准。

三　海路联通突破进展，设施互联互通网络正在形成

目前，中国—中南半岛经济走廊沿线国家大多仍处于工业化初期或初中期阶段，产业发展和基础设施建设潜力和需求都十分巨大，而基础设施匮乏的主要原因在于缺乏资金、技术、建设能力及人才，尤其在基建融资上具有较大的增长空间。2017 年 2 月，亚行报告指出，亚洲整体基础设施建设投资需求将高于 2009 年预测值的两倍，其中东盟在 2016 ~ 2030 年的需求达年

均1840亿美元（不考虑气候变化）。在基础设施建设投资的具体项目上，联合国预测在2015～2025年，东盟国家交通建设与发电项目将会是投资的重点，东盟将在交通建设上投入40%，在发电项目上投入也将高达35%，在通信基建上投入8%，在水务及卫生项目上投入7%。2017年，我国与东盟聚焦关键城市、关键通道、关键项目，推进陆、海、空、网“四位一体”联通，着力公路、铁路、港口、航空、网络基础设施建设。

（一）以高铁“走出去”为代表，泛亚铁路建设全面提速

泛亚铁路网是中国—中南半岛经济走廊互联互通建设的重要项目，以昆明和曼谷两大城市为中心，包含三条长度在4500～5500公里、将中国和东南亚国家相互连接的铁路线，主要用于客货运输。其中中线将经过泰国、老挝与马来西亚的首都吉隆坡，最后到达新加坡；东线将串联越南、柬埔寨，在泰国境内并入中线；西线在经过众多中国西南部城市及缅甸之后也在泰国并入中线。加快泛亚铁路网建设，对于我国与东南亚沿线国家深化铁路合作，促进交通设施的完善和经济社会的发展，都具有重要意义。

2017年，泛亚铁路网多条路段进展顺利。雅万高铁、马来西亚东海岸铁路、中泰铁路顺利开工，中老铁路、中越铁路、中缅铁路建设进程加快。2017年4月4日，雅万高铁总承包（EPC）合同在印尼雅加达签署，标志着雅万高铁进入全面实施阶段。7月15日，印度尼西亚雅万高铁瓦利尼隧道工程正式开工。8月9日，“一带一路”倡议下最大的单体项目马来西亚东海岸铁路工程开工。2016年12月全线开工以来，2017年中老铁路全线土建施工进展顺利，隧道、桥梁、路基等工程全面展开。2017年12月12日，中老铁路第一条隧道全线贯通。12月10日，第二条中越国际铁路中国段全线开通客运。12月15日，中越中老国际铁路共用部分昆明至玉溪段全线开通运营。12月21日，中泰铁路合作项目一期工程首段呵叻府泰国既有铁路刚东站和邦阿索站之间正式开工。截至12月15日，昆明局2017年累计开行中越铁路国际联运列车915对，进出口运量完成62.53万吨，同比增长76.24%，2017年首次实现进口运量大于出口。另外，中缅铁路也在提速加

挡，抓紧建设，截至 2017 年 11 月底，大临铁路（大理至临沧段）建设累计完成投资 48.3 亿元。

在城市轨道交通方面，由中国建设的越南吉灵—河东城首条城市轻轨项目完成基本主体工程建设，即将开启越南城市轨道交通从无到有的新时代；中国企业中标马来西亚吉隆坡轻轨项目，同时中标吉隆坡市中心快速轨道交通工程，以上工程对于完善城市路网功能、缓解交通压力、拓展城市发展空间以及带动当地经济发展具有十分重要的意义。

（二）南向通道加速沿线国际陆海贸易新通道建设

2016 年，第三个中国与新加坡间的重大合作项目——中新（重庆）战略性互联互通示范项目实质性启动。按照两国领导人 2016 年在 G20 峰会的指示，双方将在“一带一路”框架下就金融、互联网、信息通信技术等多领域进行合作，将中新（重庆）战略性互联互通示范项目打造成两国合作新亮点。2016 年，中新（重庆）示范项目签约三批共计 65 个重点项目，累计金额达 150 亿美元。规模为 1000 亿元的中新互联互通股权投资基金及旅游、医疗等领域的多只股权投资基金相继设立。

在此基础上，2017 年 2 月，中新互联互通项目联合协调理事会第一次会议正式将“南向通道”建设提上日程。“南向通道”是在中新（重庆）战略性互联互通示范项目的总体框架下，以重庆为中心连接“一带一路”，在中国西部相关省（区、市）与新加坡等东盟国家的合作联动下打造的复合型国际贸易物流通道。9 月 12～15 日举办的第 14 届中国—东盟博览会、中国—东盟商务与投资峰会上，中新“南向通道”成为热点。在开幕大会上，来自新加坡、重庆、广西、贵州、甘肃的企业代表共同按下“合作手印”，点亮代表中国—新加坡互联互通“南向通道”的多式联运图案，标志着中新“南向通道”建设务实合作、企业合作新阶段的开始。中新“南向通道”前期主要有铁海联运通道和跨境公路通道两条线路：前者线路从重庆铁路口岸出发，通过铁路至广西北部湾港，再通过海运至新加坡等东盟国家；后者线路从重庆南彭贸易物流基地出发，通过广西、云南的陆路口岸出

境到越南等东盟国家。

中新两国政府以及沿线省（区、市）共同推动，加快推进“南向通道”建设。2017 年 4 月，重庆、广西组织试运行了“南向通道”首趟铁海联运双向班列；8 月重庆、贵州、广西、甘肃四省（区、市）在重庆共同签署了合作共建中新互联互通项目“南向通道”框架协议和关检合作备忘录；9 月，首发了“南向通道”铁海联运常态化班列，实现了“班期稳定、双向对开”。同时，重庆至东盟的南向跨境公路通道也实现了常态化运营。公路班车从重庆巴南公路物流基地出发，采取定点、定线、定时、定价、定车次的“五定模式”运行，已开通至越南河内的东线，和至泰国曼谷的中线。截至 11 月 22 日，南向铁海联运通道已经发行测试班列共 9 班、常态班列共 18 班，便利了汽车和摩托车零部件、机电产品、家具、食品等出口产品和热带水果、海产品等进口产品的国际运输，提升了区域物流效率，大幅降低了企业业务成本。

“南向通道”极大地缩短了西部地区货物的出海距离，成为西部地区最便捷的出海通道。目前，重庆到钦州的铁路班列运输时间稳定短于 48 小时。货物从重庆到广西钦州，通过“南向通道”铁路运输的运输里程，比通过渝沪长江航运缩短 1000 公里，比通过深圳港海运缩短 380 多公里。“南向通道”有机连接了“一带一路”与长江经济带，将促进我国西部地区开发开放新格局的构建，促进西部地区与南亚、东南亚的经贸往来与合作。

（三）港口城市合作网络顺利推进，临港产业持续升温

中国—东盟港口城市合作网络是我国和东盟领导人共同见证成立的合作平台，同时也是多边共同促进“一带一路”建设、推进中南半岛、泛北部湾经济合作的重要项目。该项目自 2013 年成立以来，得到了有关各方的积极响应和踊跃参与。目前，海上航线不断拓宽，中国港口至东盟国家港口航线达 150 多条，其中北部湾至东盟国家港口航线达 14 条；中国—东盟区域已有 24 个港口、城市及有关港航机构加入网络，已经覆盖有关国家的主要港口相关机构。2017 年 10 月 27 日，秦皇岛港至东南亚国际海运直航

航线正式开通，秦皇岛港外贸直航航线增加到 3 条，内外贸航线总共达 8 条。

中国与东盟共同制定了合作网络《愿景与行动》和《合作办法》，初步建立了港口城市合作网络工作机制。2017 年，港口城市合作网络成立了中方秘书处，先期开展了中国港口与新加坡、马来西亚、泰国等国的合作，参与国家达成了以年度工作会议作为常态化机制的共识，并就《重点合作领域》等文件进行进一步磋商。除此之外，广西北部湾港口管理局和文莱摩拉港签署友好合作备忘录；中国—东盟信息港公司分别与新加坡国际电子贸易公司、上海海事大学签署了合作协议。

临港产业投资与合作持续扩大，中国企业积极参与东盟国家港口的建设和运营。广西北部湾国际港务集团于 2014 年入股马来西亚的关丹，又于 2017 年初与文莱公司合作运营文莱港口。同时，临港产业投资与合作持续深化，中国已在 7 个东盟国家建立了 40 多对临港友好城市和 28 个境外经贸合作区。“一带一路”国际合作高峰论坛期间，中国电建集团国际工程有限公司、日照港集团有限公司、盐田港集团有限公司与马来西亚凯杰发展有限公司四方签署了马六甲皇京港项目投资合作框架协议。马六甲皇京港地处马六甲海峡，项目总投资额 800 亿马币，占地 1366 英亩，包括 3 个人造岛和 1 个自然岛屿，其中第一岛定位为文化遗产与旅游娱乐区，第二岛为高科技工业区与物流、商业、金融、补给中心，第三岛是高综合深水码头和科技海洋工业园，第四岛将建成为码头和临海工业园。根据协议，四方将共同投资开发马六甲皇京港项目中的第三岛，中方将运营和管理该综合深水码头。马六甲皇京港深水补给码头于 2017 年 10 月 19 日举行奠基仪式，预计将于 2025 年完成建造。

（四）公路、航空、桥梁、电网多领域工程有序推进

2017 年 9 月 28 日，昆曼公路小磨高速公路部分正式通车试运营，中国境内段全程实现高速化，经云南赴老挝、泰国的时间进一步缩短。10 月 9 日，中柬合资的澜湄航空（柬埔寨）股份有限公司正式通航。以金

边、暹粒和西哈努克港为运营基地，包括9月试运行的西哈努克港至澳门航线。中资承建的文莱第一座跨海特大桥梁大摩拉岛大桥部分完成。2017年4月，《中缅原油管道运输协议》正式签署，中缅油气管道项目随着中缅原油管道（缅甸段）的成功投产而进入全新阶段。中缅油气管道成为继中亚油气管道、海上通道、中俄原油管道之后中国的第四大能源通道。中缅油气管道投产后，缅甸境内可下载管输量20%以内的天然气和200万吨原油。

东盟能源合作行动计划中确定的16个东盟电网互联项目中已有8个跨境电力传输项目建成。12月28日，印尼塔卡拉燃煤电站项目1号机组提前投入商业运行，该电站机组正式成为印尼电网的重要枢纽。中老越、中老泰联网项目加快推进。1月，中国天合光能有限公司在越南北江省云中工业区正式投产的太阳能电池组件工厂，凭借单体设计1000兆瓦的总产能成为目前越南国内规模最大的太阳能电池制造项目。7月，晶澳太阳能宣布为马来西亚首个大型地面光伏电站独家提供50兆瓦组件。11月15日，中国葛洲坝集团与老挝扎伦塞公能源开发公司代表共同签署老挝南空3号水电站项目合同协议书。与此同时，老挝南公1水电站、泰国2.2MW太阳能屋顶项目、缅甸Minbu光伏电站项目一期50MW等项目也在持续进行中。

四 园区建设促开放，探索边境经济融合发展新模式

中国与东南亚国家具有悠久的经贸园区共建历史，东盟国家除菲律宾外，均有与中国共建的经贸合作园区，随着中菲关系的改善，共建产业园项目也在推动中。中国商务部统计数据显示，截至2017年，在9个东盟国家（除菲律宾），中国企业已完成了23个具有境外经贸合作区性质的投资项目，已入驻421家中资企业，累计实现投资51.5亿美元，实现产值213.9亿美元。东盟对华投资也持续上升。2017年1~11月，东盟对华投资新设企业数量达1175家，实际投入46.8亿美元，同比增长20.3%。

（一）双边边境经济合作区推动毗邻国家创新合作模式

在推进“一带一路”倡议的过程中，跨境经济合作越来越重要，我国的跨境经济合作区建设即将迎来快速发展阶段。《推动共建丝绸之路经济带和21世纪海上丝绸之路的愿景与行动》和《国务院关于支持沿边点地区开发开放若干政策措施的意见》均提出，要创新投资合作模式，鼓励境外经贸合作区、跨境经济合作区等多种类园区的合作建设。边境经济合作区作为深化国际合作的重要平台，是推动“一带一路”倡议的先锋。双边经贸合作模式一般按照“边境经济合作区→边民互市贸易区→跨境经济合作区”的路径发展，以规避国家边界效应的阻碍。

2017年，中国与中安能搬至国家边境经济合作区建设取得重大进展，突破跨境区域合作的障碍，实现多点、多极、多元发展。继中老磨憨—磨丁经济合作区之后，中国龙邦—越南茶岭跨境经济合作区、凭祥—宁明贸易加工区、中缅边境经济合作区、中国东兴—越南芒街跨境经济合作区建设均进展顺利。5月16日，中缅在京签署《中国商务部与缅甸商务部关于建设中缅边境经济合作区的谅解备忘录》，以推进边境经济合作区建设。6月8日，凭祥—宁明贸易加工区宁明片区标准厂房项目开工。11月12日，中国和越南签署了跨境经济合作区合作文件，进一步推进中越跨境经济合作区建设。中国龙邦—越南茶岭跨境经济合作区（中方区域）规划建设初具成效。目前，中方园区核心项目万生隆国际商贸物流中心一期主体工程，互市监管区、联检楼等基础设施已基本竣工，龙邦边民互市贸易区已于2017年10月下旬开园。目前，中国东兴—越南芒街跨境经济合作区中越北仑河二桥已建成，中越北仑河二桥口岸开放获得批复。在2017年9月举行的第14届中国—东盟博览会上，总投资额90亿元的一批项目签约落户合作区，涉及新能源汽车、旅游文化、金融商贸、现代物流等领域。

双边经济合作区促进我国西南延边地区经济合作、对外开放进程加快。云南集中建设了滇中新区、红河和昆明综合保税区、瑞丽和磨憨

（磨丁）国家重点开发开放试验区等开放平台。至2017年，云南已建成包括7个类别的17个开发开放合作功能区，同时建有18个国家一类口岸。

（二）创业新区平台涌现，共建“创业生态圈”

2017年4月19日，中国—东盟中小企业贸易促进平台（CASTPP）首批泰国直采商品到港，着力打造区域内最大贸易平台。中国—东盟跨境电商平台成功实现“论”转“实”的成果，目前，已有东盟9国的商品在该平台上销售，贸易品种达1166种，涵盖东盟国家的蔬菜水果、食品饮料、保健品、日用百货等。2016年8月至2017年9月11日，东盟国家通过中国—东盟跨境电子商务平台累计对中国成交达123万单，累计完成销售额2607万元。另外，中国—东盟青年企业家“一带一路”（云南）经贸交流活动、“一带一路中国金融科技·马来西亚—上海商业创新论坛”、清华大学首届“一带一路”合作论坛暨第九届启迪创新论坛等多场围绕“一带一路”的创新创业论坛成功举办，为区域合作提供更加便利的创业服务。

2017年11月，由中国进出口银行牵头发起设立，拟由包括海投公司在内的四到五方共同参与投资的中国—东盟投资合作基金二期（有限合伙）投资设立，规模约10亿美元。2017年12月，国开金融和广西投资集团共同发起设立广西东盟“一带一路”系列基金，将以广西和东盟地区的优质产业、基础设施等重点项目为主要投资方向，总规模达500亿元。2017年11月，广西南宁东盟创业园正式启动，园区面积达18万平方米，目前已吸引17家企业入驻。园区主要为企业提供线上线下完善的全产业链创业服务，形成共生共赢的“创业生态圈”。创业园线下服务主要包括创业辅导、融资路演、创业节等活动，线上将引入亿脉通创业超市，充分发挥共享经济优势，精准对接创业者需求和资源，全方位帮扶创业企业。近五年，中国—东盟青年产业园实现生产总值80.3亿元，共有40个生产型项目落户青年产业园，园区“入规”企业达11家，投资总额达121.88亿元。

（三）双向投资贸易均创新高，各项指标居沿线国家前列

中国和东盟的贸易额占世界贸易总额的13%左右，已达5000亿美元，2017年1～11月，中国与东盟贸易额同比增长14.8%，高于同期对外贸易总体增长速度；中国与东盟各国贸易全都有所增长，与其中四个国家更是实现了20%以上的贸易增长；中国与东盟贸易额在中国对外贸易总额中的占比也有所增长，达到12.5%；中国对东盟贸易呈现顺差，计359.5亿美元，同比下降27.2%。

中国与东盟双向投资持续火热。2017年1～11月，在中国企业进行非金融类直接投资的59个“一带一路”沿线国家中，投资金额排名前四位的新加坡、马来西亚、老挝、印尼都是东盟国家。与此同时，“一带一路”沿线国家对华投资新设立企业数同比增长42.8%，总计3529家，其中东盟国家对华投资新设立企业数量同比增长20.3%，总计1175家；“一带一路”沿线国家对华投资实际金额同比下降19.6%，总计50.1亿美元，其中东盟国家对华投资实际金额同比下降22.1%，总计46.8亿美元。

参考文献

卢光盛、段涛：《“一带一路”视阈下的战略对接研究——以中国—中南半岛经济走廊为例》，《思想战线》2017年第6期。

杨卓龙、王利、邢佳韵、高骏：《老挝矿业投资现状及投资建议》，《中国矿业》2017年第11期。

卢伟、公丕萍、李大伟：《中国—中南半岛经济走廊建设的主要任务及推进策略》，《经济纵横》2017年第2期。

梁颖、卢潇潇：《打造中国—东盟自由贸易区升级版旗舰项目加快中国—中南半岛经济走廊建设》，《广西民族研究》2017年第5期。

张建平：《“一带一路”框架下中国与中南半岛互联互通的实践与构想》，《东岳论丛》2017年第9期。

汪巍：《携手东南亚国家打造油气工程领域合作亮点》，《国际工程与劳务》2017年

第 9 期。

牙韩彰、李庭华、朱金莉、阳秀琼、蒋燕、钟振、张国成:《“一带一路”建设广西作为》,《当代广西》2017 年第 10 期。

《“一带一路”倡议助力东南亚国家基建,项目稳步推进升级方案初具雏形》,《建筑技术开发》2017 年第 18 期。

B.7

孟中印缅经济走廊产业合作发展现状

胡 杨 孙倩文*

摘 要： 在推进“一带一路”建设的国际框架中，南亚在地理上贯通东西南北，沟通海陆，具有重要地位。由于印度的疑虑，“一带一路”建设在孟中印缅走廊及南亚地区的进展参差不齐，但总体向好，基础设施建设项目成果较多。随着“一带一路”建设的推进，中国与该走廊在国际合作中既有成功经验，又经历着各种挑战，值得加以总结并从中获取有益的启示。

关键词： 基础设施 产业园区 南亚合作

孟中印缅经济走廊连接了世界最大发展中国家之二的中国和印度，涵盖了世界最不发达地区之二的缅甸和孟加拉国，辐射东亚、南亚和东南亚，沟通太平洋和印度洋。20 世纪 90 年代末，学术界提出了孟中印缅经济合作方案，四国学者在云南昆明召开了首届中印缅孟地区经济合作与发展国际研讨会，签署发表《昆明倡议》。2013 年 5 月，在出访印度期间，李克强提出建设孟中印缅经济走廊的倡议。2013 年 12 月，孟中印缅四国在云南昆明举行了经济走廊联合工作组首次会议，通过了会议纪要和联合研究计划，标志着孟中印缅经济走廊政府间合作正式开始。此后，联合工作组于 2015 年 1 月

* 胡杨，国家工业信息安全发展研究中心工程师，硕士，主要研究领域为国际经济、“一带一路”、产能合作等；孙倩文，国家工业信息安全发展研究中心工程师，硕士，主要研究领域为“一带一路”、工业合作、未来计算等。

和2017年4月分别在孟加拉国库克斯巴扎和印度加尔各答召开了第二次和第三次会议，对能源、投融资、人文交流、货物与服务贸易便利化、可持续发展等领域展开联合研究，并将启动孟中印缅政府间框架安排的磋商工作①。

此前，由于中国西南部地区、印度东部地区、缅甸、孟加拉国均属经济较不发达地区，经济合作领域和动力都很有限。将地区合作提升至国家层面的“经济走廊”建设，能够增加上述地区的经济合作，促进经济发展，减少贫困人口。此外，孟中印缅经济走廊建设惠及的不仅仅是这四国，还将辐射带动整个南亚地区。其与中巴经济走廊交错，将促进与尼泊尔及海上丝绸之路沿线的斯里兰卡、不丹和马尔代夫等国家的合作。

在“一带一路”倡议提出初期，南亚关联性因地缘政治中的阿富汗和伊朗问题尚不清晰，在陆路的北上和西进方向两方面都存在较大变数。“一带一路”倡议的关键在于沿线国家的互联互通。就这个角度而言，南亚可能成为“一带一路”推进过程中一个独立的变量，即中国与“一带一路”沿线南亚国家的互动程度将决定南亚与“一带一路”倡议发生关联性的可能程度。中国发布的“愿景与行动”文件表明了类似观点。文件指出丝绸之路经济带依托的是中国—中亚—西亚、中国—中南半岛等通道，海上丝绸之路强调的是中国通过南海联结南太平洋和印度洋直至欧洲。上述两条线路，大陆方向未与南亚对接，海洋方向也无须以南亚大陆为依托。因此，南亚是战略实际推行中一个独立的变量，起到助推、辅助的作用。

然而即使未来如上文所言，南亚在“一带一路”倡议中的地位仍然重要。首先，南亚与中国山水相连，在“一带一路”沿线地区具有极强的合作需求和良好的合作基础。南亚地区在古代丝绸之路和“一带一路”中都具有重要的地位和作用，是不可取代的一环。其次，南亚是中国近年来经营较好的周边地区，形势相对稳定，市场发展空间广袤。这也是李克强担任总理后选择首访印度和巴基斯坦的部分原因。李克强总理在访问期间，即在“一带一路”

① 中国经济网：《“一带一路”上的经济走廊：孟中印缅经济走廊》，2017年4月19日。

倡议正式宣布前，就正式宣布中巴和孟中印缅经济走廊倡议。习近平主席同样将巴基斯坦定为2015年的首访地。中巴两国在联合声明中再次肯定了中巴经济走廊在“一带一路”倡议布局中的地位。中巴、中印间的这些交流表达了中国对共商、共建、共享和谐新周边的真切希望和对南亚地缘经济作用的高度重视。因此，中国在南亚或将创造中国周边战略的新范式。

因此，研究“一带一路”倡议下中国与南亚的产业合作，可以从中巴、孟中印缅经济走廊的建设入手。由于后续章节将重点介绍中国—巴基斯坦经济走廊，本章节将重点介绍2017年中外在孟中印缅经济走廊内开展的国际项目，一并介绍中国与尼泊尔、斯里兰卡、不丹和马尔代夫等国家的合作。2017年中巴经济走廊发展速度较快，孟中印缅经济走廊发展速度低于预期，但中孟、中缅之间的相关合作并未受影响，中国与斯里兰卡、尼泊尔、马尔代夫的多个项目也取得了一定成果。

一　政治互信区域整体向好，求同存异共求发展空间

政治互信与外交和睦，是“一带一路”顺利推进的重要前提。当前，虽然中印之间存在安全互信问题，但中国与南亚国家的政治、外交关系总体良好。近年来，在中印两国高层的共同努力下，两国较好地处理了边境对峙等矛盾，在领土争端未解决的情况下，将注意力更多地聚焦在发展合作上，在其他领域密切合作，有望形成“不冲突、不对抗、相互尊重、合作共赢”的新型大国关系。

目前，一定程度上，南亚国家对共建“一带一路”的回应尚无共识，主要因为各国有不同的利益诉求，回应的程度取决于这些国家在双边和多边环境下对中国的态度。就孟中印缅经济走廊内的国家来看，印度与中国产业结构互补性较弱，在经济发展上存在某种程度的战略竞争，同时印度对中国参与印度洋地区事务仍很敏感。鉴此，印度对成为中国海上合作伙伴持谨慎态度。而孟加拉国积极支持中国的“经济走廊”和“一带一路”倡议，认为倡议的落实能帮助其推动国内经济发展，加强互联互通，因此签署了首个

中国与南亚国家共建“一带一路”合作谅解备忘录。2017 年，中孟高层交往频繁，在重大问题上密切交流。孟加拉国政党、政府领导人向中国发来贺电，祝贺中共十九大胜利召开；积极支持并出席在北京举行的中国共产党与世界政党高层对话会；外交部部长王毅访孟，为推动解决相关地区热点问题发挥了建设性的作用。

在南亚其他国家中，马尔代夫与巴基斯坦在“一带一路”倡议提出之初就一直予以支持，表示将积极参与倡议的全面落实。斯里兰卡、尼泊尔、不丹等国尚受制于地缘和政治上的压力，谨慎权衡与印度和区域外关键因素间的利害关系。总体上三国对海上丝绸之路持肯定态度：斯里兰卡在《关于深化战略合作伙伴关系的行动计划》中指表明对 21 世纪海上丝绸之路构建倡议的支持，成为首个以政府声明支持海上丝绸之路倡议的国家。2017 年 5 月斯里兰卡总理到北京出席“一带一路”国际合作高峰论坛，更标志着该国对参与“一带一路”建设的积极态度。尼泊尔连接中、印两国，希望与中国对接发展战略，制订双边合作规划，推进重大项目建设；中国也愿意在“一带一路”建设的框架下，与尼泊尔开展基础设施建设、水电开发、农业现代化、互联互通方面的合作。不丹尚未与中国建交，但十分欣赏中国的发展成就，认为“一带一路”建设能带来重大机遇。

总体来看，虽然南亚各国对“一带一路”响应的态度处于不同的水平，但该区域共谋发展的想法与“一带一路”倡议不谋而合。尽管印度官方文件尚未对“一带一路”倡议表明态度，但其已经通过参与孟中印缅经济走廊建设和深化对华经贸合作积极响应“一带一路”倡议。印度一方面认为 21 世纪海上丝绸之路是中国在印度洋扩大影响，一方面也明白“一带一路”可带来丰厚红利。中印两国作为最大的两个发展中国家和发展最快的两个经济体，双方存在巨大的合作潜力，两国的关系与发展更是吸引着全世界的目光。2017 年中印两国在政治上保持了向好趋势，高层互访非常频繁，这也意味着印度对“一带一路”的态度并不消极，两国对谋求更好发展有着共同的期盼。因此，2017 年中国与南亚国家关系总体保持良好的发展势头，中国与南亚国家间逐步加强政治互信，“一带一路”倡议受到南亚国家的普遍欢迎。

二 对华贸易黏度不断提高，国别合作差异日益显著

南亚地区已成长为世界上经济增长最快的地区之一，也是全世界人口最稠密的地区之一，但受限于经济发展水平，它并不是中国最主要的贸易伙伴。只有印度位列中国第9大贸易伙伴，与中国的年双边贸易额超过700亿美元。但从发展趋势上看，南亚整体以及诸国与中国的经贸关系都在迅速增强中，中国在南亚诸国的贸易地位显著提升。在全球贸易增速下滑的背景下，截至2015年底，中国对南亚各国的直接投资累计122.9亿美元，南亚各国在华实际投资累计8.9亿美元。2016年中国与南亚各国贸易总额达1115亿美元，与2015年基本持平。贸易产品以低附加值的黄麻、棉、茶、大米等农产品和有机色料、天然染料等劳动密集型初级工业品为主。目前，中国是南亚国家前十大出口目的地和进口来源地，已成为南亚各国的主要贸易伙伴。同时，也是南亚国家的主要外资来源国。

经济总量规模和发展水平的显著差异也导致南亚诸国在对华贸易中的相对地位差距巨大。2012年，在南亚对华贸易总额中，中印贸易额占比达77%，其次是中巴（10.4%）、中孟（7.7%）和中斯（3.0%），但随着“一带一路”倡议在巴基斯坦和斯里兰卡等国的快速推进，这一比例悄然发生了变动。2015年，中印贸易在整个南亚对华贸易总额中的比重快速下降到70.2%，而中巴、中孟和中斯贸易额所占比重分别提高到12.8%、10.9%和4%。印度虽然仍为中国在南亚最重要的贸易伙伴，但其对“一带一路”倡议的迟疑可能使其错失新时期发展的黄金机会。

另外，在贸易结合度上，中国与巴基斯坦、孟加拉国、斯里兰卡较强，与印度、尼泊尔、马尔代夫、不丹较弱；在贸易竞争强度上，中国与印度较强，与南亚其他国家较弱。在贸易互补性上，中国与孟加拉国、斯里兰卡和尼泊尔较强，与印度、巴基斯坦、马尔代夫较弱。在自贸协定上，2017年中国与斯里兰卡进行了涵盖货物、服务贸易、投资和经济合作领域的全面自由贸易协定商谈，与马尔代夫完成共计四轮的自贸谈判，还与印尼正式启动

了自贸协定的可行性研究，并为此成立了工作组。

除印度外，南亚各国较中国产业竞争力较弱，但与中国产业间互补性较强，产业结合、产业合作前景较好。未来为进一步优化区域贸易方式和贸易结构，建议完善双方经贸合作机制。首先处理好中印关系。中印两国是这一区域的重量级国家，只有相互充分尊重并在共谋利益的基础上展开合作，才能确保地区和平和改变全球经济实力格局。其次建立高层定期协商机制，建设中国—南亚自贸区和产业园；再次完善陆路贸易通道，优先推进西藏—不丹、西藏—尼泊尔、新疆—巴基斯坦等贸易通道的交通设施建设，降低运输成本。

三　优势领域合作少而弥精，众多基建项目表现亮眼

目前南亚地区的卫生饮用水、电力供应和污水处理系统仍旧匮乏。世界银行报告表明，到2020年，为满足该地区日益增长的人口，南亚地区需要投入2.5万亿美元进行基础设施建设。基础设施建设是南亚发展的重要议题，通过建立现代通信和交通网络，联通次区域，扩大区域贸易，进一步连接南亚各经济体，建设次区域和跨区域走廊。

“一带一路”基础设施建设在南亚地区的进展参差不齐：一方面，许多国际项目和重大工程相继启动并取得进展，中巴经济走廊已进入全面实施阶段；另一方面，尽管中国与南亚其他国家合作不如预期，但基建领域项目繁多，并已陆续取得合作成果。经济走廊建设缓慢并未影响到中孟、中缅之间的合作。近年来，中、孟两国积极推进能源电力、交通运输、信息通信等基础设施的合作，孟加拉国提出河道管理、基础设施、电力和信息通信等22个合作项目，中方表示将予以考虑并鼓励中国企业参与。2017年由中国交建承建、总价达7亿美元的孟卡纳普里河底隧道项目正式施工；孟中电力有限公司投资的帕亚拉燃煤电站项目进展顺利，负责电力、能源与矿产资源的国务部长哈米德在考察时高度赞扬项目进展；中铁大桥局集团有限公司承建的孟加拉国梦想之桥——帕德玛大桥项目也取得

重要进展，大桥建成后将连接帕德玛河东西两岸，为该国贡献至少1个百分点的经济增长。同时，为提高两国企业产能合作水平和金融机构投资水平，中孟双方还签署了兴建“吉大港中国经济产业园区”协议和产能合作协议。

首先，中国和缅甸在继续基础设施合作建设的基础上，加强农业、水利、电力、产能、经贸、金融领域内的合作。其中油气管道项目总投资约24.5亿美元，天然气管道全长2520公里，设计输量120亿立方米/年，原油管道在缅境内长770公里，设计输量2200万吨/年，由中缅等国企业共同出资建设，是双方迄今为止最重要的合作项目，是继中哈原油管道、中俄原油管道和中亚天然气管道之后的重要陆上能源通道，也是中国目前唯一的原油和天然气并建的管输能源进口通道。作为中国西南重要的能源通道，该管道将把来自中东、非洲等国家和地区的油气，以管道输送的方式通过缅甸经瑞丽入境，在开通中国西南能源通道、实现油气进口多元的同时，提高了缅甸的工业化和电气化水平，以及当地居民的就业水平和生活水平。尽管该项目不在孟中印缅经济走廊项目之列，却在实际上成为走廊基础设施建设的先驱。中缅合作的另一旗舰工程——皎漂特别经济区深水港和工业园项目也得到重大推进，由中信集团正式签署开发。皎漂深水港如果建成，将是缅甸最大的远洋深水港。

表1　皎漂特别经济区深水港和工业园项目基本信息

项目名称	皎漂特别经济区深水港和工业园项目
项目意义	根据中信联合体的投标方案，皎漂项目将为缅甸经济发展和社会进步做出重要贡献。经济发展方面，皎漂深水港将是缅甸最大的远洋深水港，成为区域最经济和高效的多用途集装箱港口之一。工业园项目成功的运营将会使缅甸成为东南亚地区新的技术中心和制造基地，打造“缅甸制造”品牌。社会进步方面，该项目在投入运营后预计每年将为缅甸提供10万多个就业岗位；项目正式运营十年后，90%的管理岗位将由缅甸人担任；港口和工业园将累计为缅甸政府带来约150亿美元的税收。
类目类型	新建项目。
所属行业	交通运输行业—港口建设；片区开发—工业园建设。

续表

项目名称	皎漂特别经济区深水港和工业园项目
合作内容	中国中信集团将工业园与港口捆绑开发,工业园的运营带来就业与税收,同时为港口的物流与管理提供腹地,进而促进当地的经济社会发展。
合作期限	深水港项目和工业园项目都采用特许经营模式,特许经营期50年,期满后可再申请延长25年。
运作方式	深水港项目采用设计—建造—融资—运营—移交(OBFOT)方式;工业园项目采用设计、融资、基础设施建设、市场推介、租赁/销售、运营管理方式。
实施主体	由缅甸政府、当地企业和中信联合体三方联合成立合资公司。
社会资本	深水港项目:缅甸政府指定的当地企业;中信集团、招商局国际、中国港湾及泰国正大集团组成的联合体。 工业园项目:缅甸政府指定的当地企业;中信集团、泰达控股、云南建工、泰国正大集团组成的联合体。
项目公司	根据缅甸政府招标文件的要求,深水港项目缅方占股不少于15%,工业园项目缅方占股49%。

资料来源：国家工业信息安全发展研究中心整理。

其次，中国与南亚岛国在海上丝绸之路共建过程中，不断加大合作力度。中国与斯里兰卡签署了共同推进海上丝绸之路和“马欣达愿景”的谅解备忘录，加强双方交通、电力等方面的合作，中国企业全面参与斯里兰卡基础设施建设，包括科伦坡港口城和汉班托塔港建设，前者是斯里兰卡迄今最大的外国直接投资项目，后者是斯里兰卡首个由其他国家对整个港口投资和管理的项目。目前，中方承建的汉班托塔港口一、二期工程共8个10万吨级码头竣工，于2017年12月由斯里兰卡总理维克勒马辛哈宣布，汉班托塔港项目资产和运营管理权移交给中国招商局集团的协议正式生效。同时，中国—斯里兰卡工业园将增强斯里兰卡港口竞争力，提升斯里兰卡在海上丝绸之路中的地位。中国与马尔代夫也签署了建设中马友谊大桥合作备忘录，并一致同意加强海洋基础设施等领域的合作。中马之间的重要合作项目顺利推进，马累国际机场项目进展顺利，拉穆环礁连接公路和呼鲁马累住房项目二期即将交付，中马友谊大桥则将于2018年8月前建成。

最后，2016年3月国家主席习近平会见尼泊尔总理时提出了中尼印经济走廊。目前，中印两国合作因印度态度变化而未能启动，中尼两国合作则加快了步伐。中尼双方签署了有关过境运输、互联互通等领域的10项协议。在互联互通方面，双方决定改善中尼间陆路交通基础设施，例如修建斜尔瓦界河公路桥、修复阿尼哥公路，进一步加强两国陆路和航空联系。2017年，双方开始研究尼泊尔境内铁路和中尼跨境铁路的建设。此外，中国企业建设的上马蒂水电站和上马相迪A水电站均正式并网发电。尼泊尔能源部部长嘉纳丹·沙玛对中国电建完成的上马相迪A水电站给予了高度赞扬。他表示，尼泊尔所有在建水电项目都遇到了各种各样的困难和阻挠，施工进度缓慢，唯独中国电建投建的上马相迪A水电站按时发电并顺利进入了商业运营，这为缓解尼泊尔电力紧张的局面做出了巨大贡献。

参考文献

国际在线（北京）：《互联互通推动中国与南亚合作取得突破性进展》，2016年12月16日。

张某仔等：《“一带一路”国家产业竞争力分析》，社会科学文献出版社，2017。

王世钰：《中国深化与南亚国家合作“一带一路”倡议让各国受益》，《中国对外贸易》2017年第8期。

B.8 中巴经济走廊产业合作发展现状

胡杨 赵千*

摘 要： 中巴经济走廊以瓜达尔港、产业、能源、交通基础设施等领域合作为重点，目前已经形成了“1+4”经济合作布局，是“一带一路”建设过程中实现共同发展、合作共赢的样板工程和旗舰项目。2017年，《中巴经济走廊远景规划》发布，中巴双方在能源、瓜达尔港等项目的合作稳步推进，同时合作重心向产业化建设转移。由此，本报告总结了中巴双方合作的最新进展，并一步探讨了走廊建设的前景及具体推进建议。

关键词： 基础设施 新能源 港口 自由区 工业园

作为中国“全天候”战略伙伴和西出的重要节点，巴基斯坦已经成为南亚地区参与“一带一路”建设的示范国家与重要支点。早在2013年5月，李克强总理访问巴基斯坦时就提出了建立中巴经济走廊的建议，中巴经济走廊建设开始起步。而近些年来，依靠中巴关系的传统优势，走廊建设已经走在了区域前列，同时，这也是“一带一路”六大经济走廊中，唯一的单个国家与我国合作共同推动建设的经济走廊，同时也是“一带一路”倡

* 胡杨，国家工业信息安全发展研究中心工程师，硕士，主要研究领域为国际经济、“一带一路”、产能合作等；赵千，国家工业信息安全发展研究中心工程师，硕士，主要研究领域为信息产业、信息资源管理等。

议提出后第一项对沿线国家的大规模投资和全方位支援一国经济发展的国家级国际合作项目。

中巴经济走廊的地理范围是从我国西部新疆喀什出发，通过红其拉甫口岸进入巴基斯坦，到巴基斯坦南部沿海城市卡拉奇和瓜达尔，途经若干重要地区，连接中国、中亚、南亚三大经济区域，总长度约为3000公里，覆盖人口达30亿。作为走廊建设规划的指导，相关部门还深入对接了中国“一带一路”倡议和巴基斯坦“2025发展愿景”。

中巴经济走廊的早期项目集中在能源与基础设施建设领域，以瓜达尔港、产业、能源、交通基础设施等合作为重点，目前已经形成“1+4”的经济合作布局。截至2017年，19项早期收获工程已经竣工。早期项目的完成不仅大大缓解了限制巴基斯坦经济发展的能源短缺和交通问题，而且在很大程度上改善了巴基斯坦国内的贸易投资环境，从而吸引了更多中国企业投资，为后期双方的产业深入合作铺平了道路。2017年双方在政治高度互信的基础上，于能源、瓜达尔港建设、跨境光缆等领域的合作项目都获得了明显的进展。

一　远景规划明确走廊方向，地区一体化发展受推动

2016～2017财年（起止时间为自7月1日起至次年6月30日止），受农业显著复苏、服务业健康发展和大规模制造业产出提振，巴基斯坦GDP增长5.3%，高于上年4.5%的增速，达到近十年来的最高水平[①]。其中，第二产业总产值增长5.02%，制造业增长5.27%，远高于前一财年3.66%的增长率，产值占比超80%的大型制造业增速从2015～2016财年的2.94%升至4.93%，大型制造业的增长主要依靠工程、汽车、钢铁、食品等领域的带动[②]。这基本符合了世界银行在2016年春季发布的《南亚经济聚焦》中

① 民生银行：《“一带一路”国别研究报告》，2017年12月。

② 资料来源：巴基斯坦国家统计局。

对巴基斯坦经济增长的预测。该报告提出巴基斯坦经济增长率在新一财年将达5.1%，且增长主要依赖中巴经济走廊相关项目带来的投资。可以看出，中巴经济走廊的建设已经拉动了巴基斯坦工业增长，给巴基斯坦带来了巨大的经济利益。

经过4年的探索、研究、合作与建设，2017年12月《中巴经济走廊远景规划》发布[①]，该规划的发布是中巴两国关系历史上的又一大事，也是进一步推进中巴走廊建设的又一顶层设计。规划把中国“一带一路”建设和巴基斯坦“2025发展愿景”深入对接，中巴经济走廊的理论研究、现实建设和发展方向的轮廓更加清晰。规划指出，“中巴经济走廊是以中巴两国的综合运输通道及产业合作为主轴，以两国经贸务实合作、人文领域往来为引擎，以重大基础设施建设、产业及民生领域合作项目等为依托，优势互补、互利共赢、共同发展的增长轴和发展带”[②]。

该远景规划是近年来中巴经济走廊建设理论与实践的经验总结，为未来走廊建设明确了发展方向。根据远景规划，可分析得出中巴经济走廊的“实”主要体现在“四个支柱”（能源、基础设施、港口和园区开发）。“虚”则体现在四大效应：第一，合作示范效应，走廊建设激励更多国家关注并学习中国模式；第二，南北平衡效应，通过中巴优势产业合作，实现第三波亚洲崛起，从而连接欧亚大陆与印度洋，实现“一带”与“一路”交汇和南北大平衡；第三，大南亚区域合作溢出效应，通过进一步推动中国、巴基斯坦、阿富汗产能合作，形成国际合作样板，带动实现中巴经济走廊服务于“发展—安全—治理”三位一体的大南亚区域合作，而2017年底巴基斯坦与印度首次以正式成员身份出席上合组织的高级别会议，意味着上合组织已经进入“八国”模式，地理范围也延伸到了南亚地区；第四在以上第三的基础上，通过中巴阿务实合作实现地区一体化治理效应，尤其是解决贫困—部落暴力—恐怖恶性循环的局面。因此，在2017年12月26日首次中

① 中巴经济走廊联合合作委员会第七次会议：《中巴经济走廊远景规划（2017～2030年）》2017年12月18日。

② 新华社：《〈中巴经济走廊远景规划〉在巴基斯坦发布》2017年12月19日。

国—阿富汗—巴基斯坦三方外长对话中，中国外交部部长王毅阐述了以下主张：中巴经济走廊不针对第三方，同时希望惠及第三方，惠及整个地区，成为地区一体化的重要动力；中巴双方愿同阿方一道，本着互利共赢原则，探讨中巴经济走廊以适当方式向阿富汗延伸，从长远讲，通过阿富汗逐步与中国—中亚—西亚经济走廊相互对接。

但是，在中巴经济走廊建设过程中，也有部分国家从地缘政治和战略竞争角度、以冷战思维而非从地缘经济合作视角去看待走廊建设。《印度斯坦时报》就报道过印度对中巴经济走廊穿过巴控克什米尔地区感到担忧，对本次中巴阿外长对话印度方面也表现了热切关注。此外，据美国对外关系委员会的报告，“美国对中巴经济走廊也有长远的顾虑，因为它代表的是中国进入欧亚以及扩大对欧亚影响力的前沿阵地”。同时，因为瓜达尔港的建成将对其周围现有和在建的阿巴斯港、迪拜港、恰巴哈尔港等港口造成比较重大的竞争冲击，所以还有一些国家对瓜达尔港的建设表示不满与忧虑。对此，中巴双方都曾表示，中巴经济走廊绝不仅仅局限在中巴双边的项目合作，更是造福整个区域，实现地区互联、互通、共赢的多边合作项目。中方可注意利用自身企业发展战略，积极推动在中巴经济走廊与周边的伊朗、印度、阿富汗及俄罗斯和中亚等国的投资计划对接，如本次中巴阿外长对话可见中国政府在顶层设计的初步探索。下一步中方企业可研究与西方公司在一些项目上开展合作的可能性，共同投标。

二　经贸合作逐年稳步增长，对巴直接投资额提升显著

中巴两国一直保持良好的合作关系，双方已经签订了《中巴关于深化两国全面战略合作的联合声明》、《中华人民共和国和巴基斯坦伊斯兰共和国关于深化中巴战略与经济合作的联合声明》等一系列合作协定，并在能源、贸易、工业等领域签订了多项合作协议。2017 年 8 月，两国商务部在巴基斯坦首都伊斯兰堡联合举办了“中国—巴基斯坦贸易项目签约仪式”，双方企业共签署 38 项贸易协议，合同金额共 3. 25 亿美元，贸易产品涉及电

解铜、鱼粉、海产品等巴方优势产品，相当于2016年中国自巴基斯坦进口产品总额的17%。

据中国海关总署统计，2017年1~5月，中国与巴基斯坦贸易总额达8.26亿美元，同比增长14.6%。其中，中国从巴基斯坦进口0.74亿美元，同比增长0.1%；中国对巴基斯坦出口7.52亿美元，同比增长16.3%。在投资方面，在走廊建设背景下，中国已经连续三年成为巴基斯坦首要直接投资来源国。巴基斯坦国家银行的数据显示，从2016年7月到2017年5月，中国对巴基斯坦的直接投资总额达9.21亿美元，占巴基斯坦FDI的48%，同比增长38.9%。

三　能源项目成合作最大亮点，基建领域成果丰硕

巴基斯坦国家经济发展和国家安全面临的突出问题是能源紧张，电力的严重短缺也是其工业发展的主要瓶颈。能源短缺和输送不畅导致巴国内停电事件频繁发生，导致其每年遭受的直接损失占GDP的2%[①]。而最新数据显示，巴基斯坦境内日均电力缺口达400万千瓦，而夏季用电高峰时更面临750万千瓦的日均电力缺口。为了改变国内电力短缺现状，克服能源危机，巴基斯坦一直在积极寻求与周边国家进行电力领域的投资与合作。

在中巴经济走廊建设中，能源基础设施几被置于最重要位置。在中巴签署的50多项协议中，能源项目占据半壁江山，不少都已经正式启动。巴基斯坦《新闻报》、《商业记录报》等多家媒体在密集报道2017年“一带一路”国际合作高峰论坛时均刊文指出，当前走廊建设已经为巴基斯坦解决能源危机做出了巨大贡献。截至2017年6月，中国对巴基斯坦投资建设的电力项目近30个，其中萨希瓦尔燃煤电站、卡西姆燃煤电站、中兴能源光

① 美国对外关系委员会：《中巴经济走廊的进展与挑战》，《第一财经日报》2016年5月23日。

伏园、卡洛特水电站等11个项目已经开工建设，总装机容量为0.074亿千瓦，投资额达135亿美元[①]。其中，萨希瓦尔燃煤电站的两台机组于2017年6月全面建成并投产发电。总投资约为20.85亿美元的卡西姆港燃煤电站项目1号机组于2017年11月正式投产发电，该电站完全建成后将成为巴基斯坦南部的重要火电基地，接入500千伏主网，能够满足巴基斯坦中北部地区400多万家庭的用电[②]。

除了能源领域，中巴双方在交通、通信领域也取得了令人瞩目的合作成绩。交通领域方面，中巴签署了新建哈维连陆港项目（ML1）和1号铁路干线升级改造协议，并稳步推进卡拉奇至拉合尔高速公路（苏库尔至木尔坦段）、中喀喇昆仑公路升级改造二期（塔科特至哈维连段）和拉合尔橙线等多项重点项目。中巴经济走廊北段首条高速公路E35的1、2标段正式通车，该公路项目全部建成后，向北将与正在建设中的喀喇昆仑公路二期工程以及已经通车的喀喇昆仑公路一期改扩建工程连通，共同构成中巴经济走廊在巴基斯坦北部的公路交通主干线，显著提升中巴边境口岸到巴基斯坦腹地的互联互通水平。通信方面，中巴跨境光缆项目将成为连接太平洋和印度洋两大洋的信息大动脉；中国移动、中国电信、阿里巴巴等企业积极参与“中巴信息走廊”建设，帮助建设更多的3G/4G基站和电商网络基础设施，扩大当地网络覆盖范围，提高通信质量。

一大批基础设施工程使巴基斯坦对机电设备需求大幅提升，巴基斯坦国家统计局公布的数据显示，2012年巴基斯坦进口发电机月均额为5200万卢比，2016年这一数据增长至1.51亿卢比。截至2017年3月，进口发电设备共计194.9亿卢比，比上年同期的167亿卢比增长16.5%。巴基斯坦《每日时报》对此评论称，在中巴经济走廊框架下大型基础设施建设将推动巴基斯坦机械设备的进口继续攀升。这也为中国机械装备类企业抱团“走出

---

① 张丽娟：《中国与巴基斯坦电力合作的优势、挑战及前景分析》，《对外经贸实务》2017年第9期。

② 《点亮“中巴经济走廊”希望之光——中国电建投资建设巴基斯坦卡西姆电站纪实》，《中国能源报》2017年12月11日。

去”提供了更多机会。根据《2016 贸易统计报告》，中国是巴基斯坦的第一大进口来源国，其中进口贸易额最大的便是机电行业。如中巴 Lucky 电力 660 兆瓦燃煤电站项目，将带动中国机电设备出口超过 15 亿元；中国中车为巴基斯坦第二大城市拉合尔提供高端地铁列车；三一重工、国机重工、徐工集团均为中巴各大道路项目或能源项目提供机械设备等。

能源项目的建设拉动了巴基斯坦建筑业增长，创造了大量就业岗位，为缺乏水电、火电、风能发电及光伏产业经验的巴基斯坦培养了大量技术工程师。

四　瓜达尔港建设稳步推进，配套自由区开发见成效

瓜达尔港是巴基斯坦西南沿海的深水良港，是中巴经济走廊的重要出海口，靠近霍尔木兹海峡，南邻阿拉伯海，毗邻巴基斯坦和伊朗，堪称印度洋上的石油运输咽喉要地①。在瓜达尔港开通前，中国航运船必须从马六甲海峡通往印度洋，2016 年 11 月重建后的瓜达尔港正式开航，这直接解开了中国在太平洋西岸的贸易枷锁。另外，它实现了中亚与中东油气产区相接，形成中巴能源通道，把长达 12000 公里的经由阿拉伯海通过马六甲海峡的路程缩短至 3000 公里以内，通过瓜达尔港这一中转站，直接将西亚、北非等产油国的油气资源通过印度洋输送进来。一方面，中巴能源通道与中国俄罗斯油气管道、中国—中亚油气管道、中国—缅甸油气管道一起，帮助中国突出马六甲重围，有效缓解中国目前所面临的油气战略困境。另一方面，中巴两国经过协商后，巴基斯坦可抽取部分波斯湾运来的油气用于本国发电，或与中国企业合作进行油气炼化等产业合作。可以说，瓜达尔港的修建不单单将强化巴基斯坦的对外贸易，对中巴两国更是战略意义重大。

瓜达尔港重建期间，在中巴双方政府的推动下，一系列港口配套工程也在同步进行。瓜达尔港自贸区项目于 2016 年正式启动，该自贸区将利用从

---

① 凤凰视频：《丝路文明——巴基斯坦瓜达尔港》，2016 年 7 月 15 日。

中国和周边国家进口的原材料拓展运输设备制造业等。一方面，巴基斯坦瓜达尔港自贸区项目为现代化港口“标配”，期待能够吸引国内外投资者建立组装、加工、生产企业。通过并颁布的《2016 年财务法案》，为投资商提供 23 年免税优惠。另一方面，中国海外港口控股有限公司接管港口运营及自由区开发权以来，为扭转瓜达尔港的持续亏损，投入了大量人力、物力、财力[①]。截至 2017 年底，港口自由区一期的招商工作已完成，四家工厂、两个大型仓库、两个展览中心均在建成过程中，东湾快速路、起步区等项目建设也已经按计划启动，相关配套建设初见成效，中国红十字援外医疗队已经进驻该港，中国援建的法曲尔小学、气象站等也已经建成使用[②]，这些均标志着瓜达尔港建设从纯港区朝工业园区扩展，进入新的发展阶段。此外，中资企业跟进的其他港区配套设施还包括瓜达尔国际机场、瓜达尔水厂、瓜达尔东湾快速路、瓜达尔防波堤项目、电厂、奎达城市轻轨项目等[③]。

五　九大工业园已确定建立，合作重心趋向产业化建设

产业合作是早在习近平 2013 年访问巴基斯坦期间，中巴就已经确定的双方合作框架的主要内容之一。近四年来，随着能源和基础设施建设项目逐渐开工，巴基斯坦国内的产业投资环境已经明显改善，产业合作展现的潜力不容小觑。为吸引中国的产业转移至巴基斯坦，巴方提出通过建设产业园区来促进中巴产能和投资合作，将在中巴经济走廊沿线建设 27 个产业园区。根据当地资源要素优势，这 27 个产业园区将聚焦在不同产业领域。根据中国驻巴基斯坦经商参赞处最新消息，未来两到三年内，巴基斯坦拟在中巴经济走廊框架下建成 9 个工业园区，分别分布在伊斯兰堡、开普省、卡西姆

① 《瓜达尔港建“巴基斯坦的深圳”地区人口 20 年将翻 10 倍》，《光明日报》2017 年 10 月 12 日。

② 国家发改委：《中巴稳步推进瓜达尔港整体发展中企已进行大量投入》，2017 年 12 月。

③ 汪巍：《中巴经济走廊建设推动巴基斯坦经济实现跨越式发展》，2017 年 9 月。

港、信德省、旁遮普省、联邦直辖部落区、吉尔吉特地区、俾路支省和巴控克什米尔地区，以充分利用巴国内的劳动力密集和资源丰富的优势，主要聚焦于来自中国的劳动密集型产业的承接转移，并在此基础上培育巴基斯坦自身优势产业集群。

此外，近年来巴基斯坦出口表现低迷，2016～2017财年巴基斯坦进口额有着两位数的增长，出口额则同比下降3.82%，这导致巴基斯坦贸易逆差巨大，较往年激增22.2%，达到145亿美元。巴基斯坦出口的商品本身就存在附加值低、竞争力弱等不足，同时又面临出口税负重等问题。巴基斯坦各界普遍认为，中巴经济走廊中的园区建设可以从根本上解决出口疲软问题。巴基斯坦政策改革研究所所长阿什拉夫·哈亚特表示，工业园区的建设运营与外国投资者的到来，对于进一步完善巴基斯坦的工业基础具有重大意义，以中资为主的外资企业在巴基斯坦建立工厂，生产附加值较高的产品，将提高巴基斯坦商品生产在国际产业链中的地位，并提升其在国际市场上的国际出口竞争力。相关专家也表示，中巴经济走廊框架下的园区建设与基础设施项目是相辅相成的，只有通过基础设施建设，提升基建水平，巴基斯坦才能吸引投资者投资；当前，中巴在能源等基础设施和交通领域的合作已经取得了丰硕的建设成果，由此促进巴国内基建水平的明显提升，可以预见，将来中巴双方合作的重心将会到产业化建设上。

促进工业园区的建设合作是深化中巴产业合作、促进中巴经济深度融合的重要途径。立足中国比较优势，结合巴基斯坦的产业与投资需求，鼓励具有自主知识产权和较高技术水平的核电、工程机械、汽车制造、电子信息、通信以及轻工、仓储加工、钢铁、水泥、农业、农机等产业有需求、有意向的，进行多领域、多元化合作是中巴经济合作的新课题。尤其是增加科技含量和附加值高的项目，能带动巴基斯坦现有产业转型升级，应作为新的投资重点。因此，建议从政策上支持、资金上扶持在巴基斯坦建立高科技产业园区，完善政府推动、企业主导和商业运作的合作机制。要特别强调质量和信用并注意大小企业优势互补，同步跟进金融服务、加强资本运作。尤其是围绕中巴产业合作来拓展基金、信贷、保险三条融资渠道，这些都将有力推动中巴产业合作长期、稳定、健康发展。

中巴经济走廊建设已经被投资者视为促进巴基斯坦国民经济发展的重要动力，因此成为巴方吸引国内外投资的重要关注点。在此过程中，中国企业也逐步加大了对巴基斯坦的出口和投资力度。热话题需要冷思考，“一带一路”倡议下的中巴产业合作同样面临着风险挑战。中方应针对中巴经济走廊在推进过程中暴露的问题，做好规避风险的准备。首先是安全问题。虽然为保障中国工程人员在巴安全，巴方政府建立了一支规模10000人的官方安全部队，但中巴经济走廊的部分沿线地区仍然存在较为严重的安全威胁。因此，建议中资企业驻巴内部时设立专业的安全调查与风险控制分支机构，并深入研究当地的相关法律法规，以建立适合本企业的安全监测评估体系。其次是投资环境问题。巴基斯坦国内的政治环境比较复杂，税收制度不健全等问题尤为突出，这也成为中国企业在当地投资时面临的最大政治风险。因此，一方面中国政府应加快建设海外投资保险机制，扩大海外投资的承保范围；另一方面，企业也可以采用商业合约转包的方式，将其在巴面临的具体风险交给专业风险管理公司或安保公司应对处理①。

参考文献

民生银行：《“一带一路”国别研究报告》，2017年12月。

中巴经济走廊联合合作委员会第七次会议：《中巴经济走廊远景规划（2017～2030年）》，2017年12月18日。

新华社：《〈中巴经济走廊远景规划〉在巴基斯坦发布》，2017年12月19日。

美国对外关系委员会：《中巴经济走廊的进展与挑战》，《第一财经日报》2016年5月23日。

张丽娟：《中国与巴基斯坦电力合作的优势、挑战及前景分析》，《对外经贸实务》2017年第9期。

① 郑刚：《中巴经济走廊的风险挑战、大战略思考及其对策建议》，《太平洋学报》2016年第4期，第89～95页。

《点亮“中巴经济走廊”希望之光——中国电建投资建设巴基斯坦卡西姆电站纪实》，《中国能源报》2017 年 12 月 11 日。

凤凰视频：《丝路文明——巴基斯坦瓜达尔港》2016 年 7 月 15 日。

《瓜达尔港建“巴基斯坦的深圳”地区人口 20 年将翻 10 倍》，《光明日报》2017 年 10 月 12 日。

国家发改委：《中巴稳步推进瓜达尔港整体发展中企已进行大量投入》2017 年 12 月。

汪巍：《中巴经济走廊建设推动巴基斯坦经济实现跨越式发展》，2017 年 9 月。

专题研究篇

Topic Research

B.9
"一带一路"电子信息产业发展研究

李　强*

摘　要： 当今世界，信息技术已成为经济社会发展的重要动力，电子信息产业备受重视。"一带一路"沿线国家电子信息产业发展水平差异较大，需求明确。在"一带一路"倡议推进过程中，中国与"一带一路"沿线各国在电子信息产业领域合作取得了丰硕的成果，但也存在机制、环境、结构、国际化能力、信用等问题。未来要进一步加强中国与"一带一路"沿线国家电子信息产业顶层设计、协同创新、市场开拓、服务延伸等领域的合作，形成"一带一路"倡议中的新名片。

关键词： 一带一路　电子信息产业　合作模式

* 李强，国家工业信息安全发展研究中心高级工程师，软件工程硕士，主要研究领域为信息产业、"一带一路"、区域合作、智慧城市、未来计算等。

当今世界，信息技术已经成为经济社会发展的重要动力，电子信息产业凭借其技术创新活跃、产业带动性强、渗透性广等特点，对优化产业结构、转变发展方式、促进就业、拉动经济增长和维护国家安全都有重要作用。特别是云计算、物联网、大数据、移动互联网、人工智能等新一代信息技术演进步伐加快，技术创新和产业化方兴未艾，不仅形成了一些新的经济增长点，而且对传统产业的发展模式产生了深远影响。

近年来，中国与“一带一路”沿线各国在电子信息产业领域的合作取得了丰硕成果，如多边区域性产业合作机制持续深化，高质量产品与服务在各国广泛应用，共建园区提升产业集聚和辐射能力等。2017 年 5 月 14 日，“一带一路”国际合作高峰论坛成功举办，进一步加速了中国与“一带一路”沿线国家（地区）各领域的合作进程。可以预见，在未来，我国与“一带一路”沿线各国在电子信息产业顶层设计、协同创新、市场开拓、服务延伸等领域还有更为广阔的合作空间。

一　沿线国家电子信息产业发展特点

（一）总体进出口贸易呈缓慢上升趋势，顺逆差均增大

世界银行相关数据显示，21 世纪以来，沿线国家信息产业出口占整体第三产业总出口比例的复合增长率为 5% 左右，总体呈现稳定增长。2016 年，俄罗斯、中国、沙特阿拉伯和印度的信息产业贸易进口额达到 200 亿美元，中国、俄罗斯、印度的信息产业贸易出口额更是达到 240 亿美元以上。

1. 南亚、东亚地区出口优势显著，中亚地区进口需求旺盛

根据世界银行所公布的数据，“一带一路”沿线国家（地区）的信息产业出口，南亚地区所占比重最高，且具有逐年稳定增长的态势；紧随其后的是东亚，且同样呈逐年上升态势；不同于前两者，欧洲特别是西欧地区则有所降低。剖析其中的原因，主要是亚洲地区劳动力资源优势突出，而欧洲地区研发优势显著。

在"一带一路"沿线各国的服务业进口中，中亚地区信息产业进口所占比重最高，西欧则次之。这主要是由于中亚地区仍处于大力发展基础设施的阶段，其基建需求较大，相关的信息服务业同样有较大的市场潜力；欧洲则是由于产业链在全球转移，相应会进行产业结构的调整，信息服务业的出口降低，从主要出口目的地向进口来源地转变。

2. 电子信息产品贸易进出口发展不平衡，东南亚逆差较大

根据《2017年中国信息产业年鉴》，俄罗斯、印度是近几年电子信息产品贸易的主要顺差国，大部分东南亚沿线国家为主要的电子信息产品贸易逆差国。

表1　2016年"一带一路"沿线国家（地区）电子信息产品进口排名前十

单位：万美元

国家	进口总计	通信设备	广播电视设备	计算机	家用电子电器
马来西亚	3446197.74	95441.90	4795.09	235875.19	35091.49
泰国	1449158.33	163428.38	7955.62	606280.97	82580.48
越南	1389202.48	237483.63	153417.10	85575.56	134962.86
菲律宾	1295007.86	25944.20	27770.31	368494.08	18294.30
新加坡	1134904.46	19773.24	3643.92	129861.86	83395.97
以色列	144386.18	7792.78	1417.57	8149.92	1541.96
印度尼西亚	131134.90	2092.33	1291.32	17318.29	11419.90
捷克	79623.67	8897.72	693.29	6446.94	28609.25
匈牙利	76065.35	1305.23	937.94	23981.74	3647.58
印度	50168.53	5408.13	35.56	3080.31	2997.26

国家	电子元件	电子器件	电子材料	电子仪器设备
马来西亚	169296.02	2776713.16	15395.61	113589.27
泰国	115279.18	427061.51	574.74	45997.44
越南	224862.41	512176.21	4.34	40720.37
菲律宾	87933.57	731813.25	256.27	34501.88

续表

国家	电子元件	电子器件	电子材料	电子仪器设备
新加坡	88145.49	570399.02	11037.47	228647.51
以色列	8529.58	74156.45	3027.97	39769.95
印度尼西亚	66890.21	17477.13	408.70	14237.02
捷克	25437.07	1555.19	110.17	7874.03
匈牙利	9549.97	4666.18	23.35	31951.36
印度	12647.04	6945.07	4082.07	14973.09

数据来源：《2017 年中国信息产业年鉴》。

表2　2016 年“一带一路”沿线国家（地区）电子信息产品出口排名前十

单位：万美元

国家	出口总计	通信设备	广播电视设备	计算机	家用电子电器
印度	1968784.98	649904.23	32891.24	314489.44	290623.76
新加坡	1543002.30	239108.50	7281.39	484225.50	81999.58
越南	1325233.94	443677.08	31259.62	100060.07	102119.74
泰国	1018214.74	342969.83	12100.20	181755.23	160028.09
马来西亚	1009717.34	155485.49	5607.42	137018.96	111909.72
阿联酋	808644.23	315987.29	4469.97	216621.85	160146.91
俄罗斯	672654.07	217757.58	5680.53	160376.83	153983.55
印度尼西亚	610953.22	182353.96	8320.52	117847.49	115526.39
捷克	586152.10	146209.64	897.35	248646.22	105265.84
波兰	527359.01	102744.13	2497.81	116179.13	116054.35

国家	电子元件	电子器件	电子材料	电子仪器设备
印度	186959.81	399876.19	22439.45	71600.85
新加坡	123278.61	517368.59	2525.90	87214.22
越南	265325.46	298079.04	20137.92	64575.00
泰国	143532.45	94026.70	33530.24	50272.00
马来西亚	146883.81	325766.02	69464.60	57581.32
阿联酋	61642.02	26131.59	6995.11	16649.49
俄罗斯	60496.94	38383.36	4050.16	31925.11
印度尼西亚	84193.03	67534.38	6347.04	28830.41
捷克	34370.18	31731.93	352.31	18678.63
波兰	42546.38	163810.54	1773.76	26752.92

数据来源：《2017 年中国信息产业年鉴》。

（二）东南亚整体以代工为主，新加坡高端制造业突出

在东南亚地区，整体来看，新加坡现已成为全球电子信息产业领域的先进代表；泰国、印度尼西亚等国政府较为重视顶层设计，采取了许多优惠政策以刺激本国电子信息产业迅速发展；越南、马来西亚电子信息产业近年来呈跳跃式发展态势。此外，柬埔寨、老挝、缅甸和东帝汶等国的产业结构较为初级，主要依靠周边国家信息服务支持，进行产业升级。

新加坡电子信息产业综合水平远远领先于其他东南亚国家，特别是半导体等高端制造业独占鳌头。从芯片制造和 IC 设计到测试和封装，新加坡的半导体产业已经形成成熟的产业生态。但近年来，受全球经济不景气影响，其半导体行业龙头企业也相继向中国大陆转移，在 IC Insights 公布的 2016 年全球前 20 大半导体收入预测排名中，新加坡仅剩 1 家上榜。

泰国是硬盘驱动器及存储单元的世界第二大制造国，业内巨头希捷和西部数据均在此设立多家工厂。由于东南亚国家汽车生产能力最强，泰国当地与汽车产业关系密切的印刷电路板及车用集成电路生产也随之大幅增长。据泰国政府工业部评估，到 2020 年，电子信息、智能制造、汽车等十大目标产业的投资总额预计将达到 5500 亿泰铢，合人民币 1000 多亿元。

电子和电器业已成为马来西亚最大的出口领域。2016 年前 8 个月，马来西亚总出口额为 5003 亿马币，其中电子和电器产品占 36. 3%。电子和电器业同样是外资投资马来西亚的重点领域，世界上约有 1/3 的半导体是外资在马来西亚设厂装配的。

越南、印度尼西亚政府通过对 LED 芯片等绿色行业提供税收优惠，使环保节能产业成为电子信息产业发展的切入点。2013 ~2015 年越南 LED 照明市场份额均有超过 60% 的同比成长率，增速最快；至 2016 年，越南 LED 照明市场渗透率超过 40%，市场规模达到 3. 48 亿美元。印度尼西亚总体照明规模及 LED 照明规模在东南亚国家中居首位，但印度尼西亚市场节能灯管及灯泡销售量中自主生产占比仅约 20%，80% 左右要依赖进口。印尼也是最早使用通信卫星的亚洲国家，由于存在固网建设困难，许多孤岛及其他

偏远地区都购买并应用通信卫星作为传输链路。

2016年6月，东盟通过了《东盟ICT战略2020》（*THE ASEAN ICT Masterplan 2020*），提出要建设东盟ICT单一市场，强调创造一个良好的商业环境，如促进和增加ICT产业的投资，降低东盟地区语音、短信及数据漫游费用，协调电信规则—制定东盟频谱管理合作准则等；并积极促进ICT设备、产品市场开放，如加速ICT产品和服务在东盟地区的自由流动。

表3 《东盟ICT战略2020》“建设ICT单一市场任务目标表”

6.1 创造一个良好的商业环境		
行动点	说明	目标/项目
促进和增加ICT产业的投资	促进东盟市场作为一个大型和有吸引力的ICT产业投资目的地，培育增加ICT产业投资的认识和环境	1. 开发信息平台，将东盟单一市场的优势和增长潜力传达给全球信息通信技术供应商和服务提供商。特别关注加快跨东盟数字服务的发展和交付。 2. 提高对东盟单一市场的认识水平，促使企业能够更好地与全球供应商和客户接触，包括ICT产业市场信息和法规共享。 3. 引导东盟有组织的贸易代表团参加特定的ICT贸易投资展览会，鼓励东盟投资。这些重点应放在投资支持交通、卫生、教育以及智能城市等行业发展的ICT技术产业。
降低东盟地区语音、短信及数据漫游费用	推进东盟地区实现可负担的国际移动漫游服务	开发一个框架，提供可负担的东盟内部移动语音、短信和数据漫游服务。
协调电信规则—制定东盟频谱管理合作准则	根据无执照动态频谱分配等新技术，发现跨境频谱存在的潜在冲突，为管理这些区域，基于最佳实践，制定发展指南	1. 促进东盟的频谱管理协调（例如700兆赫波段、国际移动通信（IMT）和相关的下一版本）。 2. 研究新兴技术的频谱使用和加强跨界频谱管理和协调。
6.2 积极促进ICT设备、产品市场开放		
行动点	说明	目标/项目
加速ICT产品和服务在东盟地区的自由流动	通过为ICT产品和服务的自由流动创造有利环境，发展一个稳健的数字经济	1. 确定优先ICT标准，以便促进跨部门信息和通信技术标准的一致性。 2. 对东盟单一电信市场的潜力进行研究，包括研究单个电信市场的各个组成部分和方面，并指出跨电信市场的“准备”。

资料来源：《东盟ICT战略2020》。

（三）南亚多国电子硬件依赖援助，印度产业地位卓然

在南亚地区，除印度外，电子信息产业是该地区产业模块中比较薄弱的环节。过去十年来，印度在软件、程序开发、IT 咨询领域迅速崛起，现在，随着当地对电子信息产品需求激增以及对安全问题的考量，印度政府愈发重视在半导体等制造业领域的发展，再加上印度一直视中国为竞争者，眼见中国半导体产业风生水起，势必会激发当地芯片的研发和制造，以满足国内市场需求并增强竞争力。集成电路产业在印度的产业结构中扮演着重要的角色，虽然起步较晚，总体规模仅占全球的 1%，但由于目前印度非常重视 IT 硬件制造产业的发展，并出台了一系列激励政策，加之低成本的高素质劳动力、对电子产品和移动通信产品的消费需求急速增长以及强大的 IT 基础设施，集成电路产业发展仍然展现了巨大的潜力。目前，全球十大无厂半导体设计公司和 25 大半导体供应商中的 23 家，都在印度开展了大量业务，而且已经有 200 多家芯片设计公司在印度运营，主要集中在以班加罗尔为首的四个城市。在印度经营的 IC 设计公司每年创造约 11 亿美元的收入，其中 70% 左右来自附属设计中心。从应用角度来看，57% 的 IC 设计活动属于无线与有线通信领域；包括数字电视在内的消费电子和数据处理是第二、第三大应用领域，分别占约 20% 和 16% 的份额；医疗电子、汽车电子和安防监控是印度 IC 设计产业的新兴应用领域。在印度设计的芯片中有 70% 以上是数字芯片。从工艺节点角度来看，印度 IC 设计活动以 130nm 和 90nm 技术为主。

而在南亚的其他国家，如巴基斯坦、斯里兰卡、孟加拉国、尼泊尔、马尔代夫、不丹等国中，电子信息产业都极度不发达。这些国家在电子硬件方面主要是依靠发达国家援助和进口两种方式；在信息服务业方面，这些国家被一些发达国家所垄断。这些国家也希望借中国“一带一路”倡议的实施，谋求与中国在电子信息产业方面的合作，希望中国能够给予它们一些帮助，这将是中国“一带一路”倡议中的机会之一。

（四）西亚北非电信业势头良好，以色列成就信息强国

在西亚北非地区，随着亚非地区整体经济水平和科技水平的提升，各国对电子信息产业的重视程度越来越高。

在电信通信业方面，卡塔尔、以色列、阿联酋、沙特、伊朗、土耳其、埃及、阿曼、科威特、巴勒斯坦、叙利亚等国家处于中期发展阶段，其中卡塔尔、以色列、阿联酋三国发展势头良好，并且稳步上升。

以色列通信产业多元，从移动软件、通信设备到安全管理平台、终端应用服务应有尽有。以色列 ECI 等生产的网络设备和元器件等产品在世界范围内都有较大程度的普及。在即时通信方面，最早的即时通信品牌就是由以色列的公司开创的，目前以色列已成为迅速发展的互联网解决方案等多领域成就的源头之地。另外，还拥有 Followap 公司等世界领先的移动即时通信解决方案供应商。在 IC 制造方面，以色列同样表现突出。在 20 世纪 70 年代起步后，经过几十年的发展，以色列已经是仅次于美国的半导体集成电路领域的强国；目前，该国已经具备了完善的产业链条，从各类仪器、芯片、设备的制造，到封测，再到 IC 设计、服务等。据以色列官方发布的预测，2017 年其 IC 产品销售额将超过 40 亿美元，增幅超过 20%。以色列有一流的技术实力、优秀的科研人才和享誉世界的创新基地，已达到了规模效应，形成了具有差异化的竞争优势；许多国际龙头企业更是将该国视作研发中心的重要布局点，Intel、德州仪器等知名公司均在此设立了 IC 研发中心。

阿联酋电信（Etisalat）成立于 1976 年。作为阿联酋领先的综合电信运营商，Etisalat 凭借其建立的优质电信网络，在中东地区乃至全球范围内，向用户提供着创新、可靠的电信业务。Etisalat 被伦敦一家杂志评为市值位居西亚地区第六的电信运营商，并且跻身《金融时报》评选的 500 强企业，其运营范围包括移动网、固网、有线电视、Internet 等各种电信业务。在未来几年内，Etisalat 计划将网络数据信息服务收入占其全球总收入的比重提高到 50%。据统计，在西亚北非地区传统固定电话业务的收入正在逐渐减少，智能电话的普及率不断上升，这为电信运营商扩大网络数据服务规模提

供了机遇。据尼尔森公布的数据，2016 年阿联酋的智能手机普及率达到 80%，排名居地区首位，而过去四年，本地区主要电信运营商为提高网络的覆盖率和网速，共投入资金约 400 亿美元，相当于其总收入的 18%。

信息安全产业方面，以色列在全球位居第二，仅次于美国。20 世纪 90 年代至今，以色列信息安全产业从无到有，从有几家小微公司发展成为全球网络安全强国，每年约有 52 家新的网络安全创业公司问世，创造了信息产业的奇迹。目前，以色列网络安全相关高科技企业近 430 家，遍布基础设施保护、云计算、终端保护、威胁情报、应用保护、工控系统、物联网、智能汽车等各个领域。如在预测领域，有 CyActive、CyberCanary 等公司；在适应领域，有 SecBI 公司；在防御领域，有 Morphisec、SecureIslands 等；在漏洞识别领域，有 Checkmarx 公司；在云服务领域，有 Dome9 公司等。与此同时，在创新园区内还有 40 多个外国研究与研发中心。2014 年，以色列网络安全企业出口总值达到 50 亿美元，大约占全球网络安全市场 10% 的份额。2015 年以色列网络安全投资总额超过 50 亿美元，占全球网络安全产业投资的 20%。

（五）中东欧工业奠定电子发展基础，波捷匈白居前列

在中东欧地区，部分国家借助传统的工业基础，电子信息产业发展势头较好，如波兰、捷克、匈牙利和白俄罗斯等。

波兰是中东欧的生产大国，煤炭等传统工业发展良好。经济转型以来，波兰的工业发展扩大到汽车制造、家用电器、航空与通信和信息技术等领域。目前，波兰是欧洲主要的电子设备和电视机生产国，2012 年产值达 85 亿欧元，2016 年有可能增加到 120 亿欧元。2012 年欧盟超过 1/3 的电视机产自波兰。波兰对视频、音频和游戏硬件需求不断增加，电信市场已全面开放。

捷克作为工业化程度与经济发展水平较高的东欧国家，工业基础雄厚。如今，虽然服务业占主导地位，但工业仍在捷克经济中占重要地位，超过 40% 的与经济活动关联的就业人员都在从事工业行业。捷克在全球平均网速排名中名列前 10，WiFi 用户数居欧盟首位。2008 年初就已经有超过 800 个

WISP（无线网运营商，大部分来自本国）和约35万用户。三家电信运营商T-Mobile、Telefónica O2（隶属于西班牙电信）和Vodafone（沃达丰），联合网络提供商U:fon，提供GPRS、EDGE、UMTS或CDMA2000网络。捷克电子信息制造业占制造业产量的14%，拥有1.7万家企业，雇用超过18万名员工。世界知名电子信息制造企业均落户捷克，富士康的投资使捷克成为中欧计算机的主要生产国，日本松下电器公司在捷克投资生产液晶显示器（LCD），电子产业集群初步形成，丹麦Bang & Olufsen同样在捷设厂。

匈牙利是中东欧地区最大的电子产品生产国，电子产品占匈牙利制造业产量的22%，占中东欧地区产量的26%。欧洲排名前10位的Electronic Manufacturing Services企业有6家落户匈牙利（Jabil，Flextronics，Foxconn，Sanmina，Zollner和Videoton）。通信产业在匈牙利也有良好的发展，占匈牙利国内生产总值的10%，创造就业岗位超过10万，包括通信、IT外包、IT服务、软件和硬件生产等。目前，匈牙利已经成为中东欧软件开发、游戏程序和地理信息技术的重要孵化地。

白俄罗斯由于在微电子领域具备优秀的研发能力和工业基础，长期为俄罗斯进行高精尖设备的配套。白俄罗斯集成电路公司Integral是中东欧最大的集生产研发于一体的企业，也是该地区最大的生产半导体电子元器件和集成电路的企业。白俄罗斯无线电技术工业包括60多家企业、科学研究和规划设计研究所、科学生产联合公司。该领域企业生产的产品数量占独联体国家同类产品生产总量的1/3，其中，龙头企业包括生产彩色和黑白电视机、DVD、收音机、电缆电视系统、音响系统、家庭影院等产品的“地平线公司”和生产彩色和黑白电视机、卫星接收系统、家具、医用产品和消防技术产品的“维佳济”公司，其生产的彩色电视机质量较高，艺术设计和使用功效均具有国际水准。

（六）俄罗斯电子信息产业一枝独秀，中亚基础较薄弱

俄罗斯是除美国外世界上唯一的完全依靠本国技术发展电子信息产业的国家，其宽带普及率超过80%，宽带用户数量在全球排名第6位，互联网产

值达1万亿人民币，占本国GDP的比重达到8.5%。2015年受美元升值，以及俄罗斯、巴西和日本政治经济不稳定等因素影响，全球IT市场创纪录式地下滑5.4%，其中俄罗斯IT市场跌幅尤其严重，以美元计算下跌将近50%。俄罗斯IT市场中期发展趋势与中国非常相似，即大规模转向IT外包服务，云技术、云服务更加流行，但信息安全问题严峻，数据保护的质量和手段需要提升至新的水平。2016年，俄罗斯智能手机市场从卢布贬值的影响中逐渐恢复，全年共计售出2640万部智能手机，较2015年增长4.4%，较2014年增长1%，预计到2019年规模将增长200%，进入全球前五大智能手机市场。目前，俄罗斯LTE标准的移动通信基站数量已经达到全俄移动基站的1/4。

在中亚地区，各国十余年的经济高速增长，促使电信产业尤其是移动产业呈现快速发展态势，但由于基础相对薄弱，中亚五国电子信息产业仍处于初级阶段。以哈萨克斯坦为例，该国电子信息产业主要依赖欧美诸国，目前哈萨克斯坦IT服务市场上西方各国和俄罗斯各占半壁江山，而在软件产品方面，西方产品占据市场的九成，大大超过俄罗斯和本地供应商提供的产品数。

（七）基础设施环境区域差异显著，总体处于中等水平

信息基础设施是电子信息产业发展的基础，从信息基础设施建设水平的国际格局来看，在“一带一路”沿线各国中，部分中东国家和西欧、南欧的信息基础设施水平显著高于其他国家和地区，整体存在较大的“数字鸿沟”。这其中，中亚、南亚地区的每百人固定互联网用户数和移动电话用户数相对较低，而西亚、东亚、东南亚地区这两项指标相对较高，信息基础设施建设水平不足，意味着该地区对通信业、信息产业的市场需求总量巨大，具有较大的市场发展潜力，将是信息化建设投入的优先地区。

“一带一路”沿线国家众多，其社会、文化、经济发展水平差异大，尤其表现在信息化发展水平上。根据“‘一带一路’沿线国家信息基础设施发展水平测评体系”（IIDI）的测评结果，“一带一路”沿线国家IIDI平均值为55.39，信息基础设施发展总体上处于“中等”水平。其中，如表4和图4所示，1个国家处于“低”水平，占比达1.56%；13个国家处于“较低”

表4 “一带一路”沿线国家 IIDI 得分情况

<table>
<tr><th>排名</th><th>国家</th><th>分数</th><th>等级</th><th>排名</th><th>国家</th><th>分数</th><th>等级</th></tr>
<tr><td>1</td><td>新加坡</td><td>90.44</td><td rowspan="3">高</td><td>33</td><td>乌克兰</td><td>57.22</td><td rowspan="18">中等</td></tr>
<tr><td>2</td><td>爱沙尼亚</td><td>82.59</td><td>34</td><td>波黑</td><td>56.99</td></tr>
<tr><td>3</td><td>以色列</td><td>81.75</td><td>35</td><td>土耳其</td><td>56.46</td></tr>
<tr><td>4</td><td>卡塔尔</td><td>77.9</td><td rowspan="26">较高</td><td>36</td><td>马尔代夫</td><td>56.26</td></tr>
<tr><td>5</td><td>白俄罗斯</td><td>76.41</td><td>37</td><td>亚美尼亚</td><td>54.32</td></tr>
<tr><td>6</td><td>巴林</td><td>76.31</td><td>38</td><td>伊朗</td><td>53.94</td></tr>
<tr><td>7</td><td>克罗地亚</td><td>75.25</td><td>39</td><td>埃及</td><td>53.19</td></tr>
<tr><td>8</td><td>匈牙利</td><td>74.75</td><td>40</td><td>越南</td><td>50.21</td></tr>
<tr><td>9</td><td>立陶宛</td><td>74.31</td><td>41</td><td>蒙古国</td><td>48.86</td></tr>
<tr><td>10</td><td>拉脱维亚</td><td>73.63</td><td>42</td><td>巴勒斯坦</td><td>46.4</td></tr>
<tr><td>11</td><td>斯洛文尼亚</td><td>73.37</td><td>43</td><td>菲律宾</td><td>45.83</td></tr>
<tr><td>12</td><td>俄罗斯</td><td>73.24</td><td>44</td><td>约旦</td><td>45.7</td></tr>
<tr><td>13</td><td>捷克</td><td>72.36</td><td>45</td><td>斯里兰卡</td><td>45.34</td></tr>
<tr><td>14</td><td>阿联酋</td><td>71.83</td><td>46</td><td>阿尔巴尼亚</td><td>45.16</td></tr>
<tr><td>15</td><td>保加利亚</td><td>71.73</td><td>47</td><td>吉尔吉斯斯坦</td><td>44.92</td></tr>
<tr><td>16</td><td>塞尔维亚</td><td>70.41</td><td>48</td><td>土库曼斯坦</td><td>43.35</td></tr>
<tr><td>17</td><td>斯洛伐克</td><td>69.72</td><td>49</td><td>印度尼西亚</td><td>42.02</td></tr>
<tr><td>18</td><td>沙特阿拉伯</td><td>69.41</td><td>50</td><td>不丹</td><td>40.32</td></tr>
<tr><td>19</td><td>罗马尼亚</td><td>69.08</td><td>51</td><td>乌兹别克斯坦</td><td>37.29</td><td rowspan="13">较低</td></tr>
<tr><td>20</td><td>摩尔多瓦</td><td>67.72</td><td>52</td><td>塔吉克斯坦</td><td>36.31</td></tr>
<tr><td>21</td><td>黎巴嫩</td><td>66.27</td><td>53</td><td>柬埔寨</td><td>36.21</td></tr>
<tr><td>22</td><td>科威特</td><td>66.16</td><td>54</td><td>印度</td><td>34.74</td></tr>
<tr><td>23</td><td>马其顿</td><td>64.94</td><td>55</td><td>叙利亚</td><td>33.04</td></tr>
<tr><td>24</td><td>哈萨克斯坦</td><td>63.39</td><td>56</td><td>东帝汶</td><td>31.54</td></tr>
<tr><td>25</td><td>阿曼</td><td>62.89</td><td>57</td><td>尼泊尔</td><td>31.5</td></tr>
<tr><td>26</td><td>波兰</td><td>62.68</td><td>58</td><td>巴基斯坦</td><td>30.26</td></tr>
<tr><td>27</td><td>泰国</td><td>60.82</td><td>59</td><td>孟加拉国</td><td>29.68</td></tr>
<tr><td>28</td><td>格鲁吉亚</td><td>60.58</td><td>60</td><td>老挝</td><td>28.95</td></tr>
<tr><td>29</td><td>阿塞拜疆</td><td>60.39</td><td>61</td><td>也门</td><td>28.24</td></tr>
<tr><td>30</td><td>黑山</td><td>59.46</td><td rowspan="3">中等</td><td>62</td><td>伊拉克</td><td>25.77</td></tr>
<tr><td>31</td><td>马来西亚</td><td>58.19</td><td>63</td><td>缅甸</td><td>25.38</td></tr>
<tr><td>32</td><td>文莱</td><td>57.46</td><td>64</td><td>阿富汗</td><td>14.08</td><td>低</td></tr>
<tr><td colspan="2">平均值</td><td colspan="5">55.39</td><td>中等</td></tr>
</table>

数据来源：国家信息中心。

水平，占比为20.31%；21个国家处于“中等”水平，占比为32.81%；26个国家处于“较高”水平，占比为40.63%；新加坡、爱沙尼亚、以色列3国处于“高”水平，占比为4.69%；新加坡位列第一，得分遥遥领先。

从数据来看，IIDI得分最低的阿富汗为14.08，最高的新加坡得分为90.44，后者是前者的6.4倍，信息基础设施发展水平差异巨大。从地区来看，IIDI得分“较高”及以上（60~100分）的国家有29个，主要在西亚

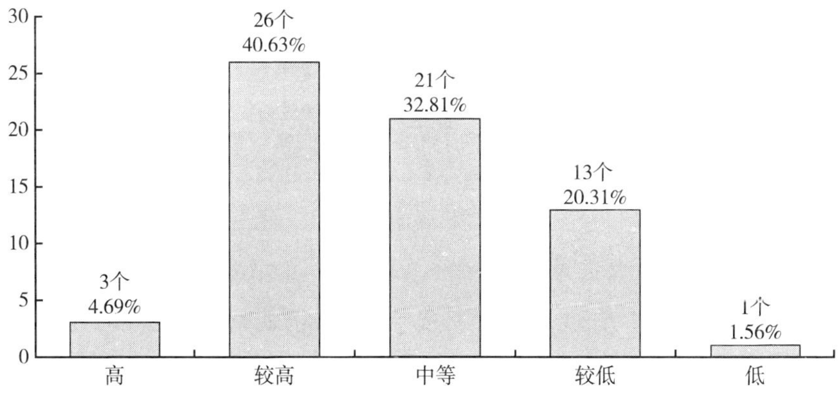

图1　“一带一路”沿线国家IIDI各区间占比分布情况

资料来源：国家信息中心。

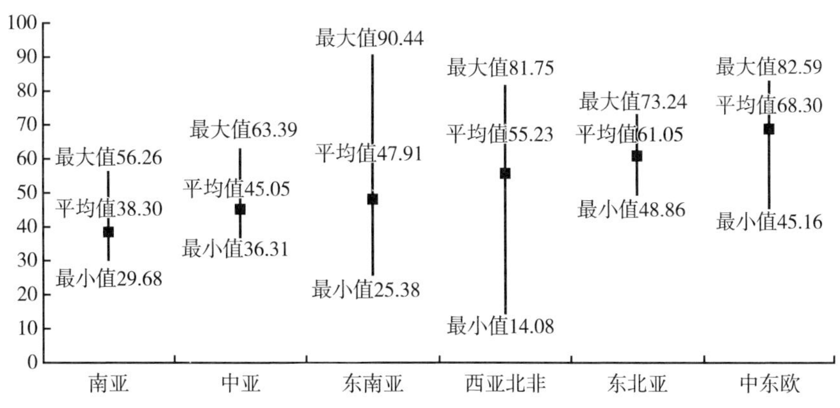

图2　IIDI在不同地区的相对差距

资料来源：国家信息中心。

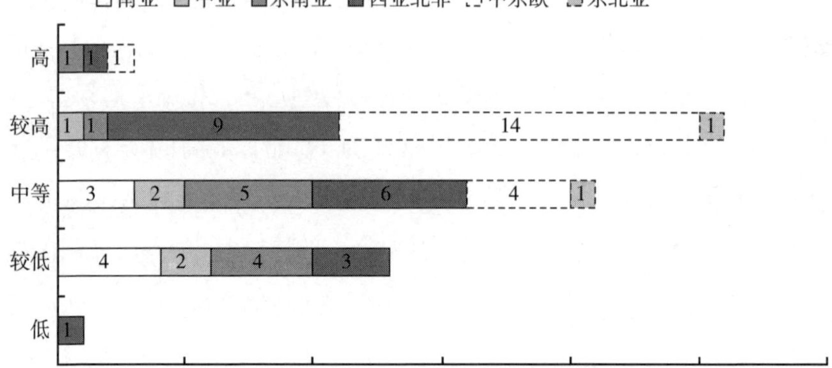

图3 各地区不同 IIDI 等级的国家数量

资料来源：国家信息中心。

北非和中东欧等地区（见图3）。其中，西亚北非20国发展水平差距最大，最大相对差距指数达0.83；中东欧19国发展水平整体较高，平均分数为68.30，高于64国平均水平（55.39）；东北亚两国发展水平俄罗斯处于“较高”，蒙古国处于“中等”；东南亚11国发展水平参差不齐，最大相对差距指数为0.72；南亚7国发展水平普遍滞后，平均分数仅为38.3，远低于64国平均水平（55.39）；中亚5国发展水平除哈萨克斯坦处于“较高”外，其余4国均为“较低”。

二 中国与沿线国家电子信息产业合作现状

中国电子信息企业纷纷践行“走出去”战略，都在相应的领域加速开拓步伐。目前，中国多家主设备商已纷纷在中东、非洲、东南亚等地区发力，甚至如华为、中兴等国内企业的海外收入占其收入比重已经达到一半以上。光纤光缆的龙头企业则积极在东南亚、中东等“一带一路”沿线地区进行产能输出，部分企业已在印度、巴西等国家成功实现光缆销售落地。而在手机终端厂商方面，诸多国内知名品牌已成功开拓印度、拉美、非洲等市场；更有“传音”这种主攻非洲市场的品牌，通过深挖当地民众需求，成就了非洲销售传奇，仅 2015 年其旗下品牌 TECNO 全年出货量就达到了 5000 万部，成功跻身 2015 年“非洲消费者最喜爱品牌 100 强”之一。总体来看，“一带一路”背景下，我国电子信息企业的对外合作在多领域取得较大进展。

（一）合作机制持续深化，高峰论坛加速合作进程

在“一带一路”倡议背景下，中国借助已有的中阿、中欧、中国—东盟等多边合作框架，与多个沿线地区和国家签署了新的备忘录和规划纲要，进一步推动了与“一带一路”沿线国家在电子信息产业领域顶层设计的交流合作，围绕电子制造、网络设施互联互通、惠民服务互利共享、信息技术协同创新等方面沟通各国发展意愿，探寻共同发展道路。

中国与俄罗斯、蒙古国共同发布《建设中蒙俄经济走廊规划纲要》，标志着“一带一路”首个多边经济合作走廊正式开始建设。规划纲要中明确指出将“扩大三方之间电信网络，加强电子商务合作，开展三方卫星应用服务和实现对口部门合作；开展软件研发、数据维护等领域合作”。规划纲要的发布充分体现了中蒙俄三国秉持共商共建共享原则，加强发展战略对接，推进“一带一路”建设的决心和信心，为三方扩大电子信息产业交流、深化信息通信服务合作指明了方向。

中国与东盟自 2005 年建立面向共同发展的信息通信伙伴关系以来，面对新一轮技术和产业变革，双方在电子硬件和信息服务方面开展了卓有成效的合作，为进一步合作打下了良好的基础。2016 年，我国与东盟发布了《2017 年中国—东盟信息通信合作计划》和《2017 ~ 2021 年深化中国—东盟面向共同发展的信息通信伙伴关系行动计划》，决定在未来五年围绕信息通信发展和监管政策、基础设施互联互通、新一代信息技术及应用、网络安全、互联网与制造业融合发展、中小微企业信息化水平提升、人力资源建设等领域开展交流与合作，促进信息通信业发展，以更好地服务于本地区经济社会的发展。同时，在中国—东盟合作框架下，2015 年 11 月 12 日，澜湄

合作首次外长会议发表了《澜湄合作概念文件》和《联合新闻公报》，宣布启动澜湄合作进程，各方就澜湄合作机制架构和未来方向等达成广泛共识，确立了“3+5”合作框架，即加强三大领域的合作，并在五个领域内开展优先合作。2016年3月，澜湄合作首次领导人会议在海南三亚举行，李克强总理与湄公河五国领导人首次聚首，会议通过了《澜湄合作首次领导人会议三亚宣言》及《澜湄国家产能合作联合声明》等文件，文件提出“旨在建设面向和平与繁荣的澜湄国家命运共同体，树立以合作共赢为特征的新型国际关系典范”，标志着“澜湄合作”机制正式诞生，为澜湄合作提供了政治指导和强劲动力。

在阿拉伯地区，中国与沙特、阿联酋、苏丹等国的能源合作逐步深化，在沙特、阿联酋、埃及、阿尔及利亚等国的电力、通信、交通、工业园区等基础设施领域大项目合作不断涌现，中国—海湾合作委员会自贸区谈判重启并加快节奏，吹响了中阿产业合作号角。《中国对阿拉伯国家政策文件》提出，推进共建“一带一路”，构建以能源合作为主轴，以贸易投资便利化和基础设施建设为两翼，以核能、新能源、航天卫星3大高新领域为突破口的“1+2+3”合作格局，推动务实合作升级换代。在航天领域的合作中，进一步加强中阿航天合作，积极探讨在空间技术、卫星及其应用、空间教育、培训等领域开展联合项目，加快推进北斗卫星导航系统落地阿拉伯国家，积极推动中阿载人航天领域的交流与合作，提升双方航天合作水平。2016年，中国与阿拉伯国家签署了《中阿卫星导航领域合作谅解备忘录》，标志着北斗与阿拉伯国家联盟在卫星导航领域建立了正式合作机制。西亚北非20国间信息化水平在沿线地区中发展差距最大，该备忘录的签署使中国与区域内国家可以在具体领域同一种框架的统筹下，有针对地开展合作与交流。

中国与中东欧国家也发布了《中国—中东欧国家合作中期规划》，规划指出，“考虑到中欧之间现有网络空间合作，欢迎和支持在物联网、大数据、下一代互联网方面开展合作”。中东欧国家市场化程度较高，波兰、匈牙利、斯洛伐克的电子产业发展较为突出。愈发成熟的中国—中东欧合作机制保障双方在信息通信领域开展优势产能对接，共同研发新一代信息技术，进而可以带动管理、技术、人才的充分交流。

2017 年 5 月 14～15 日，作为“一带一路”提出 3 年多来最高规格的论坛活动，“一带一路”国际合作高峰论坛在北京顺利召开，对推动国际和地区合作产生了划时代的影响。论坛期间及前夕，各国政府、地方、企业等达成一系列合作共识及务实成果，涵盖政策沟通、设施联通、资金融通、贸易畅通、民心相通 5 大类，总计 76 大项、270 多项成果。其中，电子信息产业也是各国的关注重点，特别是在信息基础设施建设、通信技术升级改造，以及电子商务、云计算等电子信息产业优势产能合作方面。部分论坛期间签署的合作成果如下所示。

（1）与匈牙利政府签署关于共同编制中匈合作规划纲要的谅解备忘录

双方将进一步密切各层级、各领域的交流与合作；双方将努力扩大贸易和双向投资规模，优化贸易结构，继续深化在经济、基础设施建设、电信、电子商务、科技等领域的合作；双方同意在已签署的产能合作框架协议基础上，推动两国产能合作；双方将各自为对方国家产品和服务进入本国市场提供更加便利的条件，继续鼓励和支持各自企业赴对方国家投资；加强中小企业合作，鼓励双方企业探索开展第三方合作。

（2）与老挝政府签署共建“一带一路”政府间双边合作规划

中方继续为老挝国家建设提供力所能及的帮助，促进老挝经济发展和民生改善，推动老挝医疗、卫生、文化、教育等事业发展，支持老挝农业、水利、交通、通信等基础设施建设，推动双方务实合作更多地惠及两国特别是老挝基层群众。

双方签署《中老两国外交部关于加强新形势下合作的协议》、《关于共同推进中老经济走廊建设的谅解备忘录》、《关于加强“数字（网上）丝绸之路”建设合作的谅解备忘录》、《中老政府间科技合作协定》、《关于联合开展老挝国家水资源信息数据中心示范建设项目和老挝南乌河、南屯河流域综合规划项目合作的谅解备忘录》、《关于加强基础设施领域合作的谅解备忘录》、《关于开展未来三年援助合作的谅解备忘录》、《关于人力资源开发合作的谅解备忘录》、《援老挝工贸部信息系统项目立项换文》、《关于金融支持老挝中小企业发展合作的协议》等合作文件。

（3）与柬埔寨政府签署共建“一带一路”政府间双边合作规划

双方同意继续加强外交、国防和执法安全领域的交流合作；落实好两国外交部关于加强新形势下合作的协议，密切各层次沟通协作；保持两军各层级交往和多边安全领域协调，重点加强在国内安全保卫、反恐、电信诈骗、网络犯罪以及境外追逃等领域合作；双方同意深化基础设施、交通、农业、科技、海洋、旅游等领域的合作；双方签署《共同推进“一带一路”建设合作规划纲要》等13份合作文件。

（4）与阿富汗签署信息技术合作谅解备忘录

2017年4月17日，工信部部长苗圩会见阿富汗通信和信息技术部代理部长萨达特、阿富汗总统首席经济顾问卡尤米，就开展中阿信息技术领域合作等议题交换了意见。苗圩与萨达特签署了两部间信息技术合作谅解备忘录。双方将推动在中阿跨境光缆、通信卫星、能力建设以及监管和标准化等领域的合作。

（5）与越南签署联合公报

双方同意继续加强外交、国防、安全和执法领域的交流合作；落实好期间签署的两国外交部关于加强新形势下合作的协议；发挥好合作打击犯罪会议、战略安全对话机制作用，加强在反恐、打击跨国犯罪、出入境管理和网络安全等领域的合作；双方同意加强配合，采取各项有效措施，共同推动经贸、产能与投资、基础设施、货币金融领域的合作持续健康稳定发展；发挥中越经贸合委会及相关合作机制的作用，落实好《农产品贸易领域合作谅解备忘录》，加快商签《中越跨境经济合作区建设共同总体方案》。

（6）与哈萨克斯坦加强合作

中哈产能合作基金投入运行；签署支持中国电信企业参与“数字哈萨克斯坦2020”规划合作框架协议。

（7）与希腊加强合作

双方确定了交通、能源和通信三个重点合作领域，落实了重点合作项目，增强了各方信心。签署了《中希重点领域2017～2019年合作计划》。

（8）与捷克加强合作

中国国家发改委与捷克工贸部签署关于共同协调推进“一带一路”倡议框架下合作规划及项目实施的谅解备忘录。

（9）其他国家

中国国家发改委与阿联酋经济部签署关于加强产能与投资合作的框架协议，与吉尔吉斯斯坦经济部签署关于共同推动产能与投资合作重点项目的谅解备忘录。中国进出口银行与塞尔维亚电信公司签署电信项目贷款协议。中国商务部与蒙古国对外关系部签署关于加强贸易投资和经济合作谅解备忘录，与斯里兰卡发展战略与国际贸易部签署投资与经济技术合作发展中长期规划纲要，与越南工业贸易部签署关于电子商务合作的谅解备忘录，与吉尔吉斯斯坦经济部签署关于促进中小企业发展的合作规划，与捷克工贸部、匈牙利外交与对外经济部签署关于中小企业合作的谅解备忘录。中国科技部与匈牙利国家研发与创新署签署关于联合资助中匈科研合作项目的谅解备忘录，与蒙古国教育文化科学体育部签署关于共同实施中蒙青年科学家交流计划的谅解备忘录，关于在蒙古国建立科技园区和创新基础设施发展合作的谅解备忘录。

论坛上，沿线各国达成共识，未来将进一步在电子信息产业领域开展深入合作。论坛的成功召开，进一步加快了中国与沿线国家（地区）在相关产业领域上的合作，并在之后形成诸多合作成果。如在电信领域，中国电信下调东南亚资费，平均降幅达90%。中国移动自2017年5月1日起，下调“一带一路”沿线全部国家和地区的国际漫游语音资费至0.99元/分钟；调整其中53个国家和地区的国际漫游流量资费的包天不限流量资费。自建或合作建设了通向亚太、欧洲等地区的5条国际海揽，东南亚与中亚地区内的8条跨境陆地光缆，以及29个信息交互节点和5个国际通信业务出入口局。中国联通2017年在“一带一路”区域的投资额占其境外投资的80%左右，提供的服务包括数据专线、数据中心、国际漫游、移动虚拟运营（MVNO）、宽带批发、系统集成等，并通过产品创新提供差异化的国际产品和服务。

（二）传统产业走向品牌化，新兴业态探索中成长

1. 电子信息制造合作在竞争中谋发展

由于“一带一路”沿线国家的工业化水平差异显著，与中国的产业结构互补性较强，制造业合作的重要性和潜力之大不言而喻。近年来，随着中国逐渐步入世界电子信息产业大国行列，中国电子信息企业具备了一定的国际竞争力，稳步推进了与“一带一路”沿线国家在电子信息制造业上的合作。

2017 年 1 ~ 11 月，电子信息制造业呈现稳健增长态势（见图 4），生产与投资增速在工业各行业中保持领先，行业效益持续提升。全行业主营业务收入同比增长 13.3%，利润同比增长 20.4%（见图 5），主营业务收入利润率为 4.9%，企业亏损面为 18.6%。全行业应收账款同比增长 14.5%，高于同期主营业务收入增幅 1.2 个百分点；产成品存货同比增长 12.5%，低于同期主营业务收入增幅 0.8 个百分点。2017 年 1 ~ 11 月电子信息制造业主要产品产量增长情况如图 6 所示。

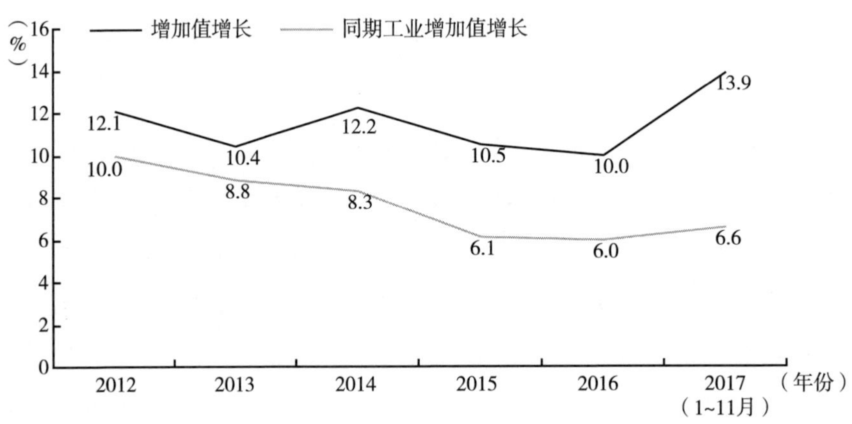

图 4　2012 ~ 2017 年电子信息制造业增加值

资料来源：工业和信息化部。

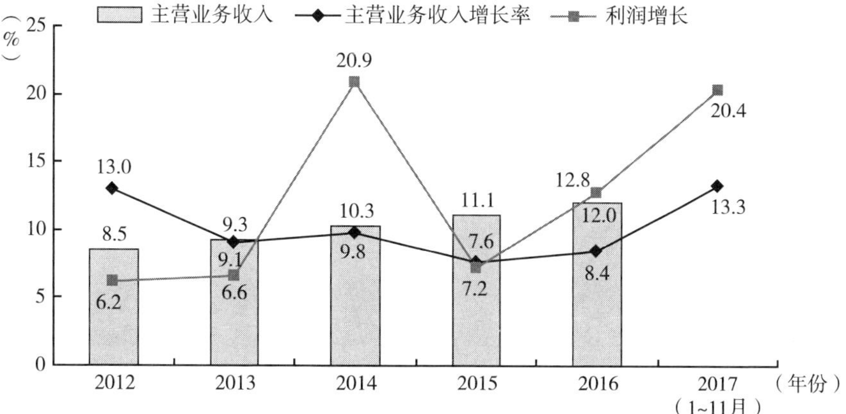

图 5　2012～2017 年电子信息制造业主营业务收入、利润增长情况

资料来源：工业和信息化部。

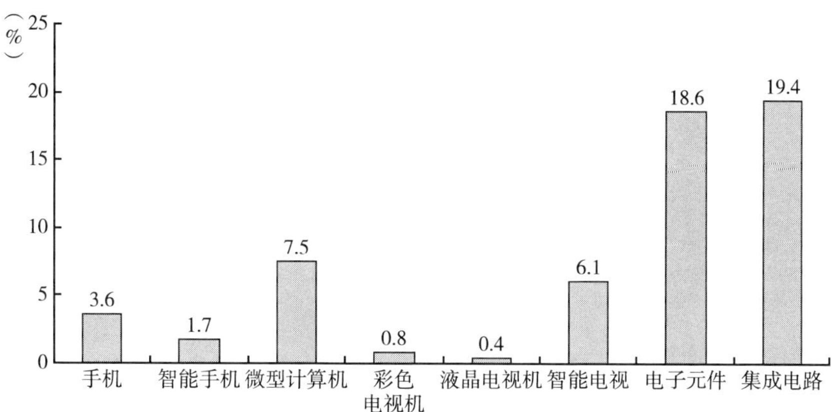

图 6　2017 年 1～11 月电子信息制造业主要产品产量增长情况

资料来源：工业和信息化部。

2017 年 1～11 月，电子信息制造业 500 万元以上项目完成固定资产投资额同比增长 23.3%，增速同比增加 8.6 个百分点。电子信息制造业新增固定资产同比增长 28.3%。电子器件行业完成投资同比增长 26.2%，电子元件行业完成投资增长 15.0%；整机行业中，通信设备和家用视听设备行业投资增长较快，投资增速分别为 46.9% 和 7.4%，电子计算机行业投资同比下降 0.5%（如图 7 示）。

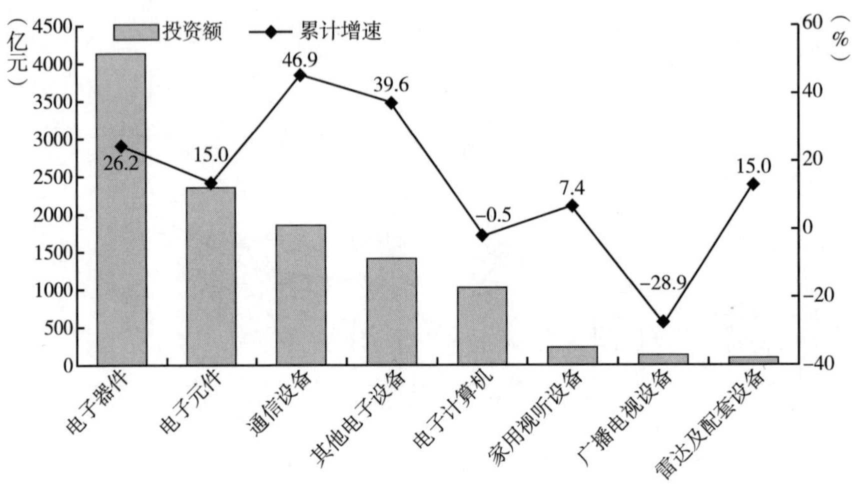

图7　2017年1~11月电子信息制造业分行业固定资产投资情况

资料来源：工业和信息化部。

2016年，中国电子信息制造业进出口总额超过1.2万亿美元，同比下降约6%，进口总额超过5000亿美元，同比下降约5%，出口总额超7000亿美元，下降约8%。进口方面，只有电子仪器设备等几个行业保持正增长状态，其他行业呈现不同程度的负增长。其中，集成电路进口额达2271亿美元，下降1.2%。电子器件行业进口额达2862亿美元，下降4.4%。出口方面，各行业出现不同程度的

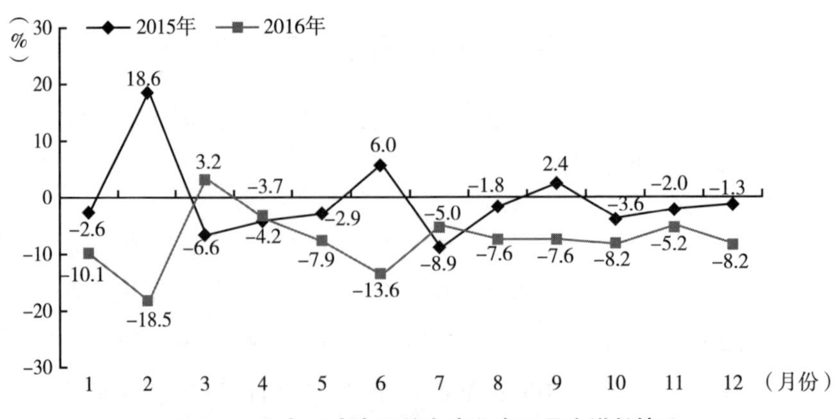

图8　2015年以来电子信息产业出口月度增长情况

资料来源：工业和信息化部。

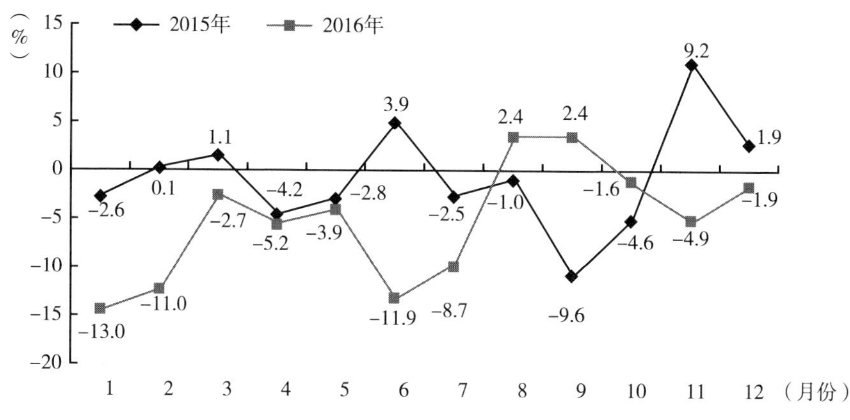

图9　2015 年以来电子信息产业进口月度增长情况

资料来源：工业和信息化部。

下降。全年计算机行业出口 1753 亿美元，下降近 10%，降幅比上年收窄 4.7 个百分点；通信设备行业出口额达 2039 亿美元，同比下降 5.1%。主要产品中，笔记本电脑出口达 583 亿美元，下降 9.7%；手机出口达 1156 亿美元，下降 6.6%。

电子信息制造业成为"中国品牌"的重要"代言人"。电子信息制造企业一直是我国海外影响力传播的"佼佼者"，华为成为全球第一电信设备供应商，2016 年收入规模超过 5000 亿元，其中 60% 以上来自海外市场；华为、OPPO 和 vivo 进入 2016 年全球智能手机出货量前五，市场占有率合计达到 21.6%，较上年提高 8.6 个百分点（见表 5）。

表 5　2016 年全球智能手机出货量排行榜

厂商	2016 年出货量（百万台）	2016 年市场份额(%)	2015 年出货量（百万台）	2015 年市场份额(%)	年增长率（%）
三星	311.4	21.20	320.9	22.30	-3.00
苹果	215.4	14.60	231.5	16.10	-7.00
华为	139.3	9.50	107	7.40	30
OPPO	99.4	6.80	42.7	3.00	132.90
vivo	77.3	5.30	38	2.60	103.20
其他	627.8	42.70	697.1	48.50	-9.90
总计	1470.6	100	1437.2	100	2.30

数据来源：IDC。

海尔收购通用电气的家电业务，市场占有率跃居全球第五位；联想笔记本电脑产量位居世界之首，入选世界品牌百强企业；京东方液晶面板出货量跃升至全球第二。

2017 年 1 月 10 日，全球最大传播集团 WPP 和凯度华通明略联手谷歌发布了首期“BrandZTM 中国出海品牌 30 强”排行榜，罗列了 2016 年海外市场经营最成功的中国品牌。如表 6 所示 10 强中，个人电脑和移动技术领域的全球领导者联想（1682 分）成为中国最强出海品牌，消费电子的创新国际品牌华为（1256 分）与电子商务巨头阿里巴巴（1047 分）紧随其后。消费电子品牌得分占总得分的比重超过 40%，在排行榜前 5 中的占 3 位，体现了中国消费电子品牌在海外的实力和影响力。

表 6　2017 年 BrandZTM 中国出海品牌 10 强

排名	品牌	类别	品牌力总分
1	联想	消费电子	1682
2	华为	消费电子	1256
3	阿里巴巴	电子商务	1047
4	智明星通	移动游戏	923
5	小米	消费电子	716
6	中国国际航空	航空	709
7	海尔	家电	572
8	Anker	消费电子	501
9	猎豹移动	移动游戏/互联网服务	498
10	海信	家电	482

数据来源：IDC。

集成电路方面，中国电子信息产业虽然在规模上多年排名世界第一，但产业结构主要以整机制造为主，集成电路和半导体制造业较为薄弱。目前，全球 54% 的芯片都出口到中国，进口消耗外汇 2000 多亿美元，超过了石油和大宗商品。IC insights 数据显示，2016 年，有超过 20 家全球性半导体厂商进行了整并动作，总金额达 985 亿美元，仅次于 2015 年由 30 多个并购案所创下的 1033 亿美元最高纪录。2015 年和 2016 年并购总金额为 2010 ~ 2014 年五年间总金额的 8 倍。在 2015 年和 2016 年的并购案中，以美国相关厂商最积极，占了总金额的51.8%，日本占18.4%，欧洲占6.8%，而中国（83亿美元）仅占全球并购金额的4.1%（见图10）。

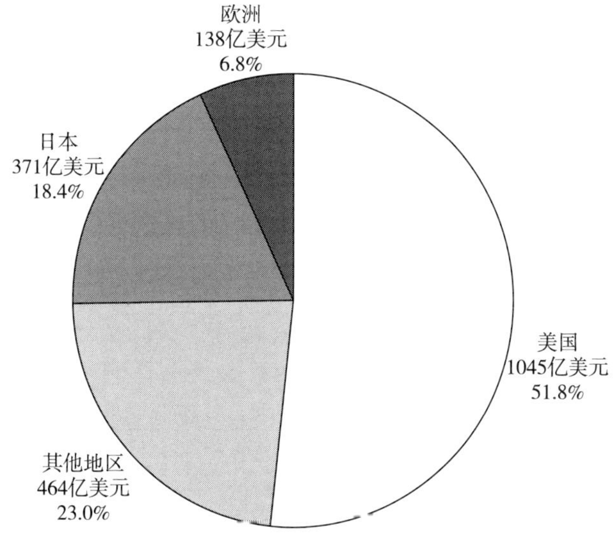

图10　2015～2016年全球集成电路领域并购情况分布（买方）

资料来源：IC Insights。

借“一带一路”倡议的东风，各电子信息制造企业在国家“芯片国产化”战略指引下，不断加大对产业发展优势明显的沿线国家的投资力度，以期吸收、整合先进制造技术。2015年下半年长电科技在国家IC产业基金的支持下以蛇吞象的形式收购了全球排名第四的新加坡星科金朋。星科金朋拥有人才、技术和国际化管理经验，在客户和技术上与长电科技具有极强的互补性。本次收购不仅可以帮助中国集成电路企业整合新加坡芯片制造的先进技术和客户资源，使其市场份额跻身世界前五，而且为新企业引入雄厚的产业资本，有利于扭转其营业亏损情况，为老牌企业再发展注入新活力。同时，近年来，中国资本对以色列半导体的兴趣也是越来越浓，2017年1月，华为公司证实收购了以色列芯片设计厂商Toga Networks，使以色列研发技术可以被更广阔的市场吸收采纳。2016年全球集成电路领域部分企业并购情况如表7所示。

表 7　2016 年全球集成电路领域部分企业并购情况

时间	买方	卖方	金额(美元)
2016 年 7 月	软银	ARM	320 亿
2016 年 7 月	ADI	Linear	148 亿
2016 年 1 月	Microchip Technology	Atmel	35.6 亿
2016 年 6 月	中国财团建广资本	NXP 标准产品业务	27.5 亿
2016 年 7 月	英飞凌	Cree 旗下的 Wolfspeed 功率和射频业务部	8.5 亿
2016 年 4 月	Cypress 半导体收购	博通的 IoT 部门	5.5 亿
2016 年 5 月	ARM	Apical 公司	3.5 亿
2016 年 1 月	索尼	Altair 半导体	2.12 亿
2016 年 6 月	中国财团	Exar 公司电源管理与显示器 IC 设计业务	1.36 亿
2016 年 7 月	Rambus	Inphi 公司的内存互联业务	9000 万
2016 年 7 月	MaxLinear	博通的无线基础设施业务	8000 万
2016 年 7 月	ST 半导体	AMS 的 NFC 和 RFID 业务部门	7780 万
2016 年 6 月	中芯国际	Lfoundry	5500 万
2016 年 4 月	GigOptix	Magnum 半导体	5500 万
2016 年 5 月	MaxLinear	美高森美公司的宽频无线业务	2100 万
2016 年 7 月	Murata	索尼工业电池组业务	未披露
2016 年 8 月	Würth Elektronik eiSos GmbH & Co. KG	Amber Wireless GmbH	未披露
2016 年 4 月	Qorvo	fabless GreenPeak	未披露

数据来源：IC Insights。

计算机与通信设备方面，在中亚、西亚地区，华为公司基本承包了传输网基站以及计费系统的主要设备建设，并成为乌兹别克斯坦和中东地区第一大电信设备供应商。2016 年华为在乌兹别克斯坦召开的云峰会上倡议与中亚合作伙伴加大创新合作与软件服务，向信息化水平较为落后的中亚地区引进中国电信业转型的经验，推进当地信息产业及相关产业的繁荣发展。东南亚地区与中国（通信行业设备）手机厂商的合作也极具潜力，中国手机因性价比高、拍照性能良好等优点得到了泰国、印度尼西亚、越南各国消费者的喜爱。研究公司 IDC 的最新数据显示，2016 年 OPPO、华为和 vivo 三家厂商在东南亚的市场份额已达21%，仅次于当地老牌供货商三星（23%）；其中OPPO销量涨势成一大亮点，同比增长达137.5%；酷派手机则在马来西亚市场热销。在南亚地区，印度对智能手机的需求量逐年提高，但本地品牌发展滞后，联想在当地设置多个旗舰店，线下销售量已经初具规模；小米、OPPO、金立等均在印度建设新的工业园，包括手机生产基地及零部件生产线，形成更为完善的产业供应链，大幅度提高了当地手机生产水平，以便更好地服务于印度及周边南亚市场。据Counterpoint Research发布报告显示，在印度2016年第四季度智能手机市场前五名中，有四个品牌来自中国，分别为vivo、小米、联想与OPPO（见图11），其中，11月中国智能手机品牌在印度市场占有率达到51%。

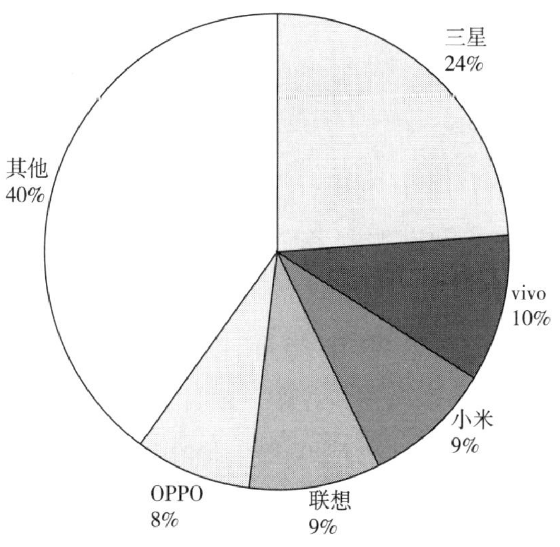

图11　2016年第四季度印度手机市场占有率

资料来源：Counterpoint Research。

基础电子方面，东南亚基础设施建设带动LED照明在区域内快速发展，成为中国半导体照明产业的第三大出口目的地，仅次于美国和欧盟。其中，越南由于具有较大的人口规模和快速增长的消费需求，进口的中国产LED照明产品总量迅速增长，2013～2015年增速在东南亚国家中居于首位；佛

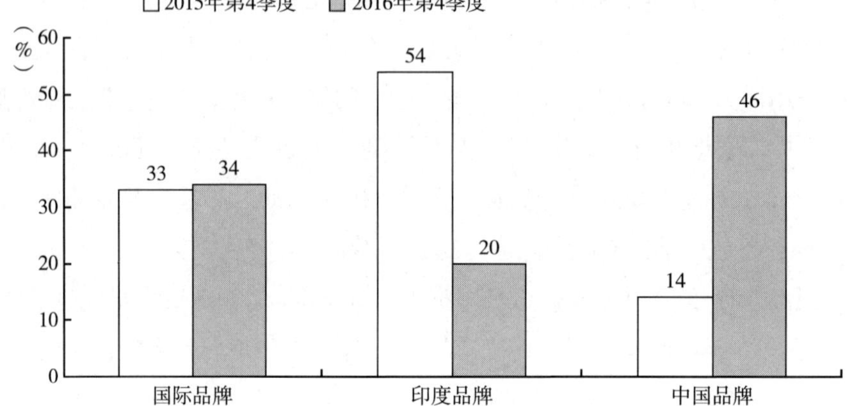

图12　2015～2016年第四季度印度手机市场占有率品牌来源对比

资料来源：Counterpoint Research。

山照明、雷士、欧普、TCL等企业在日韩及欧洲品牌中脱颖而出，与东南亚国家合作发展均有较大进展，成为当地照明零售商的长期合作伙伴。2016年，珠海聚碳复材的研究团队利用石墨烯研发的一种新能源电池，可用于智能手机、电动汽车、移动电源等各个方面。目前，华泰、万向公司均在“一带一路”国家出口了锂离子电池。

智能硬件与应用电子方面，2016年4月海尔高端冰箱首个制造基地“卡玛大师”工业园在俄罗斯正式投产，项目总投资额达5500万美元，该工业园投产后第一阶段产能25万台、第二阶段50万台，将销往俄罗斯、白俄罗斯及部分欧洲市场。通过在俄罗斯建立工业园，海尔将为当地及周边国家提供更便捷、更高质量的产品和服务。华为全面支撑了白俄罗斯电信的FTTH建设与智慧家庭业务创新。广州亿航公司自主研制的“亿航184”已由阿联酋采用，于2017年7月正式亮相迪拜，使其成为全球第一个允许载客无人机运营的城市。这种载客无人机是全球第一款可载客的无人驾驶飞机，可为迪拜中短途日常交通运输提供方案。

2. 软件与信息服务合作获突破式进展

近年来，中国软件开发技术与用户市场共同成长，取得了长足的进步。

2017 年全国软件和信息技术服务业完成软件业务收入 5.5 万亿元，比上年增长 13.9%，增速同比提高 0.8 个百分点（见图 13）。其中，信息技术服务收入占全行业收入的 53.3%（见图 15）。全行业实现利润总额 7020 亿元，同比增长 15.8%（见图 14）。

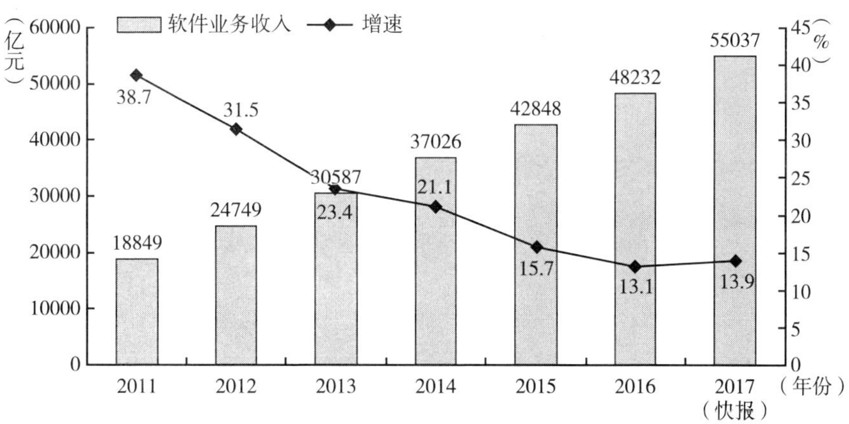

图 13　2012～2017 年软件业务收入增长情况

资料来源：工业和信息化部。

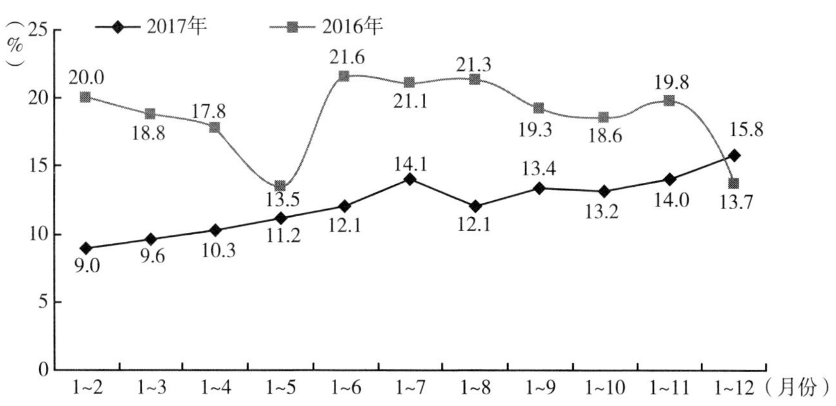

图 14　2017 年 1～12 月软件业利润总额增速走势

资料来源：工业和信息化部。

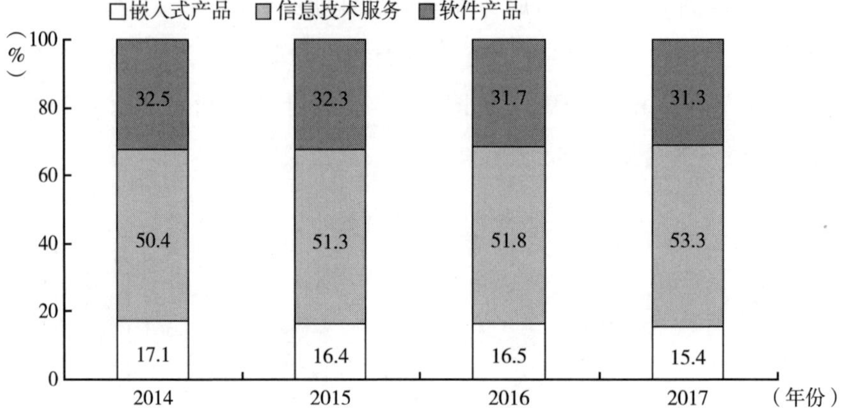

图 15　2014～2017 年软件产业内部结构变化

资料来源：工业和信息化部。

尽管中国软件水平相较于国际领先水平依然存在差距，但随着国家政策的支持力度加大，以及软件企业的不断努力，中国许多软件产品的规模、复杂程度、科技含量，即使在欧美市场上也逐渐处于领先地位，这让中国软件产品对外输出有了更大的可能性。

“一带一路”倡议为中国软件与信息服务企业“走出去”提供了更广阔的市场，一方面基础软件的技术及产品输出稳定，新产品领域合作成果初现；另一方面在信息服务的合作模式上，也发生了较大变化，亮点突出。

基础软件领域中，中国通过服务东南亚、南亚等周边市场，打响国家自主品牌，提升丝路沿线地区对中国软件价值的认知度。首先是基于工具类软件的合作，金蝶集团、用友软件相继在新加坡建立研发中心和区域中心，旨在根据当地客户的需求，快速做出响应，提高服务质量和效率。金山将其办公软件英文版 KingSoft Office 的首个发布地定于越南，该软件不仅仅保持了 WPS Office 特有的轻巧灵便、与 MS Office 深度兼容的特点，更在语言准确转换的基础上适应越南本地用户需求，根据英文语言习惯和越南用户的特殊使用习惯，不断调整软件的呈现格式和版式设计。金山毒霸系列则推出泰文版，与泰国最大的网游运营商 Asiasoft 合作，由 Asiasoft 负责业务推广，正

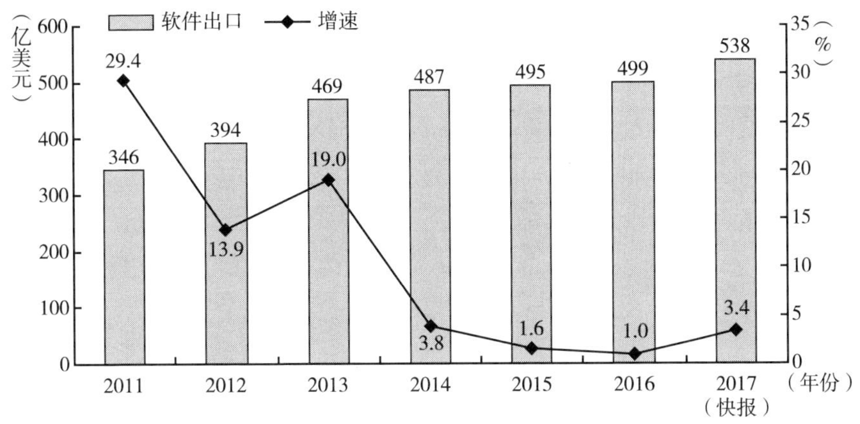

图 16 2011~2017 年软件出口增长情况

资料来源：工业和信息化部。

式进军泰国市场。360 公司也与 Asiasoft 签订框架合作协议，将共同向东盟地区提供免费安全软件以及网络安全解决方案，在当地建立起用户及流量监测平台，在此基础上进行互联网商业模式和生态系统的构建。百度与新加坡科研机构成立联合实验室，着手联合研发面向东南亚语言的自然语言处理技术，并在当地市场推出了系统优化工具 Baidu PC Faster。此外，由新疆公司模仿今日头条创建的“G NDEM”新闻推送类 APP 在土耳其的日活跃用户数近 100 万，正成为土耳其增长最快的内容聚合媒体平台。该公司创始人表示，这款 APP 的制作愿景在于让中国的技术与商业模式服务“一带一路”地区的用户。

网游方面，东南亚还是中国网游的输出重地。其中，潜力最大的当属越南，独占 40% 的份额。中国网游进入前，越南的网游产业尚处于初级阶段，相关人才和厂商相对匮乏。中国的网游为当地网民提供了全新的选择，推动了越南游戏产业的加速发展。金山公司的网游《剑网 OL》在新加坡等地受到欢迎后，被网游运营商 VinaGame 引入越南，一度占据了越南游戏 92% 的市场份额。随后，搜狐畅游与越南最大的网络游戏运营商 VNG 公司合作，将旗下网游《天龙八部》引入东南亚。泰国、印度尼西亚、菲律宾、越南、

马来西亚、新加坡6个国家占中国对东南亚游戏出口的99%，玩家有1.3亿左右，占比约为24%；游戏玩家约0.6亿，占玩家总数的比例接近50%；ARPU值高低不等，最高的是新加坡，其中泰国以ARPU值$27.76位居第三，但庞大的人口基数和相对不错的付费率使其成为东南亚游戏消费最高的国家。目前专注东南亚市场的中国公司有很多，如智明星通、Gameview、Vstargame、Efun、昆仑万维、Funplus、IGG、Game Hollywood、腾讯、百度、飞流等；具体游戏如《刀塔传奇》（东南亚版本Dot Arena）、《三剑豪》、《秦美人》、《城堡争霸》、《疾风猎人》、《弹弹堂S》等也成功进入登陆东南亚市场，获得当地网游用户的喜爱。

社交软件方面，中国网络社交平台的国际化正在加速酝酿，社交服务类软件企业将目光放到“一带一路”沿线国家，开拓当地市场。百度向越南推出“百度贴吧”，腾讯在泰国推出微信，并以明星代言、轻轨广告投放等方式进行宣传。微信在东南亚地区支持多种语言文字，包括印尼语、马来语、泰语、越南语等。茄子快传在印度和印度尼西亚“双印市场”中已经取得了绝对优势，印度有超过2.5亿用户使用茄子快传分享各类内容，占印度互联网总人数的60%以上；而在印度尼西亚市场，800万互联网用户把茄子快传当作日常获取知识和分享感兴趣内容的主要方式。基于“双印市场”庞大的用户基础，茄子快传可通过大数据精准分析印度与印度尼西亚的市场环境，以及决定市场发展的深层次因素，包括智能手机普及率、市场潜力、用户分享喜好等多个维度，帮助中国企业快速、全面地了解“双印市场”。

支付类软件方面，近年来支付软件在国内呈井喷式发展趋势，国际化成绩也十分抢眼。到2016年12月，支付宝已经与200多家具备牌照的海外金融机构达成合作，包括Visa、万事达等信用卡组织，也包括如花旗银行、渣打银行、巴克莱银行、德意志银行等跨国银行。“双十二”期间，日本山田电机免税店通过支付宝完成了40%的交易份额。韩国新世界免税店在2016年5月18日接入微信支付，目前通过微信支付能完成20%的交易份额。2016年9月13日，微信支付接入台湾9500辆大都会计程车，第一次与境外计程车公司合作，希望通过出行服务打开境外支付市场。

中资企业试图跟随“一带一路”撬动的贸易增长，探索与在该领域尚处于萌芽阶段的沿线国家和地区的合作机会。蚂蚁金服战略投资泰国支付企业 Ascend Money，其旗下的支付宝则在东南亚的新加坡、泰国推出“Alipay”计划，在中亚的哈萨克斯坦协助当地电信公司推进支付业务。支付类软件的合作也使“网约车”“共享经济”走出国门。如滴滴投资了东南亚打车应用 Grabtaxi，又参与了对印度打车软件巨头 Ola 的融资，以支持 Ola 在印度市场的扩张。ofo 与摩拜单车均将海外拓展的第一站放在新加坡，已经获得当地陆路交通管理局的支持，为民众带来更多健康便捷的出行选择。

面向消费者的跨境电商中，电商巨头（如淘宝、京东等）的海外布局带动了“共享经济”的初期合作。俄罗斯、哈萨克斯坦、新加坡、阿联酋以及东南亚等国家和地区都与阿里巴巴建立了合作关系。如按流量计算的阿里速卖通已成为俄罗斯第三大互联网公司；阿里巴巴旗下物流公司菜鸟网络与哈萨克斯坦邮政合作，推动俄罗斯、东欧、中亚地区跨境电商物流的发展；2016 年 4 月，阿里巴巴以 10 亿美元获得东南亚最大电商 Lazada 的控股权，有利于阿里巴巴平台上的商家顺利打开东南亚市场。2017 年，杭州市政府、马来西亚、阿里巴巴签订备忘录，马来西亚和杭州将在海关通关、检验及跨境电商等方面开展合作，与阿里巴巴开展数字经济贸易区。11 月 3 日，阿里巴巴在吉隆坡建成并启用了首个海外 eWTP 试验区，马来西亚数字自由贸易区，将清关时间从 1 天缩减到 3 小时。东盟境内的快递包裹将通过吉隆坡国际机场与马来西亚巴生港口实现空海运联结运送，在 72 小时内送达目的地。最迟至 2050 年，马来西亚航空货运量将从现在的 72.6 万吨提升至 250 万 ~300 万吨。京东集团与黑龙江省对外经贸集团签订了战略合作框架协议，通过黑龙江省绥芬河综合保税服务区和俄罗斯“中国名优商品展销中心”等平台，打通中俄跨境贸易路径，探索适合中俄跨境贸易的电商模式，共同布局远东地区的跨境电商业务。

面向企业的跨境电商发展方面，中国在广西建立了中国—东盟电子商务园区，入驻了腾讯、阿里巴巴、京东等相关企业，建立了与东盟内 7 个国家的合作关系。2016 年 12 月，中国—东盟跨境电商平台启动仪式在北京举行，中国—东盟跨境电商平台由中国贸促会、印度尼西亚工商会馆中国委员会、老挝国家工商会、马来西亚全国工商会、缅甸工商联合会、新加坡工商联合总会、泰国工业联合会、越南工商会共同主办。前期，平台贸易以东南亚向中国出口为主，供应商主要来自新加坡等7国的企业，中国进口产品为食品、日用品等1000多种单品。2015年中国和东盟的进出口贸易额超过4700亿美元，其中中国向东盟以跨境电子商务方式实现出口800多亿美元，东盟多年来保持中国第三大贸易伙伴的地位，中国则已是第七年作为东盟最大的伙伴国。随着互联网的发展，跨境电子商务日益成为中国与东盟贸易发展的重要推动力，跨境电商平台也将成为中国与东盟投资贸易活动推进的重要平台。围绕中国—东盟跨境电商平台项目，苏宁集团将通过平台、商品、数据、物流、售后等一系列资源的共享，将该项目打造成为中国与东盟市场创新发展的强劲动力。此外，中国—东盟跨境电商平台计划在2017年引入200家商会，超10000个SKU，超1000万单销售订单。

中土跨境电商平台项目于2016年4月正式入驻重庆，这意味着在2015年11月G20领导人峰会期间两国签署的开展电子商务合作谅解备忘录有了实质性进展。该平台为土耳其语平台，将为两国中小企业提供产品线上展示等服务。大龙网在越南、波兰的跨境电商网贸馆、产业园相继启动，不仅可通过互联网为跨境电商的基础交付及通关综合服务提供解决方案，而且能将其在沿线地区的线下实体园区，作为出口商品进入海外市场的跳板，为“出海”的中国企业提供当地风土人情与消费习惯展示平台，并提供售后、法务等本土化服务。从2014年开始，该公司先后在俄、捷布局了本地化的服务机构，后又在5月通过与科麦思合作完成了西欧的本土化服务机构网络搭建。2016年，大龙网在波兰华沙正式启动了其欧洲最大的跨境电商产业园——波兰跨境电商产业园，覆盖整个欧洲的本土化服务网络正式搭建完成，中欧班列统一品牌正式启用。波兰成为多条中欧班车路线终点或枢纽，欧洲“十字路口”的禀赋使波兰具备独特的区位优势，中波双方良好的双边关系与日益频繁的经贸交流成为大龙网选择波兰的主要考虑因素。目前中国已经超过美国成为全球头号电子商务强国，信息技术对国民生产总值的拉动率超过 50%。目前中国和波兰的经济贸易存在 10 倍的贸易逆差，中欧班列以及跨境电商的网上丝绸之路将有力扭转这种局面。

3. 新技术、新产品、新业态探索萌芽

尽管沿线国家电子信息产业总体水平在全球范围内不属于领先梯队，但其产业发展潜力不可小觑。中国企业不仅仅为“一带一路”沿线各国带来了高品质的信息通信服务和产品，更带来了资金和技术，与沿线各国的合作研发和技术创新，将极大地促进沿线国家经济社会的数字化变革。

首先是大数据、云计算等方面的合作。阿里巴巴将云计算业务的国际总部设在新加坡，同时在新加坡设立了数据中心，成为阿里云的全球第七个数据中心和美国硅谷外的海外第二个数据中心。2016 年，阿里云又在迪拜设立数据中心，成为第一家在中东地区建立数据中心的国际云服务商，为中东地区提供高性能、低成本的云计算服务，帮助高质量的信息通信产品和服务在中东、北非地区实现广泛应用，助力当地数字化转型。2017 年 5 月，马来西亚总理纳吉布造访阿里巴巴杭州总部，亲手递交了马来西亚多媒体超级走廊项目 MSC 证书，希望引入阿里巴巴的人工智能和云计算技术。7 月 20 日，在吉隆坡，阿里云和马来西亚数字经济有限公司（MDEC）宣布合作建立服务当地创业者的数字孵化中心（Digital Hub）。10 月 30 日，阿里云马来西亚大区正式向全球消费者开放服务。华为与波兰华沙大学共同创建数据科学创新中心，将在数据存储、云计算、大数据分析、超级计算等领域开展研究合作，用最新科研成果务实推进中国与中东欧新型 IT 技术产业发展。

而在近两年被越来越多国家重视的智慧城市建设方面，中国已与新加坡就建设智慧城市等领域建立了密切的合作关系。2016 年 1 月，中国与新加坡政府的第三个重大合作项目——中新（重庆）战略性互联互通示范项目正式启动，已遴选出两江新区、渝中区、南岸区、璧山区、荣昌区 5 个试点进行智慧城市建设。中兴通信在罗马尼亚西部重镇蒂米什瓦拉市打造首个智能停车场，华为则为捷克提供了智能路灯解决方案，每年为城市降低了大部分的能耗和维护成本。中国三冶集团还将与沙特阿拉伯合作建设达雅 · 阿斯法拉新城，中沙双方将充分利用此次新城开发合作项目，推动双边经济技术合作，以打造智慧城市为建设目标，拓展各领域的务实合作。

值得一提的是，一些中资企业也开始探索与沿线国家开展新领域的服务合作项目，并初见成效。如以色列是全球科技创新的中心之一，在未来科技研发方面有巨大潜力，阿里巴巴和深圳光启在以色列设立创新基金，提供雄厚的投资资金，重点关注当地机器自觉、终极互联、网络安全等创业公司的发展。

作为一家全球化创新集团，深圳光启的全球创新共同体成员包括“旅行者”号、“云端”号、马丁飞行包、悬浮站、太阳方舟、超级 Wi-Fi、超级数据链、智能光子等，遍布亚洲、欧洲、北美洲、大洋洲及非洲。深圳光启在以色列成立了孵化器与创新创业基金，总投资额超过3亿美元，将投资以以色列当地项目为主的全球科技创新项目，特别是在识别、通信、机器智能和增强现实（AR）等领域的公司。

（三）四大进入模式各有千秋，证券契约成新热点

我国电子信息产业进入“一带一路”沿线国家的主要方式有4种，即贸易进入、契约进入、证券投资和对外直接投资。相较贸易与对外直接投资这两种常见的传统方式，契约进入的风险较低，主要包括合同制造模式、管理合同模式、工程承包模式、许可证模式和特许经营模式5种；证券投资主要是大型企业或集团进行的操作，面向资本市场发达的国家或地区。

1. 贸易出口：“一带一路”沿线国家占比偏低

当前，贸易仍旧是我国电子信息产业进入“一带一路”沿线国家的重要方式之一。首先，通过贸易出口，我国的中小型企业可以积累国际经营经验，有利于改变“大而不强”的电子信息产业现状；其次，通过贸易出口的方式进入一个国家市场的政治风险一般较小，在进入“一带一路”沿线部分有较大电子产品市场而政治环境却相对不稳定的国家时，贸易出口的方式能有效规避风险；再次，通过贸易出口进入沿线国家市场后，遇到政治风险时也能以较低成本迅速退出。

当前，在我国电子产品出口最多的对象中，排名前五的国家和地区是：

中国香港、美国、日本、韩国、德国，累计出口占比总和超60%（见图17）。相对地，出口到“一带一路”沿线国家和地区的产品数量比重不足40%。

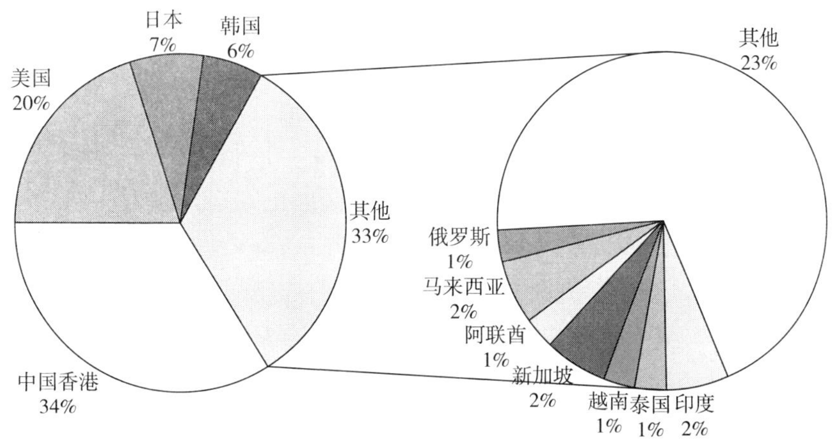

图17　2015年我国电了信息产业出口完成额结构

资料来源：《2015年中国电子信息产业统计年鉴》。

仅就产业环境、政治环境相对较好的“一带一路”沿线国家，我国电子产品出口数量排名前五的国家和地区是：新加坡、印度、马来西亚、越南、泰国（见图18）。

2. 契约进入：大企业开展国际化必经之路

我国电子信息百强企业进入“一带一路”沿线国家市场的经验证明，契约进入是企业国际化的一条重要道路。如TCL、中兴、海尔、华为等电子信息产业巨头，即使最终有不同的国际化策略，但在国际化的前期，都不约而同地选择以契约进入的方式打开国际市场。TCL在新加坡建立研发中心，在越南、印度、印度尼西亚、俄罗斯、菲律宾、泰国建立生产基地，但在其他发达国家则通过发放许可证、开展特许经营等方式进入当地市场。中兴也通过与跨国公司建立契约合作合同，获取技术和工艺，进入俄罗斯、巴基斯坦、印度等市场。

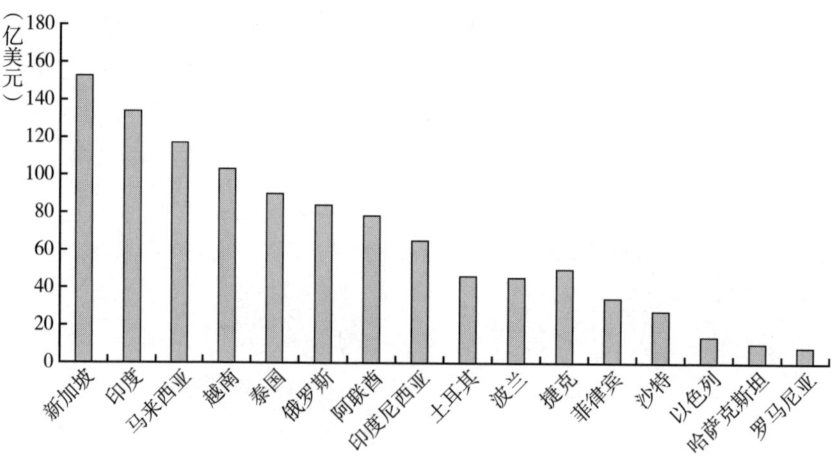

图18　2015年我国电子信息产业出口“一带一路”国家完成额

资料来源：《2015年中国电子信息产业统计年鉴》。

3. 证券投资：占比较低且目标国家相对集中

国家外汇管理局发布的数据显示，我国以证券投资方式进入“一带一路”沿线国家市场的企业数量占比较小（见表8）。在“一带一路”沿线国家中，印度、印度尼西亚、俄罗斯的证券投资总体资产规模虽然较大，但主要集中在运输、建筑、商贸领域，其他国家如捷克、波兰等证券投资总体数额较小，且主要集中在轻工业领域。除新加坡和以色列外，“一带一路”沿线大多数国家缺乏完善的资本市场、明晰的产权结构、健全的股权相关法律法规，政府缺乏财政实力和公信力，其中部分国家甚至缺乏可供证券投资的企业法人对象，因此我国企业难以通过证券投资方式进入“一带一路”沿线国家。

表8　中国对“一带一路”部分国家证券投资资产（截至2016年1月）

国家	印度尼西亚	印度	蒙古国	马来西亚	菲律宾	波兰	俄罗斯	新加坡	土耳其
股权投资	11	7	8	4	4	3	9	11	4
债权投资	11	2	0	2	1	2	1	14	5
合计比重（%）	0.74	0.32	0.28	0.21	0.18	0.19	0.34	0.89	0.31

数据来源：国家外汇管理局网站。

新加坡和以色列是“一带一路”沿线证券投资的主要目的地。2014 年，我国科技企业主要通过证券投资方式对以色列展开大规模投资，以获取技术和资本收益，近年以证券投资方式进入以色列的部分企业如表 9 所示。

表 9 近年以证券投资方式进入以色列的部分企业

境内投资企业	境外投资企业	投资性质
小米	Pebbles Interfaces	获取手势识别技术
百度	Carmel Ventures	风投基金
	Pixellot	获取视频捕捉技术
奇虎 360	Carmel Ventures	风投基金
	Jerusalem Venture Partners	风投基金
	Cortica	获取图像识别技术
	Extreme Reality	手势控制技术
	Clide Talk Ltd	即时通信应用商
联想集团	Canaan Partners Israel	风投基金

数据来源：国家工业信息安全发展研究中心整理。

除以色列外，我国电子信息产业企业以证券投资方式进入新加坡市场也较为常见。据统计，中国已在新加坡上市 50 多家企业，其中电子信息类企业有华夏科技、建光电子、润讯通信、双威通信等。上市企业中，TCL（新加坡）有限公司、联想新加坡有限公司、中兴通信新加坡分公司等具有高市场换手率的企业，直接带动了我国电子信息类企业对新加坡的证券投资。

4. 对外直接投资：呈现多新建、少并购态势

由于电子信息设备制造领域相比电子基础领域和信息服务领域的投资风险较低，我国电子信息产业的并购以电子信息设备制造领域为主，信息服务领域的典型收购以“BAT”收购一些创新型企业为主，具体情况如表 10 所示。此外，我国电子信息领域的中小企业则多采用境外加工、海外销售、海外研发等新建投资方式进入“一带一路”沿线国家。据商务部

发布的我国境外投资企业名录统计，我国的电子信息终端制造企业几乎在沿线所有国家建立了渠道或办事处。

表 10　近年我国电子信息产业部分典型并购数量

产业	二级细分产业	涉外企业	典型股权并购数量	涉外股权并购数量
基础类电子信息产业	集成电路、光伏、新型显示、触摸屏等	长电科技、汉能、顺风光电、欧菲光、天水华天等	45	13
应用类电子信息产业	智能家具、计算机、通信设备、智能电视、医疗电子等	阿里巴巴、华为、万向、联想、百度、小米等	113	8
信息服务业	软件开发、信息技术服务、信息安全等	百度、阿里、腾讯等	31	6

数据来源：国家工业信息安全发展研究中心整理。

从一些投资案例可以看出，在我国企业投资“一带一路”沿线国家电子信息产业中，基础类电子信息产业的独资项目与合资项目数量接近；应用类电子信息产业的合资项目数量大于独资项目；信息服务业独资项目数量远大于合资项目（见表 11）。

表 11　近 5 年我国电子信息产业投资“一带一路”国家独资与合资项目数量

单位：个

项　目	基础类电子信息产业	应用类电子信息产业	信息服务业
独资项目	22	13	34
合资项目	20	26	7

数据来源：国家工业信息安全发展研究中心整理。

三　中国与沿线国家电子信息产业合作存在的问题

总体来看，中国与“一带一路”沿线国家（地区）开展电子信息产业合作仍处于起步阶段，具有存在问题较多、规模较小、合作有待深化等特征，需在将来的合作实践中加以解决。我国电子信息企业由“大”转“强”尚需时日，目前企业国际竞争力较弱。

（一）合作机制尚不健全，支持服务体系建设滞后

长期以来，我国对企业进行海外投资采取较为谨慎的限制措施，行政审批体制过于复杂，在投资审批、外汇管理方面存在诸多限制。虽然，国家对境外直接投资管理体制进行改革后，除少数敏感投资国别、投资项目须经审批外，其他境外投资均取消项目核准，施行备案管理制度，清理或取消了束缚对外投资的各种不合理限制。但是，除了事前审批，事中事后的监管体制机制尚未及时构建。当前，促进电子信息产业对外合作的政策措施较为分散，尚未形成体系性推进，支持力度不足，现有政策执行效果不尽如人意。此外，针对电子信息产业合作的信息服务网络、统计监测系统等支持服务体系建设滞后，不利于主管部门进行总体部署和调整，难以及时发布风险预警，帮助“走出去”企业规避风险。

（二）外部环境和技术标准差异大，中国企业应对不足

电子信息企业在向“一带一路”沿线国家（地区）“走出去”的过程中势必要面对与中国国内迥异的环境，由于企业，特别是中小型电子信息企业对国外的体制、法律环境等不熟悉，以及缺乏国际项目经验等，合作往往失败，无法落地。因此，政府应当在“一带一路”建设过程中充当企业“引路人”的角色。目前 G2G 的合作模式把重点放在了东道国政府上，但是对市场及民众的优惠体现不充分，容易受到阻碍和抵制。更重要的是，近年来，面对我国电子信息产品出口地位不断上升，发达国家往往利用节能、环保等绿色壁垒和兼容、安全等技术壁垒，限制我国电子信息产品和服务的进入，严重阻碍了我国电子信息企业的出口贸易。

此外，电子信息产业合作的技术标准尚未对接，导致企业进入相关国家

遭遇重重壁垒。如在工业信息安全产品方面，“一带一路”沿线国家多采用的是欧美的技术标准，中国企业难以进入市场。

（三）对外合力未形成，部分领域同质竞争严重

当前，我国电子信息企业“走出去”尚未形成有效的对外投资网络和相互需求网络，没有形成合力。如中小型电子信息企业“走出去”迫切需要金融业的大力支持，但是我国金融业的国际化速度和覆盖范围远远滞后，而且现在国内金融机构对中小企业的放款意愿也较低。不仅如此，虽然有许多企业成功“走出去”，但在“走出去”过程中，我国电子信息产业链缺乏整体协调，企业同行恶性竞争严重，亟须寻找新方法、新模式。

（四）企业核心能力待增强，尤其缺乏国际化人才

我国电子信息企业对各国市场特征和规则的了解尚须深入，在品牌形象维护、知识产权保护、外方违约责任追究、反倾销诉讼等方面的自我保护能力不足，“走出去”举步维艰。国内电子信息企业没有打破技术依赖的现状，缺乏出口产品的技术能力和具有知识产权的相关集成电路与元件，售后服务也成为重要制约因素之一。

跨国合作涉及各国法律、汇率、财会制度等，需要企业拥有熟悉国际市场商务规则、法律法规、投融资管理、项目管理等的人才队伍。我国企业在对外合作中遇到的问题，很大程度上与具有国际化视野的人才队伍匮乏，特别是中高级经营管理人才和技术人才匮乏有关。

（五）部分国家主权信用低，各类风险将长期存在

“一带一路”沿线国家多数属于发展中国家，相当一部分国家工业化程度低于中国，主权信用状况不佳。近年来一些国家更是存在主权级别继续下调的风险，合作的各类风险将长期存在。如政治风险，包括地区局势紧张、恐怖极端主义及跨境犯罪等，以及民主政治转型、民族冲突等多重矛盾在部分国家较为集中；经济风险，主要是贸易保护主义、显性和隐性壁垒、海外

审查等；社会风险，则是民族、文化、语言、风俗习惯差异巨大，对我国企业海外项目运营构成潜在挑战。

四 推进中国同沿线国家电子信息产业合作的建议

第一，加大对电子信息产业“走出去”的政策扶持力度，鼓励不同企业以多种形式进入。总体而言，鼓励大型企业以对外直接投资的形式、中小企业以贸易或契约的方式进入沿线国家。具体而言，对于基础类电子信息企业，鼓励有实力的科技企业以签订合作协议、谅解备忘录等形式独资进入；对于应用类电子信息企业，政府通过争取更多海外优惠政策等鼓励大型企业合资进入；对于信息服务类企业，由于这类企业以中小企业为主，可为其提供及时准确的关于海外非商务性风险的预警信息，同时精简企业“走出去”的程序，例如项目审批、员工护照办理等。

第二，兴建境外电子信息产业园，推动国内中小企业“走出去”。在一些条件具备不完全（如发展相对落后、产业基础较弱）的沿线国家（地区），为了降低风险，可先通过建设发展电子信息的产业园区，再集体入驻中小电子信息企业。例如中国—白俄罗斯工业园，目前已享受当地政府税收和土地使用方面的优惠政策，已入驻中兴、华为等我国知名电子信息企业，可期望成为我国相关行业企业进入和开拓欧洲市场的“中转站”。

第三，充分发挥中介机构的支持和引导作用。当前，我国电子信息企业在“走出去”的过程中往往缺乏国际化的服务体系支持。政府部门应牵头并联合驻外商会和驻外经贸机构，组织建立专业化的涉外中介机构，为我国电子信息企业“走出去”提供战略规划、信息咨询、知识产权、法律和认证等多种服务，并支持这些中介机构在更多重点区域设立办事处。这一过程中，行业协会应积极了解主要竞争对手情况、国外市场需求、东道国产业发展政策等相关海外信息，为我国电子信息企业“走出去”提供信息支持。同时，各中介组织自身应加强行业自律，维护我国电子信息企业“走出去”的市场竞争秩序。

第四，进一步发挥骨干龙头企业的引领带动作用。大企业作为“走出去”的主体力量，应深入参与到和“一带一路”沿线国家电子信息产业的合作中，带动我国电子信息产业链整体“走出去”，增强我国电子信息产业在国际的话语权。当前，我国电子信息产业已经形成从单一设备制造商“走出去”转变为设备商与运营商等“抱团”出海的态势，以华为、中兴、烽火通信、亨通光电等为代表的电子信息企业在沿线国家开展深度合作并取得较大收益。未来，应加大政策支持力度，建立沟通机制，发挥这些骨干企业的积极性，鼓励带动一批企业和机构，深化在国际并购、标准制定与技术研发等领域的合作。

参考文献

张显龙：《自主·可控信息产业创新之中国力量》。

李颖：《中国 IT 产业发展报告（2016 ~ 2017）》。

《2017 中国电子信息产业年鉴》，电子工业出版社，2016。

THE ASEAN ICT Masterplan 2020。

郑蕾、刘志高：《中国对“一带一路”沿线直接投资空间格局》，《地理科学进展》2015 年第 5 期。

B.10

“一带一路”工业信息安全发展研究

张 宇*

摘 要： 近年来，全球工业信息安全总体风险不断增大，工业控制系统相关漏洞数量居高不下，工业信息安全事件影响范围持续扩大。随着互联网、物联网、云计算、人工智能等信息技术对工业生产活动的不断渗透，针对工业设施与产品的安全事件将愈发频繁，网络攻击已经从影响虚拟资产向破坏物理世界转变，工业信息安全问题已成为全球关注焦点，各国掀起强化工业信息安全的新高潮。本报告将视野拓展至“一带一路”，聚焦于工业信息安全的发展，对“一带一路”沿线国家（地区）的发展特点进行梳理总结与分析研判，总结我国工业信息安全取得的进展，分析我国开展“一带一路”工业信息安全合作的方向及阻碍因素，并提出切实可行的对策建议。

关键词： “一带一路” 工业信息安全 产业合作

一 沿线国家工业信息安全发展特点

近年来，“一带一路”沿线各国对包括工业信息安全在内的网络安全的重视程度日益提升，采取了一系列的措施，如加大了对工业信息安全等信息

---

* 张宇，国家工业信息安全发展研究中心高级工程师，硕士，主要研究领域为“一带一路”、产能合作、工业信息安全等。

安全领域的重视，组建和调整了治理机构，发布了相关战略、政策等。但是由于技术基础相对薄弱、工业发展相对落后，沿线各国（地区）在标准体系、市场规模、技术创新等方面尚处于跟随欧美发达国家的阶段。

（一）健全体制机制是根本，专业治理应对威胁

“一带一路”沿线国家（地区）近年设立了许多有关工业信息安全的网络空间治理机构，包括监管机构、执行机构、协调机构、犯罪打击机构等，以应对日益严峻的威胁。总体来看，各国主要治理机构有两类：一类是打击网络犯罪的机构，负责监控各种网站，持续跟踪、分析网上可疑情况，对危害工业信息安全、关键基础设施安全和国家安全的违法行为加以严惩；另一类是行政主管机构，负责制定网络空间发展政策，进行行政管理，监督传播内容。

1. 东南亚地区

新加坡主管工业信息安全的机构主要有全国通信安全委员会（National Infocomm Security Committee）、通信科技安全局、网络安全局（CSA）及国家网络安全中心。其中，新加坡全国通信安全委员会负责制定网络策略和安全策略。通信科技安全局在民政事务部下辖的国内安全局的领导下开展工作，主要负责网络空间安全领域。网络安全局于 2015 年 4 月 1 日成立，除监督该国网络安全政策外，还负责监管国内日益发展的网络安全产业。而国家网络安全中心则在通信科技安全机构的管辖下运作，拥有关键基础设施和紧急服务部门的监测系统，并对网络威胁予以打击。

越南主管工业信息安全的机构主要有国家网络安全技术中心、公安部的后勤和技术综合部（General Department of Logistics and Technology）、国家计算机应急响应小组。其中，国家网络安全技术中心负责开发监测、预警和事件响应系统。依据 2016 年 7 月新颁布的《网络信息安全法》，越南公安部的后勤和技术综合部和国家计算机应急响应小组共同负责信息安全工作，如网络事故响应行动的协调、维护计算机网络安全等。

马来西亚主管工业信息安全的机构主要有国家网络危机委员会、马来西

亚网络安全局（Cyber Security Malaysia）和计算机应急响应小组。其中，国家网络危机委员会在国家安全委员会指导下运作，为网络安全提供政策指南。隶属于科学、技术和创新部的网络安全局负责协调国家网络安全政策的实施，参与网络应急响应、数字取证和执法，以打击网络犯罪。马来西亚计算机应急响应小组则负责处理互联网用户面临的计算机安全问题，其目标是致力于降低攻击的成功概率，并降低网络攻击的破坏风险。

印度尼西亚主管工业信息安全的机构主要有互联网基础设施/协调中心与国防部。其中，互联网基础设施/协调中心的安全事故响应团队具有广泛的网络安全职能，包括对重大网络威胁提供咨询意见，提高国家网络防御能力（尤其是针对关键基础设施），并支持网络犯罪方面的执法。印度尼西亚国防部下设的网络防御部队则主要保护与国防和军事基础设施有关的网络。

2. 西亚地区

以色列主管工业信息安全的机构主要有国家控制特别工作组（thc National Cybernetic Taskforce）、国家网络局与国家信息安全局。其中，国家网络局的任务是确保机构间协调，加强重要基础设施和产业界的网络安全管理，界定国家网络防御概念并制定相应的法规，并加强国际合作。民用网络安全由以色列安全局内的国家信息安全局处理，其职责是保护关键基础设施，制定信息安全策略和发布威胁信息。它对关键基础设施的几大运营商拥有管理权，包括电力供应商、银行和政府机构等，并有权对违反其指令的组织实施制裁。

希腊主管工业信息安全的机构主要有计算机应急响应小组（CERT）。作为国家反电子攻击主管部门与国家情报部门，其主要任务是借助被动和主动措施保护公共部门和国家关键基础设施。此外，还有其他三个政府资助的计算机应急响应小组，分别是 AUTH-CERT、GRNET-CERT 和 FORTH CERT，他们共同的责任是警示、警告和报告，事故处理，响应和协调。

3. 南亚地区

印度主管工业信息安全的机构主要有四个：国家技术研究组织、国家关键信息和基础设施保护中心、计算机应急响应小组以及国防部。国家技术研

究组织及国家关键信息和基础设施保护中心负责保护关键基础设施，如警察系统、核设施和空间地面站。国防部负责保护陆军、空军、海军防务系统的网络安全。国家网络安全协调员确保在四个网络安全机构之间不存在重叠的职能或司法管辖区。此外，印度还成立了网络安全联合工作组，建立了一个测试实验室以评估和研究关键信息基础设施的脆弱性，并建立了卓越的多学科研究中心。

斯里兰卡主管工业信息安全的机构主要是国家计算机应急响应小组。这一机构隶属于信息和通信技术局，并且已经加入了亚太地区的计算机应急响应小组。

4. 中东欧地区

波兰主管工业信息安全的机构主要是行政—数字化部（the Ministry of Administration and Digitization）和国内安全部，国防部也承担了一部分重要的网络责任。其中，隶属于国内安全部的计算机应急响应小组负责保护公共和私有网络，包括关键基础设施等。此外，波兰还建立了一个网络空间保护跨部门协调小组，成员包括网络空间保护政府代表以及其他公共部门和私营实体的代表。

斯洛伐克主管工业信息安全的机构主要是财政部（其立法、标准和信息系统安全部门负责保护关键基础设施）、内政部、国防部、个人信息保护办公室、斯洛伐克国家鉴定委员会和国家安全局。国家安全局具体负责网络防御，并建立了协调网络防御活动的部门间工作组。

爱沙尼亚主管工业信息安全的机构主要是网络安全战略委员会、经济事务部、网络安全委员会、国防部、防务联盟等。其中，网络安全战略委员会由国防部主持，与外交部、内务部、教育和研究部、司法部和经济部进行协调。经济事务部负责确保国家信息系统的安全性。政府安全委员会下设的网络安全委员会，负责具体安全战略的实施。国防部负责协调爱沙尼亚的网络防御事务。防务联盟作为一个自愿性的国防机构，负责保护爱沙尼亚民事互联网、培养 IT 专家和与公众共享有关网络安全的信息。此外，爱沙尼亚还设立关键基础设施保护部门，负责在战略层面保护公共网络和专用网络，并进行风险评估，收集关键基础设施的信息，并提出防御措施以应对网络威胁。

克罗地亚主管工业信息安全的机构主要是国家计算机应急响应小组、信号部队、安全和情报局。其中，国家计算机应急响应小组负责处理国家公共互联网上的安全紧急事件。信号部队负责维护保障一个固定的网络信息和加密信号系统。克罗地亚安全和情报局负责保障政府部门和关键基础设施的网络安全。

阿尔巴尼亚主管工业信息安全的机构主要是国家计算机应急响应小组、跨机构海事作战中心（Inter-Institutional Maritime Operational Center）。其中，国家计算机应急响应小组的主要任务是应对信息安全威胁。跨机构海事作战中心隶属于国防部，负责处理国内紧急情况和发展网络防御能力。

匈牙利主管工业信息安全的机构主要是国家网络安全中心与国防部。前者是总理办公室的一部分，由政府信息安全主管领导，其主要职责是保护中央政府系统以及关键基础设施免受网络攻击。该中心侧重于网络攻击的预防和早期发现，并开发技术能力对抗这种攻击。它与公众合作提高网络安全意识，与私营部门合作加强信息技术方面的信息交流，并与政府合作制定长期的网络战略。同时，该中心在国际层面代表匈牙利参与网络安全演习和信息共享倡议。此外，匈牙利国防部负责维护信息安全，发展军事网络安全能力。

5. 独联体国家

俄罗斯主管工业信息安全的机构主要是安全委员会、科技委员会、通信与信息部、联邦政府通信与信息局。其中，俄罗斯安全委员会对国家信息安全保密工作全盘负责；有关信息安全标准的制定、评估和检验工作则归属于科技委员会；与信息安全产业发展息息相关的规划与计划则由通信与信息部负责制定；联邦政府通信与信息局则负责密码和通信安全；而对重大信息安全问题的政策和措施则由联邦总统直接发布命令颁布执行。此外，俄罗斯国家信息安全任务则由诸多部门通力合作完成，如联邦安全局、对外情报局、国防部、内务部及其他单位等。

乌克兰主管工业信息安全的机构主要是专用通信和信息保护国家服务中

心、安全局。其中，专用通信和信息保护国家服务中心负责制定政策，加强信息资源保护，确保政府部门和重要基础设施领域的信息安全。安全局负责保护“乌克兰的技术和国防潜力”。此外，乌克兰正在建立一个专门保护信息安全领域的国家利益的反情报部门，以应对那些大量的未得到授权而获取国家资源的行为。

（二）工业信息安全成焦点，政策法规保障运行

随着信息技术的迅猛发展，国家安全边界已然超越地理空间的局限，延伸到了信息网络。2015 年末发生在乌克兰的电网断电事件与 2016 年初乌克兰机场受攻击等事件都切实地表明，一直以来被认为相对安全的工业控制系统已经成为黑客攻击的重点目标。

近年，“一带一路”沿线国家发布了很多有关工业信息安全的战略级文件（见表 1）。如俄罗斯发布新版《俄罗斯联邦信息安全条例》（*The New Edition of Russia's Information Security Doctrine*）；捷克发布《捷克共和国国家网络安全战略 2015 – 2020》（*National Cyber Security Strategy of the Czech Republic for Years 2015 – 2020*）；乌克兰发布《乌克兰网络安全战略》（*Cyber Security Strategy of Ukraine*）；克罗地亚发布该国的《克罗地亚网络安全战略》（*Croatia Cyber Security Strategy*）；越南颁布国家层面的《越南网络信息安全法》（*Law on Information Network Security*）；新加坡将网络安全上升至国家战略层面，发布《新加坡国家网络安全战略》（*Singapore's National Cyber Security Strategy*）等。

鉴于工业信息安全的重要性，近两年“一带一路”沿线国家纷纷出台相关的政策法规，以保障国内的关键基础设施稳定运行。

表 1 “一带一路”沿线国家网络安全相关战略文件清单（截至 2017 年 12 月）

地区	国家	战略名称	时间
东亚	蒙古国	《蒙古国信息安全计划》	2010
	新加坡	《新加坡国家网络安全总蓝图 2018》	2013
		《新加坡国家网络安全战略》	2016
	越南	《越南网络信息安全法》	2016

续表

地区	国家	战略名称	时间
西亚	以色列	《以色列推进国家网络空间能力》(政府3611号决议)	2011
	约旦	《约旦国家信息保障与网络安全战略》	2012
	塞浦路斯	《塞浦路斯网络安全战略》	2012
	格鲁吉亚	《格鲁吉亚网络安全战略2012~2015》	2012
	土耳其	《土耳其国家网络安全战略及2013~2014行动计划》	2013
	沙特阿拉伯	《沙特阿拉伯发展中国家信息安全战略》	2013
	卡塔尔	《卡塔尔国家网络安全战略》	2013
	阿联酋	《阿联酋国家网络安全战略》	2014
	阿塞拜疆	《阿塞拜疆共和国国家信息安全社会建设战略2014~2020》	2014
南亚	印度	《印度国家网络安全政策》	2013
	巴基斯坦	《巴基斯坦国家网络安全理事会法案》	2014
		《防止电子犯罪法案(2016)》修正案	2018
	孟加拉国	《孟加拉国家网络安全战略》	2014
	阿富汗	《阿富汗国家网络安全战略》	2014
中东欧	斯洛伐克	《斯洛伐克共和国国家信息安全战略》	2008
	波兰	《波兰共和国网络空间保护政策》	2013
	捷克	《捷克共和国网络安全战略2011~2015》	2011
	立陶宛	《立陶宛电子信息安全(网络安全)发展计划2011~2019》	2011
	罗马尼亚	《罗马尼亚网络安全战略》	2011
		《罗马尼亚网络安全战略和国家网络安全执行行动计划》	2013
	黑山	《黑山共和国网络安全战略2013~2017》	2013
	匈牙利	《匈牙利国家网络安全战略2013~2017》	2013
	拉脱维亚	《拉脱维亚网络安全战略2014~2018》	2014
	爱沙尼亚	《爱沙尼亚网络安全战略》	2014
	克罗地亚	《克罗地亚网络安全战略》	2015
独联体	俄罗斯	《俄罗斯联邦信息安全学说》	2000
		《关于俄罗斯联邦武装部队在信息空间活动的概念视图》	2011
		《俄罗斯联邦在国际信息安全领域国家政策基本原则》	2013
		新版《俄罗斯联邦信息安全条例》	2016
	乌克兰	《乌克兰国家安全战略草案》	2015
		新版《乌克兰网络安全战略》	2016
		《确保乌克兰网络安全的基本原则》	2017

数据来源：国家工业信息安全发展研究中心整理。

1. 以色列——“前进 2.0”网络安全产业计划

2016 年，以色列正式实施升级版的“前进 2.0”网络安全产业计划，通过投资 1 亿新谢克尔全力打造网络安全产业强国。这一升级版的“前进计划”涵盖三个资助重点。①突破性和颠覆性技术研发：主要针对从事突破性和颠覆性技术研发的企业。自计划实施起，以色列首席科学家办公室每年选拔 2 ~4 个申请企业给予长达 4 年的大额资助，以助其顺利推进技术研发。②优秀网络安全企业产品创新和概念验证：主要解决产品和技术市场化道路末端的障碍，如法规适应、用户体验、本土制造集成、产品推广应用等，从而打造出真正市场化的产品与技术。这一资助主要面向亟须产品创新和概念市场验证的企业，首席科学家办公室将通过为期 1 年的资助助其实现目标。③促进产业合作：主要是鼓励多家拥有技术优势的企业联合，共同研究针对网络安全特定问题的解决方案，以及打造产业集群共同实现商业目标。

2. 俄罗斯——新版《俄罗斯联邦信息安全条例》

2016 年 12 月，俄罗斯总统普京签署了新版《俄罗斯联邦信息安全条例》。该条例是对 2000 年颁布的信息安全条例的更新，旨在加强该国防御来自国外网络攻击的能力。彼时美国指责俄罗斯使用网络攻击干预美国总统大选，引发对国家支持的网络攻击关注度的持续上升。

新版《俄罗斯联邦信息安全条例》中详细阐述了俄罗斯政府对外国黑客攻击等一系列网络威胁的担忧。虽然该计划较少涉及具体步骤，但是其中明确了新政策的总体目标，如加大对外宣传力度及加强对俄工业互联网管控。条例认为，外国信息通信技术领域的潜力正在增大，这包括打击俄联邦关键信息基础设施的能力。

此前，在 2013 年 6 月，俄罗斯政府决议通过了《工控系统安全文件要求》，并于 2014 年 1 月 1 日正式生效。

3. 乌克兰——新版《乌克兰网络安全战略》

2016 年 4 月，乌克兰总统波罗申科批准通过新版《乌克兰网络安全战略》。鉴于近年来针对乌克兰关键基础设施的网络攻击事件数显著上升，该国认为发布新的网络安全战略十分必要。新版战略在符合欧盟和北约标准的前提下，旨在减少针对乌克兰能源设备的网络攻击，为国家网络安全设计新标准，同时加快网络安全领域技术与产品的研发活动。该战略还扩大了乌克兰在网络安全领域的国际合作。

4. 新加坡——《新加坡国家网络安全战略》

2016 年 10 月 10 日，新加坡总理李显龙正式宣布了该国的网络安全战略报告。一直以来，新加坡视网络安全为其数字经济社会发展的关键，该战略提出了该国未来网络安全的愿景、目标和要点，主要包括以下四点。

（1）建立强健安全的基础设施网络。新加坡政府将与运营商和网络安全团体等相关部门加强合作，共同保护新加坡关键基础设施网络；政府将在所有关键单位建立统一协调的网络风险管理和应急响应流程。同时，采用基于供应链的安全建设也是报告提到的重点。

（2）创造更加安全的网络空间。战略阐述了新加坡政府部门应对网络犯罪和推动新加坡成为可信数据中心的相关措施。战略还指出，社会各方应加强交流并提供好的实践方法，共同为网络安全尽力。

（3）发展具有活力的网络安全生态系统。新加坡政府将与社会企业和高校合作，培养网络安全人才，并在社会层面加强网络安全就业和相关技能培训。

（4）加强国际合作。新加坡将与其他国家加强网络安全方面的合作，特别是深化与东盟国家的合作。在全球治理方面，新加坡将积极开展网络标准规范、政策制定和立法工作。

（三）国际标准影响力深远，沿用欧美标准成为常态

随着信息安全的重要性日益凸显，国际安全领域标准体系也日趋完善。经研究发现，当前在工业信息安全领域，由于欧美发达国家在标准法规方面开展的探索较早，且在安全技术上占据主导地位，已形成了标准、指南与行业规范等一系列具有较强国际影响力的文件。“一带一路”沿线国家（地区）多采用国际标准化组织及欧美权威标准化机构发布的具有

极大影响力的标准（见表2和表3），并结合国内实际开展相关标准制定与推进工作。

从标准制定机构上看，国际电工委员会（IEC）、国际自动化协会（ISA）、电气与电子工程师协会（IEEE）等国际组织，以及欧美发达国家的权威标准制定机构，对沿线国家开展工业信息安全标准制定工作的影响极为深远。

针对工业信息安全标准进行研究制定的国际标准化组织主要有国际电工委员会、国际自动化协会和电气与电子工程师协会等。其中，由国际标准化组织IEC/TC65与ISA99联合发布的IEC62443标准备受关注。

表2　国际标准化组织发布的重要工控信息安全相关标准

组织名称	文件名称	适用行业	发布年度
国际电工委员会(IEC)	电力系统控制和相关通信:数据和通信安全(IEC62210)	电力	2003
	电力系统管理及信息交换:数据和通信安全性(IEC 62351)	电力	2005
国际电工委员会(IEC)& 国际自动化协会(ISA)	工业过程测量、控制和自动化网络与系统信息安全(IEC62443)	通用	进行中,仅部分发布
电气与电子工程师协会(IEEE)	变电站IED网络安全功能标准(IEEE 1686－2007)	电力	2007
	变电站串行链路网络安全的加密协议试行标准(IEEE P1711)	电力	2011

数据来源：国家工业信息安全发展研究中心整理。

除了上述国际组织，欧美发达国家凭借其先进的信息技术及产业主导地位，大力推广其国内权威机构制定的工业信息安全标准到“一带一路”沿线国家，目前已被广泛采用。这些机构主要有美国国家标准与技术研究院（NIST）、欧洲计算机制造联合会（ECMA）、欧洲电信标准协会（ETSI）、英国国家标准机构（BSI）及德国标准化委员会（DIN）等。其中，NIST作为研究安全标准的核心机构，已经定义了涉及策略规划、风险管理、安全技术等方面的450余个常用标准和建议措施，覆盖云安全、工业互联网安全等领域。由于该机构是在美国国会授权下，代表政府参加标准化活动的机构，其制定的标准和规范，在政府和企业间得到广泛的推广和应用。该机构所发布的NIST SP800－82已成为当前最重要的工业信息安全国际标准之一。

表3　欧美权威标准化机构发布的具有国际影响力的重要工控信息安全相关标准、指南及法规

组织名称	文件名称	适用行业	发布年度
美国国家标准技术研究院(NIST)	工业控制系统安全指南(NIST SP800－82)	通用	2010
	联邦信息系统和组织建议的安全控制(NIST SP800－53)	通用	2007
	系统保护轮廓——工业控制系统(NIST IR 7176)	通用	2004
美国国家标准技术研究院(NIST)	中等健壮环境下的SCADA系统现场设备保护轮廓(NIST/PCSRF)	石油、天然气	2006
	智能电网安全指南(NIST IR7628)	电力	2010
	改善关键基础设施网络安全框架	通用	2014
美国国土安全部(DHS)	控制系统安全一览表:标准推荐	通用	2009
	加强SCADA系统及工业控制系统的安全	石油天然气	2005
美国国土安全部(DHS)&英国国家基础设施保护中心(CPNI)	工业控制系统安全评估指南	通用	2010
	工业控制系统远程访问配置管理指南	通用	2010
北美电力可靠性委员会(NERC)	北美大电力系统可靠性规范(NERCCIP002－009)	电力	2011
美国天然气协会(AGA)	SCADA通信加密保护规范(AGA ReportNo. 12)	石油、天然气	2006
美国石油协会(API)	管道SCADA安全(API1164)	石油、天然气	2009
美国能源部(DoE)	管道SCADA系统网络安全21步	石油、天然气	2002
美国核管理委员会	核设施网络安全措施(RG5.71)	核电	2010

续表

组织名称	文件名称	适用行业	发布年度
英国国家基础设施保护中心（CPNI）	过程控制和 SCADA 安全指南	石油、天然气	2010
	SCADA 和过程控制网络的防火墙部署	石油、天然气	2010
荷兰国际仪器用户协会（WIB）	过程控制域（PCD）-供应商安全需求	通用	2006
法国国际大型电力系统委员会（CIGRE）	电气设施信息安全管理	电力	—
德国国际工业流程自动化用户协会（NAMUR）	工业自动化系统的信息技术安全：制造工业中采取的约束措施	制造业	2006
瑞典民防应急局（MSB）	工业控制系统安全加强指南	通用	2010
挪威石油工业协会（OLF）	过程控制、安全和支撑 ICT 系统的信息安全基线要求（OLF GuidelineNo. 104）	通用	2009
	工程、采购及试用阶段中过程控制、安全和支撑 ICT 系统的信息安全的实施（OLF uidelineNo. 110）	通用	2009

资料来源：国家工业信息安全发展研究中心整理。

从已施行的重点标准来看，NIST SP800－82、IEC 62443 等是当前最为重要的工控安全标准，同时也是“一带一路”沿线国家（地区）采用最多、影响最广、推进力度最大的工业信息安全标准。

NIST SP800－82 是 NIST 依据 2002 年《联邦信息安全管理法》等编制的，适用于电力、水利、石化、交通、化工、制药等多个行业的工业控制系统，并成为工业信息安全领域具有指导意义的国际性标准。

该标准为保障 SCADA、DCS 等工业系统信息安全提供了指南，对工业控制系统的系统拓扑结构进行了概述，定义了系统的典型威胁和脆弱点，为消减相关风险提供了对策。同时，根据工业控制系统的潜在隐患与影响水平的不同，明确提出了保障工控系统安全的不同方法和技术手段。为了保证工业控制系统的安全运行，NIST SP800－82 对以下六个方面的内容进行详细说明：①提出 SCADA、DCS、PLC 等工业控制系统的概述及其典型的系统拓扑；②阐述工业控制系统与 IT 系统之间的区别；③标识工业控制系统的典型威胁、漏洞以及安全事件；④明确如何开发和部署 SCADA 系统的安全程序；⑤定义工业控制系统网络建设体系结构；⑥阐述如何把 NIST SP800 - 53 中“联邦信息系统与组织安全控制方法”提出的管理、运营和技术的安全控制措施，运用在工业控制系统中。

IEC 62443 是由 IEC/TC65/WG10 与国际自动化协会 ISA99 成立联合工作组并共同制定的系列标准。该标准专门针对工业自动化和功能安全，旨在使系统集成商、产品供应商和服务提供商通过使用该标准来评估产品和服务，并依据评估结果判断其产品和服务是否能够为工业控制系统提供有效的安全防护。目前，该系列标准分为通用技术、信息安全程序、系统技术和部件技术 4 个部分，共包含了 12 个文档，每个文档详细描述了工业控制系统网络安全的不同方面。值得注意的是，IEC 62443 的目标并不是提供详细规范并建立一个安全的体系架构，而是定义通用的最小安全要求集，使目标工业控制系统达到各级 SALS 的安全保障需求。

表 4　IEC62443 架构

通用技术	信息安全程序	系统技术	部件技术
1 - 1 术语、概念和模型	2 - 1 建立 IACS 信息安全程序	3 - 1 信息安全技术	4 - 1 产品开发要求
1 - 2 术语和缩略语	2 - 2 运行 IACS 信息安全程序	3 - 2 区域和通道的信息安全保障登记	4 - 2 对 IACS 产品的信息安全技术要求
1 - 3 系统信息安全符合性度量	2 - 3 IACS 环境中的补丁更新管理	3 - 3 系统信息安全要求和信息安全保障等级	系统组件安全保护要求
定义度量	2 - 4 对 IACS 制造商信息安全政策与实践的认证	系统安全保护要求	
	对工厂属主和供应商的安全组织和流程的要求		

资料来源：IEC/TC65/WG10 与国际自动化协会 ISA99 联合工作组。

目前，这一系列已经发布了 IEC 62443 - 1 - 1、IEC 62443 - 2 - 1、IEC 62443 - 3 - 1。其中，IEC 62443 - 1 - 1 介绍了相关术语、概念和模型，IEC

62443 -2 -1 介绍了建立工业自动控制系统（IACS）信息安全程序，IEC 62443 -3 -1 则为 IACS 提供了必要的信息安全技术。目前说明系统信息安全要求和信息安全保障等级的标准 IEC 62443 -3 -3 尚在制定中。

（四）产业份额小、潜力较大，创新趋势有所上扬

据 TechSci 研究数据，全球工业信息安全营业收入最高的市场位于北美地区，而“一带一路”区域下的中国、印度为工业信息安全市场增长的火车头。以印度为例，作为全球第二大人口拥有国，该国信息安全市场规模虽然很小，却是一个增长速度很快的典型国家。2015 年，印度信息安全市场规模达到 10 亿美元，而 2014 年仅有 5 亿美元，其增长幅度高达 100%。此外，中东及非洲信息安全市场同样具有较大的发展空间，未来两年内将增长至 134.3 亿美元，从 2014 年到 2019 年复合增长率将达到 13.7%，全球市场占比将从 7.19% 上升至 8.62%。

由于欧美发达国家占据技术创新的主导地位，“一带一路”沿线国家总体在工业信息安全领域的技术创新并不占有优势。美国著名投资咨询机构 Cybersecurity Ventures 连续多年发布“全球网络安全创新 500 强”，打破常规的评估标准，以“解决的问题、客户基础、首席信息安全官的反馈、IT 安全评估者的反馈、风险投资、公开的产品评价、演示与介绍、企业营销和品牌推广，以及媒体报道”等标准进行考量，其结果在国际网络安全领域具有一定的权威性。据 2017 年第二季度“全球网络安全创新 500 强”榜单显示，500 强名单中美国企业所占比重超 7 成，为 360 家（较上年底减少 9 家），紧随其后的是以色列、英国、加拿大、中国分别有 34 家、22 家、12 家以及 8 家（见表 5）；值得一提的是，以色列上榜企业数量较 2016 年第四季度上升 10 家，我国上榜企业数量则较 2016 年底翻一番。

总体而言，“全球网络安全创新 500 强”中，除我国外，“一带一路”沿线国家的上榜企业共有 45 家，较 2016 年第四季度增长 13 家，增幅约 41%（其中以色列占比达 76%），占全部的比重约 9%，较上年底提升 3 个百分点。

表5　2017年第二季度"全球网络安全创新500强"榜单各国企业梳理概览

国　家	数量(家)	占比(%)
美　国	360	72.00
以色列	34	6.80
英　国	22	4.40
加拿大	12	2.40
中　国	8	1.60
德　国	7	1.40
法　国	7	1.40
瑞　典	7	1.40
瑞　士	6	1.20
爱尔兰	4	0.80
日　本	4	0.80
印　度	4	0.80

数据来源：Cybersecurity Ventures。

以色列十分重视信息安全技术和产品的研发，从而形成了相对发达的信息安全产业，在全球信息安全领域占据一席之地。下面介绍包括以色列在内的几个重点沿线国家的典型工业信息安全企业的情况。

1. 以色列

（1）Waterfall

该企业专注于工控边界防护领域，主要产品是工控网闸（见表6），支持主流的工业协议和应用，是世界上该产品门类的典型代表。同时，其解决方案被监管单位和政府机构认为是最好的工控安全实践，大量地降低了政府和监管单位在关键基础设施等领域的成本和复杂性。主要应用领域有石油天然气、电力、交通运输、制造业、水利、制药业等。

（2）Indegy

该企业通过网络安全平台，提供可视化操作和控制面板技术，防止网络攻击、内部员工恶意操作，以及运营操作失误等情况发生，从而确保运营安

表 6　以色列 Waterfall 公司产品情况

<table>
<tr><th>主要产品</th><th>类型</th><th>功能简介</th><th>应用</th></tr>
<tr><td>单向安全网关</td><td rowspan="3">工业网闸</td><td>替代工业网络环境中的防火墙，为控制系统和操作网络提供绝对保护，防止源自外部网络的攻击。该技术已经由爱达荷国家实验室验证。</td><td rowspan="3">解决方案保护通信免于工业网络流入发电厂，制造平台，交通信号和导航系统，水和废物管理工厂，化学和制药平台以及其他 IT/OT 连接中的工业控制网络。</td></tr>
<tr><td>逆向硬件实施的单向安全网关</td><td>利用受保护的 OT 网络内的独立控制机制，触发 FLIP 硬件改变方向，允许信息根据需要，流回到受保护的 OT 网络。</td></tr>
<tr><td>安全旁路</td><td>当选择的安全程序在控制系统和工厂紧急情况下必须暂停时，安全旁路产品可以与单向网关并行部署。安全旁路产品永远不能通过任何、不论多复杂的网络攻击远程激活。</td></tr>
</table>

资料来源：国家工业信息安全发展研究中心整理。

全。Indegy 监测器能够锁定工业控制系统内获得的所有信息，并且通过控制层协议，支持实时监测工业控制配置的各种变化。通过该产品的辅助，工业控制系统工程师和安全防护员工能够快速定位问题源，及时作出判断，防止问题恶化。

表 7　以色列 Indegy 公司产品情况

主要产品	类型	功能简介
系统控制层的可视化监控产品	平台解决方案	基于核心技术控制网络检查（CNI）和无代理控制器验证（ACV），可监控 ICS 网络，并为控制层活动提供独特且关键的可视性，识别控制器逻辑、配置、固件和状态的实时更改。作为成套网络设备交付，平台是无代理的，非侵入式的，无操作中断部署。

资料来源：国家工业信息安全发展研究中心整理。

（3）CheckPoint

CheckPoint 致力于为客户提供无可比拟的防护，抵御各种类型的威胁，降低安全复杂性和总体成本。在 ICS/SCADA 网络安全领域提供先进的威胁防御技术，加固设备选择和综合协议支持，进而保障关键基础设施。其下一

代防火墙技术可提供全面可视化监控和精细化管理。主要应用领域包括发电设施、交通、水处理等。

表8 以色列 Checkpoint 公司产品情况

主要产品	类型	功能简介	应用
1200R 加固设备	安全网关	提供 SCADA 流量的全面可视化和精细管理，具有 SCADA 感知威胁检测和预防的全面安全性，使用加固设备提供所有安全功能。	提供先进威胁防御配合强化设备选项和全面的协议支持，以确保重要资产，如发电设施、交通控制系统、水处理系统等。

资料来源：国家工业信息安全发展研究中心整理。

（4） Cyberbit

该企业为以色列著名国防公司 Elbit 的子公司，主要为情报机构和执法机构提供通信情报技术和检测（包括非入侵式网络协议和硬件诊断、深度报文分析）及网络攻击抑制和响应（包含安全事件管理、安全事件分析和态势感知、决策支持和解决方案推荐）。主要应用领域包括电力公司、石油能源、交通等。

表9 以色列 Cyberbit 公司产品情况

主要产品	类型	功能简介
SCADA Shield 综合网络安全产品	ICS/SCADA 安全和连续性解决方案	发现网络中的所有设备，识别 OT/OT 接触点，并暴露客户不知道的配置问题。低接触设置、自学习算法和自动规则创建，使客户能够在几天内启动和运行，降低成本，并最小化对基础架构的影响。符合的行业法规，包括 NERC CIP、NIST 800 - 82 和 ISA/IEC 62443。

资料来源：国家工业信息安全发展研究中心整理。

（5） Nextnine

该企业是针对 ICS 环境提供自上而下 OT 安全管理解决方案的领先供应商。Nextnine 的 ICS Shield 是一个经现场验证的解决方案，用于从单个安全和操作中心保护多站点远程现场资产，从而使工业组织能够受益于集成的OT/IT操作，同时将安全漏洞降至最低。

使用ICS Shield，工业运营商可自动部署和实施工厂级策略，从而提高安全治理和合规性，同时节省OT和IT资源。Nextnine解决方案已由系统集成商(SI)、托管安全服务提供商（MSSP）和全球数千家工厂的最大自动化供应商部署。主要应用领域有石油和天然气、公共事业、化工、矿业和制造业。

表10　以色列Nextnine公司产品情况

主要产品	类型	功能简介	应用
ICS Shield	OT安全管理解决方案	用于从单个安全和操作中心保护多站点远程现场资产，这一经过现场验证的解决方案可自动化部署和实施工厂级安全策略，同时，专注于诸如资产可见性、修补、日志收集、事件报警和响应，以及合规性报告等安全要素。	在石油和天然气、公共事业、化工、矿业和制造业的全球数千个地点部署。

资料来源：国家工业信息安全发展研究中心整理。

（6）RAD Group

作为全球知名的电信接入解决方案和产品供应商，其客户遍布顶级服务提供商、电力公司和政府。在工控领域中，其主要针对集成在网络交换机中的分布式SCADA感知防火墙。提供使用带有内置防火墙/VPN的安全以太网交换机，可靠地连接和保护SCADA设备免受“内部”攻击的解决方案。坚固的以太网交换机使用高度安全的防火墙监控应用程序流量，并阻止未经授权的和潜在的破坏性活动。主要应用领域包括公共事业、石油天然气、水资源等。

（7）RADiFlow

RADiFlow是世界领先的关键基础设施网络（SCADA）的网络安全解决方案提供商，是RAD group的一家子公司。RADiFlow的安全工具验证了M2M应用和H2M（人机对机器）会话在分布式操作网络中的行为。RADiFlow

表 11　以色列 RAD Group 公司产品情况

主要产品	功能简介	应用
SecFlow－4 加固型模块化 SCADA 感知以太网交换机/路由器	高密度模块化系统,具备专门针对 SCADA 应用而设计的内置安全机制。融合了通常要求使用单独设备的功能,提供了高效的分布式安全层,可防止内部攻击。该设备可监控 SCADA 指令,利用深度分组检测来验证其是否符合特定功能的应用逻辑。	适用要求分布式安全的公用事业机构企业和重要基础设施机构,如智能电网运营商、智能交通系统运营商、自来水公司和煤气公司及公共安全机构和国土安全机构等。

资料来源：国家工业信息安全发展研究中心整理。

的安全解决方案既可用作远程站点的在线网关，又可作为非侵入式 IDS（入侵检测系统），可在每个站点或集中部署。主要应用领域有电力、水处理、石油天然气、可再生能源、轨道交通、远程维护、制造业等。

表 12　以色列 Radiflow 公司产品情况

主要工控安全产品	功能简介
iSID 工业网络安全和入侵检测	①自动学习拓扑和操作行为;②基于 SCADA 的 DPI 协议的网络流量分析;③针对 PLC 中配置变更监管;④基于模型的异常检测分析;⑤基于特征的已知脆弱性检测;⑥非入侵式的网络操作;⑦中央或分布式部署;⑧假报警率低。
3180 安全加固路由器	基本配置为 2×100/1000 SFP 和 8×10/100 BaseT PoE 端口及各种附加可选接口,包括 8x100FX、8×10/100BaseT、4xRS－232 和蜂窝调制解调器。
1031 安全加固网关	进一步增强了 RADiFlow 提供的耐用型交换机。新的 1031 安全公用网关设计用于小型远程站点,需要通过公共网络安全远程连接到有限数量的设备,因此可以补充 RADiFlow 的关键基础设施的加固,多用户/多网络交换机系列。
3700 安全加固模块化路由器	具有高达 28xGE 吞吐量和 7 个插槽用于网络模块。为应对网络攻击的日益增加的风险,3700 支持 IPSec VPN 隧道,并包括一个防火墙,用于 SCADA 协议的服务感知检查。RADiFlow 3700 高级功能集成为部署安全以太网网络的关键公用设施基础设施应用程序的理想平台。

资料来源：国家工业信息安全发展研究中心整理。

（8）Claroty

Claroty 是以色列著名的网络安全铸造厂 Team8 启动的一家公司（而 Team8 的创始人 Nadav Zafrir 曾是以色列军事信号情报组织 8200 部队的指挥官），在 2016 年 A 轮融资后走出隐身模式。Claroty 的主要业务是设计保护和优化运行世界上最关键的基础设施的 OT 网络。授权运行和保护工业系统的人员充分利用他们的 OT 网络，通过发现最细粒度的元素，提取关键数据并制定可执行的解决方案，该企业提供了极高的可视性。主要应用领域在石油天然气行业。

表 13　以色列 Claroty 公司产品情况

主要工控安全产品	功能简介
极致的可视化跨 ICS 层协议平台	提供了每个站点控制资产的清晰视图，并显示实时状态；学习表示每个资产的合法行为的连接、回话和命令的有限集，以及违反此基准的异常行为警报，对正常但高风险变化提供实时监控，指示网络中存在不同的恶意状态和活动的资产行为；使用安全的深度包检测来持续监视 OT 网络，提供主动网络增强和事件响应和取证。

资料来源：国家工业信息安全发展研究中心整理

（9）ICS^2

ICS^2 的含义是“智能工业控制系统的网络安全”，该公司由一支 IT 和 OT 经验丰富的团队组成，开发了一种 On-Guard IDS 设备，该设备通过机器学习和数据分析进行信息物理系统的入侵检测和工厂生产力提高。主要应用领域为水系统、石油天然气、石化和电力。

表 14　以色列 ICS^2 公司产品情况

主要产品	类型	功能简介	应用
ICS^2 On-Guard	工业过程机器学习系统	工厂工业过程动态学习系统和异常检测系统	专为工业过程设计的系统，与其他系统相比，工业过程具有包含大量内置传感器，以及与所测量的传感器非常接近的反馈控制回路的特点。因此水系统，石油和天然气工厂，石油化工厂和发电厂都有这种特点。设计使用这种工厂的特定特征的网络安全系统给网络防御者提供了巨大的优势。
ICS^2 Analyzer		通过过程异常检测网络干预的离线产品（基于 P&ID 来定位事件）	
ICS^2 Active Guard		检查系统完整性的保护系统	
ICS^2 Protector		遵循人类操作员与系统的交互，并学习正常的操作程序。当发生与正常操作员行为的偏差时，ICS^2 保护报警。ICS^2 Protector 还可以检测个体操作员特有的行为模式。	

资料来源：国家工业信息安全发展研究中心整理。

（10） Assac Networks Overview

该企业主要为开发、集成和销售 SCADA 与 ISP、政府及商业组织，提供 IT、电信和网络保护领域的网络取证和安全产品和解决方案。

表 15　以色列 Assac Networks Overview 公司产品情况

主要产品	功能简介
全功能 SCADA 网络保护解决方案	包含三个最佳组件：①高级数据分析系统，提供彻底的深度数据包检查，并立即检测任何恶意活动、网络行为异常、策略违规、网络攻击等；②一个独特的追溯机制，可以快速、准确地定位攻击源；③集中管理系统（CMS），为网络管理员提供整个网络的准确，实时的态势感知图像。

资料来源：国家工业信息安全发展研究中心整理。

（11） G. Bina

G. Bina 成立于 2006 年，是一家精品咨询公司，提供高度专业的网络安全服务、ICT 与 SCADA 风险评估。

表 16　以色列 G. Bina 公司产品情况

主要产品	功能简介
SCADA 风险评估和管理解决方案	全面风险管理服务提供一套全面的解决方案，从规划和风险评估的早期阶段到实施和维护最有效的解决方案。在每个阶段，评估 SCADA 运营和安全性的有效性。

资料来源：国家工业信息安全发展研究中心整理。

（12） SCADAfence

该企业提供旨在确保工业（ICS/SCADA）网络操作连续性的尖端网络安全解决方案，其专长是在采用了工业物联网/工业 4.0 技术的行业。

（13） Thetaray

该企业作为大数据分析平台和解决方案的领先提供商，为高级网络安全、运营效率和风险检测提供解决方案，保护金融服务部门和关键基础设施免受未知威胁。

表 17　以色列 SCADAfence 公司产品情况

主要产品	功能简介
OT 网络被动解决方案	旨在减少操作风险的被动解决方案，例如停机时间，流程操纵和窃取敏感的专有信息。该公司提供全面的解决方案套件，包括对工业环境的连续实时监控，以及旨在自动化安全评估过程的轻量级工具。解决方案提供日常操作的可视性、网络攻击的检测和旨在提高响应能力的取证工具。

资料来源：国家工业信息安全发展研究中心整理。

表 18　以色列 Thetaray 公司产品情况

主要产品	功能简介	应用
Thetaray 分析平台	该解决方案提供了未知操作威胁的端到端检测，轻松集成到现有客户系统，如客户数据源、历史数据、控制和管理系统。主要功能包括数据处理和存储、异常检测、警报生成/分发和事件调查。 特点：1）未知操作威胁检测；2）不受监控，实时分析；3）工业级精度；4）快速部署；5）大数据分析。	受监控的 ICS/SCADA 关键网络包括发电厂、发电、输配电网络、石油和天然气设施以及关键制造场所等。对于每个环境，该解决方案分析几乎任何类型的可用机器数据，如涡轮机、泵、PLC、IDU、飞机发动机等。

资料来源：国家工业信息安全发展研究中心整理。

2. 印度

（1）Aurionpro

作为一个领先的技术产品和解决方案提供商，Aurionpro 帮助企业加速数字创新。它提供安全、可伸缩、高性能的安全产品，用于防止网络攻击和提供服务，并帮助企业过渡到下一代访问管理系统。目前已在全球 15 个国家设立了 26 个办事处。

（2）Paladion

作为一家专业的信息风险管理厂商，十多年来，Paladion 已为超过 700 个客户管理信息风险。它提供完整的包括合规、治理、监测、安全分析和安全管理等服务。

表 19　印度 Aurionpro 公司产品情况

主要产品	功能简介	应用
账户管理、云服务、WebCenter 内容迁移工具/服务内容、WebCenter 门户、应用程序开发框架（ADF）、面向服务的体系结构（SOA）、融合应用（企业捕获和识别形式）	提供自动化的解决方案	包括门户网站、内容管理、网络体验管理和协作平台等完整的产品组合。
Isla 防火墙	网络恶意软件隔离设备	解决方案包括岛屿控制中心，为 IT 安全经理提供所需的工具 Isla 电器的快速部署和管理整个企业。
Cyberinc 身份管理系统	身份认证	提供端到端安全服务，从咨询、实施和管理服务的身份治理，到下一代访问管理和 API 的安全，维护具有安全性、机密性、完整性和可用性的数据。

资料来源：国家工业信息安全发展研究中心整理。

表 20　印度 Paladion 公司产品情况

主要产品	类型	功能简介
RisqVU™ GRC	GRC 管理平台	进行风险分析和风险管理。
RisqVu™ AVO	AVO 管理平台	内置网络扫描工具和安全配置，集成 Netsparker、应用程序扫描、源代码扫描等，并与 Paladion 的集成测试（SCADA 等）框架进行整合。
RisqVU™ ADR	ADR 管理平台	基于大数据的网络安全解决方案，用于发现未知的威胁，运用机器学习算法和可视化分析来进行。
RisqVU™ IST	IST 管理平台	信息安全软件，提供直接的态势感知。

资料来源：国家工业信息安全发展研究中心整理。

3. 斯洛伐克

ESET 创立于 1992 年，是一家世界知名的电脑安全软件公司。作为面向企业与个人用户的全球性计算机安全软件提供商，ESET 连续五年被评为"德勤高科技快速成长 500 强"（Deloitte's Technology Fast 500）公司，其合作伙伴网络十分广泛，在全球超过 80 个国家都设有办公地，代理机构覆盖全球超过 100 个国家。

表 21　斯洛伐克 ESET 公司产品情况

主要产品	类型	功能简介
NOD32	防病毒软件	包含病毒防御与清除、反间谍软件、反垃圾邮件、防火墙等功能。

资料来源：国家工业信息安全发展研究中心整理。

4. 捷克

Avast 的研发机构设在捷克首都布拉格，与世界上许多国家的安全软件机构都开展了良好的合作。早在 80 年代末，Avast 安全软件就已经在捷克本土拥有较高的市场占有率。Avast 擅长安全软件研发，同名的 Avast 系列是其王牌产品，并在许多重要市场和权威评奖中取得了骄人成绩，凭借其雄厚的实力，该企业拥有较高的国际市场增长率。

表 22　捷克 Avast 公司产品情况

主要产品	类型	功能简介	应用
端点防护套装加强版	企业安全产品	终端防护、文件服务器防护、电子邮件服务器防护、桌面防火墙、反垃圾邮件、远程管理。	分为中小企业和大型企业版本，面向不同用户。

资料来源：国家工业信息安全发展研究中心整理。

5. 罗马尼亚

SOFTWIN 是罗马尼亚软件解决方案和服务提供商，总部位于首都布加勒斯特。主要产品是适用于各类用户的 BitDefender Professional Plus，它将杀毒、防火墙、反垃圾邮件模组整合到一个全面的安全工具套件中。

表 23　罗马尼亚 SOFTWIN 公司产品情况

主要产品	类型	功能简介	应用
BitDefender Professional Plus	反病毒与端点安全产品	永久的防病毒保护、后台扫描与网络防火墙、保密控制、自动快速升级模块、创建计划任务和病毒隔离区。	保护计算机安全。

资料来源：国家工业信息安全发展研究中心整理。

6. 俄罗斯

Kaspersky Lab 全名“卡巴斯基实验室”，是国际著名的信息安全领导厂商，其总部设在俄罗斯首都莫斯科。其为个人用户、企业网络提供反病毒、防黑客和反垃圾邮件产品。经过 14 年与计算机病毒的战斗，卡巴斯基获得了独特的知识和技术，使得卡巴斯基成为病毒防卫的技术领导者和专家。该公司的王牌产品——卡巴斯基反病毒软件——是世界上拥有最尖端科技的杀毒软件之一，在全球范围内备受青睐。

表 24　俄罗斯 Kaspersky Lab 公司产品情况

主要产品	类型	功能简介	应用
卡巴斯基中小企业安全解决方案	中小企业安全解决方案	云辅助，实时保护免受网络威胁；安全支付；基于加密的保护；防网络钓鱼技术；垃圾邮件过滤功能；安全密码管理；自动备份数据库。	用于中小企业安全管理，保护信息、资金和设备的安全。
卡巴斯基网络安全解决方案	企业安全解决方案	终端控制（包括应用程序控制、Web 控制、设备控制）；文件服务器安全管理移动安全（包括反垃圾邮件和防钓鱼组件、移动应用程序管理、移动设备管理、远程防盗等）；系统管理（包括漏洞和补丁管理、故障排除等）；加密。	反恶意软件与卡巴斯基安全网络的自动漏洞利用预防和实时云辅助安全智能相结合，提供最新威胁的针对性保护。

资料来源：国家工业信息安全发展研究中心整理。

7. 新加坡

i-Sprint 成立于 2000 年，主要业务领域为凭证管理和通用身份认证，为全球信息安全解决方案供应商。在美国、新加坡、马来西亚、泰国、日本、中国等 15 个国家和地区部署应用。

表 25　新加坡 i-Sprint 公司产品情况

主要产品	功能简介
AccessMatrix 整体解决方案	统一的身份认证(支持多身份认证方式、支持多步骤认证流程); 统一的单点登录(能使 webSSO 应用程序和非 webSSO 应用程序都运行 SSO); 统一的凭证管理(交互式用户和功能性 ID 的用户身份管理;特权 ID 和密码的使用管理); 统一的审计报告(提供访问跟踪和报告能力来报告管理员工作、访问活动以及违背安全策略的活动)。

资料来源:国家工业信息安全发展研究中心整理。

二　中国工业信息安全发展取得的进展

党中央、国务院高度重视网络安全。习近平总书记提出没有网络安全就没有国家安全的科学论断，将网络安全作为总体国家安全的重要组成部分。在党的十九大报告中，总书记强调：“坚持总体国家安全观。统筹发展和安全，增强忧患意识，做到居安思危，是我们党治国理政的一个重大原则。”工业信息安全作为网络安全的重要组成部分，是保障国家总体安全的重要内容，为实施制造强国战略和推进“互联网 +”行动计划提供支撑。2017 年，我国工业信息安全工作取得显著进展，积极开展了指南文件宣贯、工控安全检查、防护能力评估等一系列工作，政策体系、管理体系、技术支撑体系初步构建，国家级技术队伍建设初具规模，工业信息安全产业呈现良好发展势头，工业信息安全保障水平有了明显提高。

（一）政策法规逐步健全，标准体系建设有突破

工业信息安全标准体系的建设对促进工业产业健康发展有着极其重要的

规范和指导作用。全国信息安全标准化技术委员会（TC260）在国家标准委的领导下，对全国信息安全标准进行统一归口管理。此外，全国电力系统管理及信息交换标准化技术委员会（TC82）、全国工业过程测量和控制标准化技术委员会（TC124）、全国电力监管标准化技术委员会（TC296）等标准化机构也在积极推动工业信息安全相关国家标准的研制工作。截至目前，我国已发布相关工业信息安全国家标准10余项，在研国家标准近20项，已初步建立了工业信息安全系统级标准体系。

随着工业化与信息化融合步伐加快，我国重点围绕工控系统信息安全，已经形成较为清晰完整的标准体系，涵盖安全等级、安全要求、安全实施和安全测评四类标准。这四类标准作为开展工控系统信息安全工作的四个阶段，依次形成循环，切实提高工控系统的信息安全保障能力。同时，还可按照所涉及的主要内容对每类标准进行细分。

（二）检查评估有序开展，宣传教育深入人心

在检查评估方面，为进一步贯彻落实《国务院关于深化制造业与互联网融合发展的指导意见》等文件的要求，加强对工控安全工作的指导和督促检查，提升企业管理和技术防护水平，工业和信息化部在历年检查工作的基础上，进一步扩大检查范围，拓展检查深度，组织开展了2017年度工控安全检查工作。此次检查按照企业安全自查、检查队伍技术抽查等方式开展。其中，自查工作覆盖全国31个省（区、市）的工业企业，从工控系统构成、安全软件选择与管理、配置与补丁管理、边界安全防护等方面，指导工业企业开展体系化工控安全自查。抽查范围包括化工、冶金、汽车制造、烟草等典型行业的代表性工业企业。检查中发现的问题主要包括部分工业企业安全意识仍显不足、工控安全管理机制缺失、工控安全防护能力薄弱等。从2017年4月起，工信部组织技术机构面向电力、化工、装备制造、石油、有色、烟草等关系国计民生和国家安全的重点行业，遴选具有代表性的典型企业，开展了工控安全防护能力评估工作，指导帮助工业企业深入理解《工业控制系统信息安全防护指南》要求，了解评估要点，明确防护工作切

入点，指导企业开展针对性防护整改工作，从技术、管理、运行等方面全面提升工业信息安全防护水平。

在宣传教育方面，2017 年，在工信部指导下，全国工业信息安全宣贯培训、技能竞赛、论坛会议等宣传教育活动深入开展。3～6 月，首次开展全国范围内的工控系统信息安全培训工作，来自全国 31 个省（区、市）、240 余个地市工信主管部门及 350 余家工控系统用户企业的 1200 余名人员参加了培训；由国家工信安全中心牵头编制的全国工控系统信息安全培训的指定教材——《工业控制系统信息安全防护技术概论》取得实质性进展；12 月，首届工业信息安全技能大赛圆满举行；国家网络安全宣传周、世界智能制造大会等活动纷纷设置工业信息安全相关分论坛，通过工业信息安全宣传教育与意识普及，强化提升社会安全意识。

（三）保障能力全面提升，产业壮大起势蓄能

在保障能力建设方面，2017 年，工信部依托部属单位电子一所重组建设了“国家工业信息安全发展研究中心”，全面提升工业信息安全保障支撑能力，维护工业信息安全；依托国家工信安全中心等技术机构，建立了重要工控系统在线安全监测平台、国家工控系统安全信息共享平台；组建了国家工控系统与产品安全质量监督检验中心，全面提升了漏洞发现及验证、风险监测与研判、安全防护解决方案验证等安全保障能力，为开展工业信息安全监测预警、信息通报、质检评估等工作提供有力的技术支撑；2017 年 5 月，工信部印发《工控系统信息安全事件应急管理工作指南》，为加强工控安全事件应急管理和组织协调，提升工控安全事件应急处置能力，提供了工作指引；组织开展工业信息安全信息报送与通报试点工作，汇集工控安全风险信息 2000 余条，向国家有关部委、中央企业、各省（区、市）通报重要风险预警 100 余份，有效地提高了相关部门、企业主动应对和处置安全风险的能力；9 月，工信部组织开展工控安全事件应急演练及培训，有力地指导了地方工信主管部门统筹加强应急预案体系、组织体系、技术手段、应急演练、资源保障等方面的工作。

在产业发展方面，近年来我国工业信息安全市场呈现良好的发展势头，具体表现为以下三方面。

一是我国工业信息安全企业从“布局市场”逐渐转向“深耕市场”。近年来我国工业信息安全产业领域资本战略布局方向呈现更加清晰、更有针对性的特点和趋势。近年来在资本布局的基础上，工业信息安全主流厂商中，半数已经完成资本并购和资本洽谈。资本的引进加速了工业信息安全厂商的发展，同时也对工控系统信息安全市场的发展起到重要的促进作用。工业信息安全产业渠道布局、业务模式更加多样化，这已成为目前我国工业信息安全市场良性发展的一个突出特点，为我国工业信息安全市场的健康发展注入了生机和活力。例如，工控设备厂商/集成商、MES 厂商、设计院与用户逐渐成为紧密联系的合作对象，而在此之前，我国工业信息安全产业研发、生产和用户相互分离，工业信息安全企业对工控设备厂商/集成商的依赖性较强，限制了工业信息安全企业的产品研发和市场拓展。

二是智能化趋势有力推动和牵引工业信息安全产业发展。工业信息安全需要专门的安全产品、技术和服务，以往由于工业信息安全市场规模较小，大量的工控系统供应商（如 ABB、霍尼韦尔、罗克韦尔、西门子、施耐德、和利时、中控、横河电机等）很少研发独立的工业信息安全产品，一般通过控制系统集成安全功能或者通过安全模块实现通信区域隔离，再配套第三方的信息安全软件来实现安全保障。随着智能制造的逐步实施，控制系统内部的信息安全防护也越来越多地被关注。智能制造为工业信息安全企业和工控系统供应商研发和创新独立的工业信息安全产品提出了市场需求，开拓了产业发展的新机遇。

三是产业联盟为工业信息安全产业跨界资源整合发挥了桥梁纽带作用。为促进产业发展，形成工业信息安全“产、学、研、用”的良好生态，2017 年 6 月 8 日，在工信部的指导下，国家工业信息安全发展研究中心牵头发起成立了国家工业信息安全产业发展联盟。目前，首批会员单位已达 187 家，聚集了工业领域的领军企业、工控系统和信息安全领域的“佼佼者”，以及科研实力雄厚的科研院所和高校。通过工业信息安全领域的强强联合，合力构建起科学的工业信息安全产业生态体系。

三 中国与沿线国家的合作方向及阻碍

当前，工业信息安全领域的国际合作已经引起世界各国的高度重视。2015 年 8 月，联合国信息安全问题政府专家组召开会议并向联合国秘书长提交报告，各国首次统一约束网络空间中的活动，包括不能利用网络攻击他国核电站、银行、交通、供水系统等关键信息基础设施，不能在提供的 IT 产品中植入“后门程序”等。此举充分说明，在全球化的今天，工业信息安全从来不是“独善其身”，需要各国一起为之努力。

（一）合作方向

目前，我国政府、社会组织、企业与“一带一路”沿线国家在网络安全等方面签订了一些备忘录，如中国和俄罗斯签署备忘录，规定两国相互不发动网络攻击，并共同反对可能“破坏国内政治和经济社会稳定”“扰乱公共秩序”或“干涉他国内政”的技术；CNCERT 与柬埔寨 GD - ICT 签订网络安全合作备忘录；卡巴斯基实验室和中国网安签订战略合作协议；中国科技巨头华为与马来西亚签订合作备忘录，支持该国实现跨国网络安全，创造“更安全稳定的网络空间”等。但是在工业信息安全领域尚未开展实质性合作，随着“一带一路”建设的不断推进，未来在以下几个方面尚有突破的空间。

1. 关键信息基础设施安全防护合作

设施联通是“一带一路”倡议的重要方向，习近平主席在 2017 年 5 月 14 日召开的“一带一路”国际合作高峰论坛开幕式上表示，“目前，以中巴、中蒙俄、新亚欧大陆桥等经济走廊为引领，以陆海空通道和信息高速路为骨架，以铁路、港口、管网等重大工程为依托，一个复合型的基础设施网络正在形成”。2016 年，中国企业在 61 个沿线国家新签对外承包工程项目合同1862份，新签合同额达318.5亿美元，涉及电力、基础设施建设、交通运输、石油化工、通信设备等诸多领域。亚洲基础设施投资银行（简称"亚投行"）在基础设施方面投资的项目近30个，大多是支持落后地区电力、水利、交通、通信等关键基础设施建设。

表26　亚投行目前在投项目中存在工业信息安全风险的项目

国家	项目名称
阿　曼	宽带基础设施项目
印　度	班加罗尔地铁项目－线R6
塔吉克斯坦	努列克水电改造项目
印度尼西亚	大坝运行改进和安全项目二期
阿　曼	铁路系统准备项目
巴基斯坦	国家高速公路M－4项目
印　度	孟买地铁4号线工程
菲律宾	马尼拉防洪工程
印　度	输电系统加固工程
埃　及	第二轮太阳能光伏上网电价计划
孟加拉国	天然气基础设施和效率改善项目
阿塞拜疆	跨安纳托利亚天然气管道项目(TANAP)
缅　甸	敏建电厂项目
阿　曼	特港商业终端和操作区开发项目
孟加拉国	配电系统升级扩建工程
巴基斯坦	Tarbela 5水电站扩建工程
斯里兰卡	气候复原改善计划－第二阶段
格鲁吉亚	280兆瓦的南斯克拉水电站

资料来源：国家工业信息安全发展研究中心整理。

每个国家的关键基础设施，从石油管道到电网，从民航到水运网，从交通到金融/银行系统，都逐步引入网络管理和监控系统，在提高基础设施性能水平的同时，由于其对于信息和通信的依赖性且允许网络访问，增加了引发网络攻击的风险。自2010年震网病毒事件以来，关键信息基础设施遭受的攻击便层出不穷，进入2016年情况更是愈演愈烈，美国、德国、俄罗斯等国家均遭受影响，攻击导致大面积网络异常。

2. 智能化工厂的工控系统安全防护合作

截至2016年底，我国已在20个沿线国家建有56个经贸合作产业园区，累计投资185.5亿美元，入驻企业达1082家，为东道国创造超过10亿美元的税收，提供了超过17万个就业岗位。其中不乏智能化生产基地，面临工业控制信息安全风险，如海尔在俄罗斯建设的冰箱工厂，华为、中兴入驻的中白工业园等。

3. 工业信息安全认证、评估等服务领域合作

目前，欧盟、日本等国家和地区在工业控制系统信息安全标准方面开展了大量工作，从国家法规到行业化标准制定了一系列标准或指南。推动认证、评估等服务快速发展。以德国为代表的欧洲国家，已经开始基于ISO 27000系列的ISO 27009进行工控安全的建设；日本基于IEC62443要求结合阿基里斯认证要求，从2013年起规定所有工控产品必须通过国家标准认证才能在其国内使用，并且已经在一些重点行业如能源和化工行业开始了工控安全检查和建设；以色列已成立国家级工控产品安全检测中心，用于工控安全产品入网前的安全检测。未来，随着“一带一路”沿线国家工业信息安全逐步发展，这一领域的监测、预警、认证、评估等服务合作将成为重点。

（二）面临阻碍

我国与“一带一路”沿线国家存在巨大的合作空间，并且工业信息安全技术、产品发展水平与各国发展现状更加匹配，更容易进入市场。但在推进合作过程中，仍存在以下合作障碍。

1. 我国工业信息安全企业以中小企业为主，“走出去”能力和竞争力相对较弱

目前，我国工业信息安全产业处于起步阶段。2016年，全国信息安全产业规模达到825亿元，工业信息安全市场规模仅近3亿元（见图1），产业规模较小、增速平缓。与国外工控领域大企业转型发展工业信息安全不同，我国工业信息安全企业大多由传统网络安全企业向工业领域延伸，而且

中小企业占比超过95%，单凭企业自身实力和市场拓展能力，“走出去”难度较大。

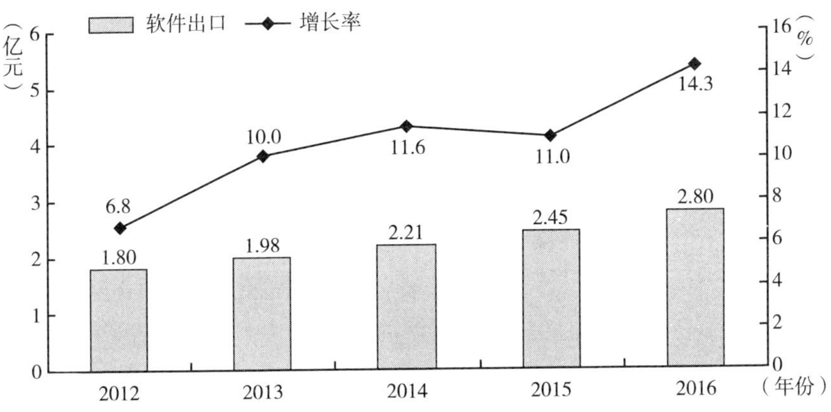

图1　2012～2016年我国工业信息安全市场规模及增长率

资料来源：国家工业信息安全发展研究中心。

同时，我国工业信息安全市场主要集中在工业隔离网关、电力专用隔离装置和工业防火墙、电力防火墙等领域，硬件与服务业务的占比较低（见图2），特别是在芯片、核心软件等关键领域，仍处于“跟跑”阶段，想达到技术引领程度难度较大。

2. 部分国家对安全技术、产品的引进设置合作壁垒

目前，全球对安全类产品的引进防范意识较高，大都存在一定的壁垒。对于欧美等先进发达国家而言，为降低我国在世界经济社会的影响力，极力阻挠我国技术、产品的输出。如欧盟迟迟未承认我国市场经济地位；美国则频频以安全为由对中兴、华为等企业进行制裁、调查，美国国会下属的美中经济与安全评估委员会于2017年3月、5月连续召开专题听证会，讨论我国信息技术与产业发展对美国的影响，并酝酿向美国国会提出“防御”我国信息技术与产业发展的议案。

对于“一带一路”沿线国家而言，俄罗斯、新加坡、以色列等国家自身信息安全实力较强，产业输出难度较大；中东欧部分国家基本采用欧盟信息安全产品和服务，对我国技术、产品、标准的引进动力不足；东盟在

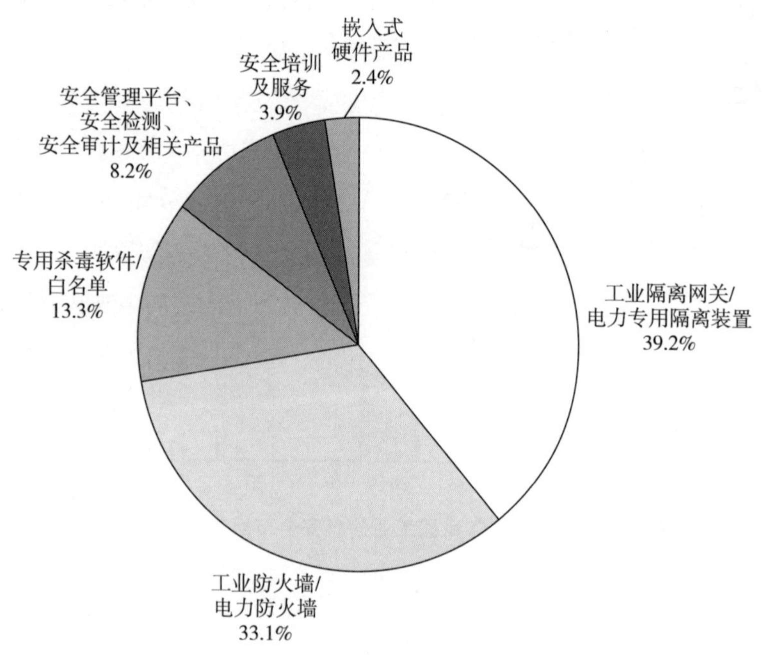

图 2 2016 年我国工业信息安全市场产品格局

资料来源：国家工业信息安全发展研究中心整理。

《东盟 ICT2020 战略》中提出要发展自己的信息安全标准和应急响应机制；印度在 IT 领域，特别是在软件领域有较强实力，对国外 IT 技术、产品引进审查较严，尤其受洞朗事件影响，印度政府以“担忧数据泄露危害安全”为由，向各家中国手机制造商发出警告要求限期整改，并开始大面积审查从中国进口的电子产品。

3. 发达国家以标准行规巩固话语权使我国难以顺利占据先机

欧美等发达国家在工业信息安全领域起步较早，已在国家层面出台了一系列宏观管控措施，指导行业深入贯彻实施，并充分利用其在安全技术上的主导地位，积极增强标准、指南与行业规范等文件的国际影响力，以影响全球工业信息安全防护体系架构，抢占行业发展先机。当前，“一带一路”沿线国家（地区）多采用国际标准化组织及欧美权威标准化机构发布的具有极大影响力的国际标准，并结合国内实际开展相关标准制定与推进工作。其中，国际标准化组织主要有国际电工委员会、国际自动化协会和电气与电子工程师协会等。由 IEC/TC65 与 ISA99 联合发布的 IEC62443 标准在“一带一路”沿线国家的关注度较高。

除国际组织外，欧美发达国家在“一带一路”沿线国家中大力推广其国内权威机构制定的工业信息安全标准，目前已被广泛采用。如美国国家标准技术研究院（NIST）、欧洲计算机制造联合会（ECMA）、欧洲电信标准协会（ETSI）、英国国家标准机构（BSI）及德国标准化委员会（DIN）等。其中，NIST 作为研究安全领域标准的核心机构，定义超过 450 个常用标准和建议措施，涉及策略规划、风险管理、安全技术等方面，覆盖云安全、工业互联网安全等领域。由于其是在美国国会授权下，代表政府参加标准化活动的机构，其制定的标准和规范在政府和企业间得到广泛推广和应用。该机构所发布的 NIST SP800－82 已成为当前最重要的工业信息安全国际标准之一，也是“一带一路”沿线国家（地区）采用最多、影响最广、推进力度最大的工业信息安全标准。

四 对策与建议

当下，我国正迎来与“一带一路”沿线国家（地区）携手“共商、共建、共享”工业信息安全产业的大好时机，可以以此为切入点，打造区域安全命运共同体，重塑全球工业信息安全产业格局。因此，从国际合作和国内产业发展两个维度，提出以下两方面建议。

（一）与沿线国家（地区）开展安全领域合作

1. 加快“援助式”输出

“一带一路”沿线国家（地区）经济实力相对较弱，除了少数几个国家（地区）在工业信息安全领域有技术合作空间外，大部分国家（地区）都需要我国援助，才可能建立起本国的工业信息安全防护体系。因此，建议将工

业信息安全产品、技术纳入国家“一带一路”倡议援助产品范围，向沿线国家（地区）进行输出；在重大工程、项目、工业产品“走出去”的同时，捆绑工业信息安全产品、为企业提供相关服务；对前往沿线国家（地区）投资建厂及开展生产合作的工业信息安全企业给予资金、政策等方面的支持。

2. 加强“服务式”延伸

目前，IT产业服务化的趋势凸显，在输出产品、技术、标准的同时，要做好服务延伸和服务保障。建议对利用互联网、云计算等技术为沿线国家（地区）提供远程安全服务的工业信息安全企业予以鼓励支持；推动工业信息安全检测、认证、评估、知识产权保护等延伸服务“走出去”；打造工业信息安全公共服务平台，全面汇聚国内工业控制系统安全服务技术和人才资源，面向“一带一路”沿线国家（地区）工业企业提供风险预警、检测认证、能力评估、安全防护、应急处置、技术咨询等一站式服务。

3. 做好“合作式”发展

合作共赢是“一带一路”倡议实施的主题。建议充分利用现有双（多）边机制和平台，签订工业信息安全领域双边（多边）备忘录、战略规划等文件，搭建新的合作平台；与沿线国家（地区）共建研究机构，谋划并实施“一带一路”工控安全测试靶场、测试床等工程，开展工业信息安全测试、验证、评估等共性技术研发共享，提升风险发现、分析、防范等工控安全保障能力；通过制定法律政策、健全组织机构、完善运行机制，推动工业信息安全风险漏洞、安全事件、解决方案的通报和共享；联合开展工业信息安全应急演练等，提升网络攻击应急响应能力；共同制定工业信息安全区域标准体系，提升国际话语权和影响力。

（二）推动国内工业信息安全产业升级

一是要以“一带一路”为突破口，紧抓“双创”机遇，快速提升产业技术、产品、标准实力，做大做强。建议充分利用各类中小企业扶持资金、“双创”企业扶持政策、中小企业公共服务平台等优势资源，向工业信息安全领域的产业技术、产品、标准建设等方面予以倾斜；依托国家工业信息安全产业发展联盟，搭建资源共享、优势互补的产业双创合作平台，加速培育壮大产业生态圈；建设网络安全产业园区，设立工业信息安全专项“双创”基地，并加大支持力度；加强与国际标准组织的对接，推动制定并出台工业信息安全领域的国际标准。

二是要快速提升综合检测、评估、认证等服务能力。建议设立国家工业控制系统与产品安全质量监督检验中心、工业信息安全技术产品安全审查中心、重点实验室，对“走出去”工业信息安全企业、产品、技术提供检测认证服务，保障质量；提升工业信息安全战略研究、教育培训等服务能力；搭建工业信息安全领域知识产权公共服务平台，提供行业知识产权相关法律、咨询、信息、申请代理、商业化、司法鉴定、培训等服务，加速知识产权授权、确权、维权。

参考文献

国家工业信息安全发展研究中心：《“一带一路”沿线国家（地区）工业信息安全技术与产业发展研究报告》。

国家工业信息安全发展研究中心：《工业信息安全态势白皮书（2017 年）》。

Allied Market Research, “Global Managed Security Services Market-Deployment Mode, Organization Size, Application, Verticals, Trends, Opportunities, Growth, and Forecast (2013 – 2020)”, 2015.

MarketsandMarkets, “Endpoint Security Market by Solution (Anti-Virus, Antispyware/Antimalware, Firewall, Endpoint Device Control, Intrusion Prevention, Endpoint Application Control), Service, Deployment Type, Organization Size, Vertical, and Region- Global Forecast to 2020”, 2015.

B.11
"一带一路"中小企业发展研究

徐 杰*

摘 要： 在新时代新形势下，随着"一带一路"的深度推进，中小企业面临着前所未有的广阔机遇，在"一带一路"建设过程中发挥着更加重要的作用。与大型企业相比，中小企业具有创新、管理等方面的比较优势，在融入"一带一路"建设，特别是向"一带一路"沿线市场"走出去"的过程中，显现一些典型模式，这些模式对于广大中小企业具有一定的借鉴意义。本报告针对中小企业走入沿线国家时面临的问题，提出相应的对策建议。

关键词： "一带一路" 中小企业 产业发展

十九大报告强调，"建立以企业为主体、市场为导向、产学研深度融合的技术创新体系，加强对中小企业创新的支持，促进科技成果转化"。中小企业作为实体经济的重要组成部分，在促进经济增长、推动创新、吸纳就业、改善民生等方面发挥着不可替代的作用。在中国与"一带一路"沿线国家（地区）产业合作的过程中，不仅要继续发挥央企、国企"主力军"、"领头羊"的作用，而且需要激发中小企业的"创新者"和"生力军"的积极作用。

* 徐杰，国家工业信息安全发展研究中心工程师，硕士，主要研究领域为中小企业、"一带一路"、世界经济。

社长致辞

蓦然回首，皮书的专业化历程已经走过了二十年。20年来从一个出版社的学术产品名称到媒体热词再到智库成果研创及传播平台，皮书以专业化为主线，进行了系列化、市场化、品牌化、数字化、国际化、平台化的运作，实现了跨越式的发展。特别是在党的十八大以后，以习近平总书记为核心的党中央高度重视新型智库建设，皮书也迎来了长足的发展，总品种达到600余种，经过专业评审机制、淘汰机制遴选，目前，每年稳定出版近400个品种。“皮书”已经成为中国新型智库建设的抓手，成为国际国内社会各界快速、便捷地了解真实中国的最佳窗口。

20年孜孜以求，“皮书”始终将自己的研究视野与经济社会发展中的前沿热点问题紧密相连。600个研究领域，3万多位分布于800余个研究机构的专家学者参与了研创写作。皮书数据库中共收录了15万篇专业报告，50余万张数据图表，合计30亿字，每年报告下载量近80万次。皮书为中国学术与社会发展实践的结合提供了一个激荡智力、传播思想的入口，皮书作者们用学术的话语、客观翔实的数据谱写出了中国故事壮丽的篇章。

20年跬步千里，“皮书”始终将自己的发展与时代赋予的使命与责任紧紧相连。每年百余场新闻发布会，10万余次中外媒体报道，中、英、俄、日、韩等12个语种共同出版。皮书所具有的凝聚力正在形成一种无形的力量，吸引着社会各界关注中国的发展，参与中国的发展，它是我们向世界传递中国声音、总结中国经验、争取中国国际话语权最主要的平台。

皮书这一系列成就的取得，得益于中国改革开放的伟大时代，离不开来自中国社会科学院、新闻出版广电总局、全国哲学社会科学规划办公室等主管部门的大力支持和帮助，也离不开皮书研创者和出版者的共同努力。他们与皮书的故事创造了皮书的历史，他们对皮书的拳拳之心将继续谱写皮书的未来！

现在，“皮书”品牌已经进入了快速成长的青壮年时期。全方位进行规范化管理，树立中国的学术出版标准；不断提升皮书的内容质量和影响力，搭建起中国智库产品和智库建设的交流服务平台和国际传播平台；发布各类皮书指数，并使之成为中国指数，让中国智库的声音响彻世界舞台，为人类的发展做出中国的贡献——这是皮书未来发展的图景。作为“皮书”这个概念的提出者，“皮书”从一般图书到系列图书和品牌图书，最终成为智库研究和社会科学应用对策研究的知识服务和成果推广平台这整个过程的操盘者，我相信，这也是每一位皮书人执着追求的目标。

“当代中国正经历着我国历史上最为广泛而深刻的社会变革，也正在进行着人类历史上最为宏大而独特的实践创新。这种前无古人的伟大实践，必将给理论创造、学术繁荣提供强大动力和广阔空间。”

在这个需要思想而且一定能够产生思想的时代，皮书的研创出版一定能创造出新的更大的辉煌！

社会科学文献出版社社长

中国社会学会秘书长

谢寿光

2017年11月

社会科学文献出版社简介

社会科学文献出版社（以下简称“社科文献出版社”）成立于1985年，是直属于中国社会科学院的人文社会科学学术出版机构。成立至今，社科文献出版社始终依托中国社会科学院和国内外人文社会科学界丰厚的学术出版和专家学者资源，坚持“创社科经典，出传世文献”的出版理念、“权威、前沿、原创”的产品定位以及学术成果和智库成果出版的专业化、数字化、国际化、市场化的经营道路。

社科文献出版社是中国新闻出版业转型与文化体制改革的先行者。积极探索文化体制改革的先进方向和现代企业经营决策机制，社科文献出版社先后荣获“全国文化体制改革工作先进单位”、中国出版政府奖·先进出版单位奖，中国社会科学院先进集体、全国科普工作先进集体等荣誉称号。多人次荣获“第十届韬奋出版奖”“全国新闻出版行业领军人才”“数字出版先进人物”“北京市新闻出版广电行业领军人才”等称号。

社科文献出版社是中国人文社会科学学术出版的大社名社，也是以皮书为代表的智库成果出版的专业强社。年出版图书2000余种，其中皮书400余种，出版新书字数5.5亿字，承印与发行中国社科院院属期刊72种，先后创立了皮书系列、列国志、中国史话、社科文献学术译库、社科文献学术文库、甲骨文书系等一大批既有学术影响又有市场价值的品牌，确立了在社会学、近代史、苏东问题研究等专业学科及领域出版的领先地位。图书多次荣获中国出版政府奖、“三个一百”原创图书出版工程、“五个‘一’工程奖”、“大众喜爱的50种图书”等奖项，在中央国家机关“强素质·做表率”读书活动中，入选图书品种数位居各大出版社之首。

社科文献出版社是中国学术出版规范与标准的倡议者与制定者，代表全国50多家出版社发起实施学术著作出版规范的倡议，承担学术著作规范国家标准的起草工作，率先编撰完成《皮书手册》对皮书品牌进行规范化管理，并在此基础上推出中国版芝加哥手册——《社科文献出版社学术出版手册》。

社科文献出版社是中国数字出版的引领者，拥有皮书数据库、列国志数据库、“一带一路”数据库、减贫数据库、集刊数据库等4大产品线11个数据库产品，机构用户达1300余家，海外用户百余家，荣获“数字出版转型示范单位”“新闻出版标准化先进单位”“专业数字内容资源知识服务模式试点企业标准化示范单位”等称号。

社科文献出版社是中国学术出版走出去的践行者。社科文献出版社海外图书出版与学术合作业务遍及全球40余个国家和地区，并于2016年成立俄罗斯分社，累计输出图书500余种，涉及近20个语种，累计获得国家社科基金中华学术外译项目资助76种、“丝路书香工程”项目资助60种、中国图书对外推广计划项目资助71种以及经典中国国际出版工程资助28种，被五部委联合认定为“2015-2016年度国家文化出口重点企业”。

如今，社科文献出版社完全靠自身积累拥有固定资产3.6亿元，年收入3亿元，设置了七大出版分社、六大专业部门，成立了皮书研究院和博士后科研工作站，培养了一支近400人的高素质与高效率的编辑、出版、营销和国际推广队伍，为未来成为学术出版的大社、名社、强社，成为文化体制改革与文化企业转型发展的排头兵奠定了坚实的基础。

宏观经济类

经济蓝皮书

2018 年中国经济形势分析与预测

李平 / 主编　2017 年 12 月出版　定价：89.00 元

◆　本书为总理基金项目，由著名经济学家李扬领衔，联合中国社会科学院等数十家科研机构、国家部委和高等院校的专家共同撰写，系统分析了 2017 年的中国经济形势并预测 2018 年中国经济运行情况。

城市蓝皮书

中国城市发展报告 No.11

潘家华　单菁菁 / 主编　2018 年 9 月出版　估价：99.00 元

◆　本书是由中国社会科学院城市发展与环境研究中心编著的，多角度、全方位地立体展示了中国城市的发展状况，并对中国城市的未来发展提出了许多建议。该书有强烈的时代感，对中国城市发展实践有重要的参考价值。

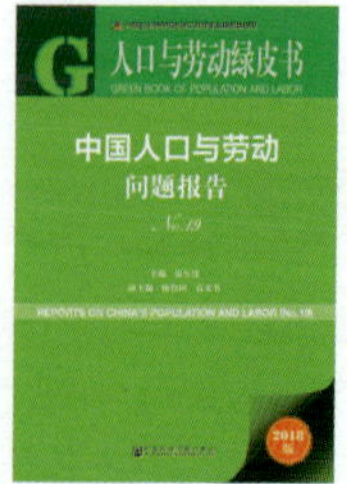

人口与劳动绿皮书

中国人口与劳动问题报告 No.19

张车伟 / 主编　2018 年 10 月出版　估价：99.00 元

◆　本书为中国社会科学院人口与劳动经济研究所主编的年度报告，对当前中国人口与劳动形势做了比较全面和系统的深入讨论，为研究中国人口与劳动问题提供了一个专业性的视角。

中国省域竞争力蓝皮书

中国省域经济综合竞争力发展报告（2017 ~ 2018）

李建平　李闽榕　高燕京 / 主编　2018 年 5 月出版　估价：198.00 元

◆　本书融多学科的理论为一体，深入追踪研究了省域经济发展与中国国家竞争力的内在关系，为提升中国省域经济综合竞争力提供有价值的决策依据。

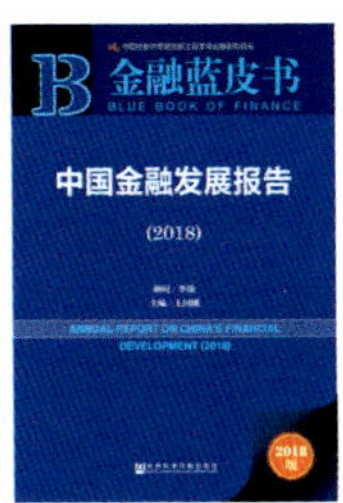

金融蓝皮书

中国金融发展报告（2018）

王国刚 / 主编　2018 年 6 月出版　估价：99.00 元

◆　本书由中国社会科学院金融研究所组织编写，概括和分析了 2017 年中国金融发展和运行中的各方面情况，研讨和评论了 2017 年发生的主要金融事件，有利于读者了解掌握 2017 年中国的金融状况，把握 2018 年中国金融的走势。

区域经济类

京津冀蓝皮书

京津冀发展报告（2018）

祝合良　叶堂林　张贵祥 / 等著　2018 年 6 月出版　估价：99.00 元

◆　本书遵循问题导向与目标导向相结合、统计数据分析与大数据分析相结合、纵向分析和长期监测与结构分析和综合监测相结合等原则，对京津冀协同发展新形势与新进展进行测度与评价。

社会政法类

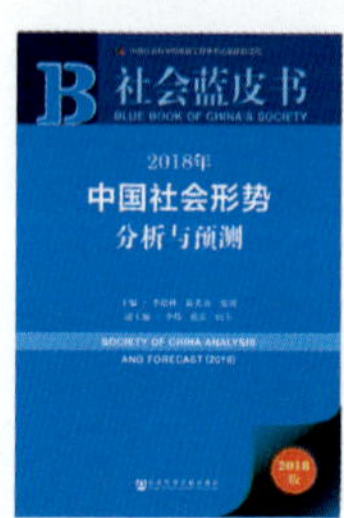

社会蓝皮书

2018年中国社会形势分析与预测

李培林　陈光金　张翼 / 主编　2017年12月出版　定价：89.00元

◆　本书由中国社会科学院社会学研究所组织研究机构专家、高校学者和政府研究人员撰写，聚焦当下社会热点，对2017年中国社会发展的各个方面内容进行了权威解读，同时对2018年社会形势发展趋势进行了预测。

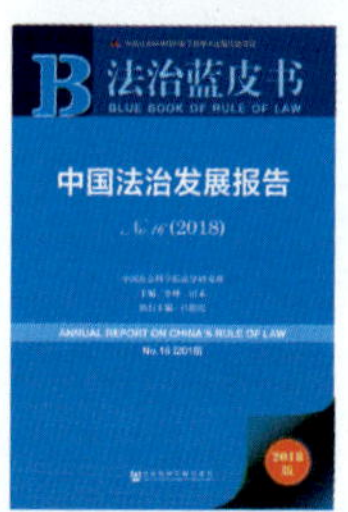

法治蓝皮书

中国法治发展报告 No.16（2018）

李林　田禾 / 主编　2018年3月出版　定价：128.00元

◆　本年度法治蓝皮书回顾总结了2017年度中国法治发展取得的成就和存在的不足，对中国政府、司法、检务透明度进行了跟踪调研，并对2018年中国法治发展形势进行了预测和展望。

教育蓝皮书

中国教育发展报告（2018）

杨东平 / 主编　2018年3月出版　定价：89.00元

◆　本书重点关注了2017年教育领域的热点，资料翔实，分析有据，既有专题研究，又有实践案例，从多角度对2017年教育改革和实践进行了分析和研究。

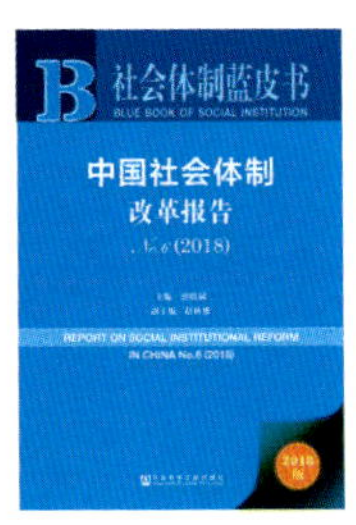

社会体制蓝皮书

中国社会体制改革报告 No.6（2018）

龚维斌 / 主编　2018 年 3 月出版　定价：98.00 元

◆　本书由国家行政学院社会治理研究中心和北京师范大学中国社会管理研究院共同组织编写，主要对 2017 年社会体制改革情况进行回顾和总结，对 2018 年的改革走向进行分析，提出相关政策建议。

社会心态蓝皮书

中国社会心态研究报告（2018）

王俊秀　杨宜音 / 主编　2018 年 12 月出版　估价：99.00 元

◆　本书是中国社会科学院社会学研究所社会心理研究中心"社会心态蓝皮书课题组"的年度研究成果，运用社会心理学、社会学、经济学、传播学等多种学科的方法进行了调查和研究，对于目前中国社会心态状况有较广泛和深入的揭示。

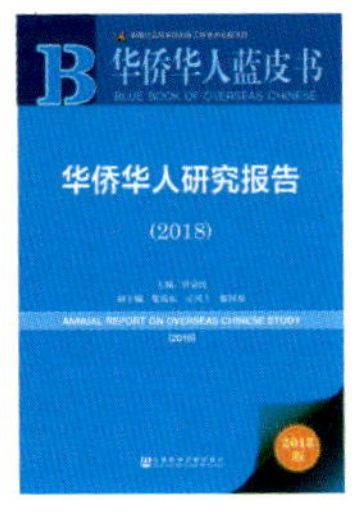

华侨华人蓝皮书

华侨华人研究报告（2018）

贾益民 / 主编　2017 年 12 月出版　估价：139.00 元

◆　本书关注华侨华人生产与生活的方方面面。华侨华人是中国建设 21 世纪海上丝绸之路的重要中介者、推动者和参与者。本书旨在全面调研华侨华人，提供最新涉侨动态、理论研究成果和政策建议。

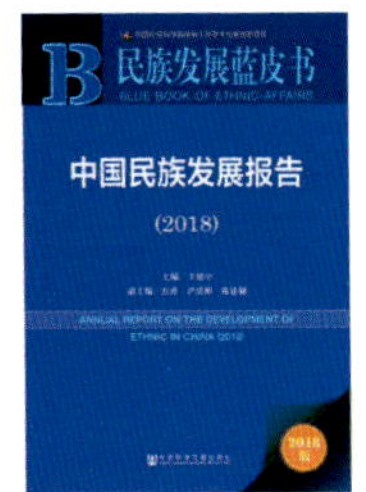

民族发展蓝皮书

中国民族发展报告（2018）

王延中 / 主编　2018 年 10 月出版　估价：188.00 元

◆　本书从民族学人类学视角，研究近年来少数民族和民族地区的发展情况，展示民族地区经济、政治、文化、社会和生态文明"五位一体"建设取得的辉煌成就和面临的困难挑战，为深刻理解中央民族工作会议精神、加快民族地区全面建成小康社会进程提供了实证材料。

产业经济类

房地产蓝皮书

中国房地产发展报告 No.15（2018）

李春华　王业强 / 主编　2018 年 5 月出版　估价：99.00 元

◆　2018 年《房地产蓝皮书》持续追踪中国房地产市场最新动态，深度剖析市场热点，展望 2018 年发展趋势，积极谋划应对策略。对 2017 年房地产市场的发展态势进行全面、综合的分析。

新能源汽车蓝皮书

中国新能源汽车产业发展报告（2018）

中国汽车技术研究中心　日产（中国）投资有限公司

东风汽车有限公司 / 编著　2018 年 8 月出版　估价：99.00 元

◆　本书对中国 2017 年新能源汽车产业发展进行了全面系统的分析，并介绍了国外的发展经验。有助于相关机构、行业和社会公众等了解中国新能源汽车产业发展的最新动态，为政府部门出台新能源汽车产业相关政策法规、企业制定相关战略规划，提供必要的借鉴和参考。

行业及其他类

旅游绿皮书

2017 ~ 2018 年中国旅游发展分析与预测

中国社会科学院旅游研究中心 / 编　2018 年 1 月出版　定价：99.00 元

◆　本书从政策、产业、市场、社会等多个角度勾画出 2017 年中国旅游发展全貌，剖析了其中的热点和核心问题，并就未来发展作出预测。

民营医院蓝皮书

中国民营医院发展报告（2018）

薛晓林 / 主编　2018 年 11 月出版　估价：99.00 元

◆　本书在梳理国家对社会办医的各种利好政策的前提下，对我国民营医疗发展现状、我国民营医院竞争力进行了分析，并结合我国医疗体制改革对民营医院的发展趋势、发展策略、战略规划等方面进行了预估。

会展蓝皮书

中外会展业动态评估研究报告（2018）

张敏 / 主编　2018 年 12 月出版　估价：99.00 元

◆　本书回顾了 2017 年的会展业发展动态，结合“供给侧改革”、“互联网 +”、“绿色经济”的新形势分析了我国展会的行业现状，并介绍了国外的发展经验，有助于行业和社会了解最新的展会业动态。

中国上市公司蓝皮书

中国上市公司发展报告（2018）

张平　王宏淼 / 主编　2018 年 9 月出版　估价：99.00 元

◆　本书由中国社会科学院上市公司研究中心组织编写的，着力于全面、真实、客观反映当前中国上市公司财务状况和价值评估的综合性年度报告。本书详尽分析了 2017 年中国上市公司情况，特别是现实中暴露出的制度性、基础性问题，并对资本市场改革进行了探讨。

工业和信息化蓝皮书

人工智能发展报告（2017 ～ 2018）

尹丽波 / 主编　2018 年 6 月出版　估价：99.00 元

◆　本书国家工业信息安全发展研究中心在对 2017 年全球人工智能技术和产业进行全面跟踪研究基础上形成的研究报告。该报告内容翔实、视角独特，具有较强的产业发展前瞻性和预测性，可为相关主管部门、行业协会、企业等全面了解人工智能发展形势以及进行科学决策提供参考。

国际问题与全球治理类

世界经济黄皮书

2018 年世界经济形势分析与预测

张宇燕 / 主编　2018 年 1 月出版　定价：99.00 元

◆　本书由中国社会科学院世界经济与政治研究所的研究团队撰写，分总论、国别与地区、专题、热点、世界经济统计与预测等五个部分，对 2018 年世界经济形势进行了分析。

国际城市蓝皮书

国际城市发展报告（2018）

屠启宇 / 主编　2018 年 2 月出版　定价：89.00 元

◆　本书作者以上海社会科学院从事国际城市研究的学者团队为核心，汇集同济大学、华东师范大学、复旦大学、上海交通大学、南京大学、浙江大学相关城市研究专业学者。立足动态跟踪介绍国际城市发展时间中，最新出现的重大战略、重大理念、重大项目、重大报告和最佳案例。

非洲黄皮书

非洲发展报告 No.20（2017 ~ 2018）

张宏明 / 主编　2018 年 7 月出版　估价：99.00 元

◆　本书是由中国社会科学院西亚非洲研究所组织编撰的非洲形势年度报告，比较全面、系统地分析了 2017 年非洲政治形势和热点问题，探讨了非洲经济形势和市场走向，剖析了大国对非洲关系的新动向；此外，还介绍了国内非洲研究的新成果。

国别类

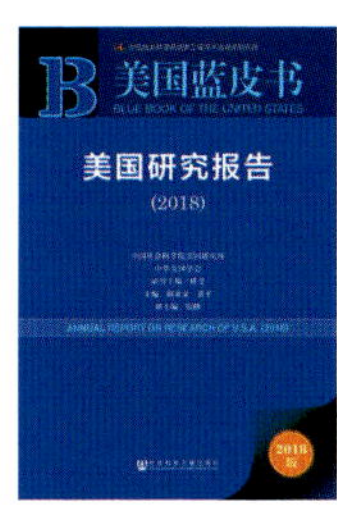

美国蓝皮书

美国研究报告（2018）

郑秉文　黄平 / 主编　2018 年 5 月出版　估价：99.00 元

◆　本书是由中国社会科学院美国研究所主持完成的研究成果，它回顾了美国 2017 年的经济、政治形势与外交战略，对美国内政外交发生的重大事件及重要政策进行了较为全面的回顾和梳理。

德国蓝皮书

德国发展报告（2018）

郑春荣 / 主编　2018 年 6 月出版　估价：99.00 元

◆　本报告由同济大学德国研究所组织编撰，由该领域的专家学者对德国的政治、经济、社会文化、外交等方面的形势发展情况，进行全面的阐述与分析。

俄罗斯黄皮书

俄罗斯发展报告（2018）

李永全 / 编著　2018 年 6 月出版　估价：99.00 元

◆　本书系统介绍了 2017 年俄罗斯经济政治情况，并对 2016 年该地区发生的焦点、热点问题进行了分析与回顾；在此基础上，对该地区 2018 年的发展前景进行了预测。

文化传媒类

新媒体蓝皮书

中国新媒体发展报告 No.9（2018）

唐绪军 / 主编　2018 年 6 月出版　估价：99.00 元

◆　本书是由中国社会科学院新闻与传播研究所组织编写的关于新媒体发展的最新年度报告，旨在全面分析中国新媒体的发展现状，解读新媒体的发展趋势，探析新媒体的深刻影响。

移动互联网蓝皮书

中国移动互联网发展报告（2018）

余清楚 / 主编　2018 年 6 月出版　估价：99.00 元

◆　本书着眼于对 2017 年度中国移动互联网的发展情况做深入解析，对未来发展趋势进行预测，力求从不同视角、不同层面全面剖析中国移动互联网发展的现状、年度突破及热点趋势等。

文化蓝皮书

中国文化消费需求景气评价报告（2018）

王亚南 / 主编　2018 年 3 月出版　定价：99.00 元

◆　本书首创全国文化发展量化检测评价体系，也是至今全国唯一的文化民生量化检测评价体系，对于检验全国及各地 " 以人民为中心 " 的文化发展具有首创意义。

地方发展类

北京蓝皮书

北京经济发展报告（2017～2018）

杨松 / 主编　2018 年 6 月出版　估价：99.00 元

◆　本书对 2017 年北京市经济发展的整体形势进行了系统性的分析与回顾，并对 2018 年经济形势走势进行了预测与研判，聚焦北京市经济社会发展中的全局性、战略性和关键领域的重点问题，运用定量和定性分析相结合的方法，对北京市经济社会发展的现状、问题、成因进行了深入分析，提出了可操作性的对策建议。

温州蓝皮书

2018 年温州经济社会形势分析与预测

蒋儒标　王春光　金浩 / 主编　2018 年 6 月出版　估价：99.00 元

◆　本书是中共温州市委党校和中国社会科学院社会学研究所合作推出的第十一本温州蓝皮书，由来自党校、政府部门、科研机构、高校的专家、学者共同撰写的 2017 年温州区域发展形势的最新研究成果。

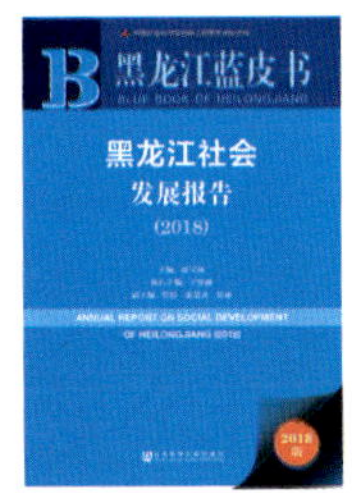

黑龙江蓝皮书

黑龙江社会发展报告（2018）

王爱丽 / 主编　2018 年 1 月出版　定价：89.00 元

◆　本书以千份随机抽样问卷调查和专题研究为依据，运用社会学理论框架和分析方法，从专家和学者的独特视角，对 2017 年黑龙江省关系民生的问题进行广泛的调研与分析，并对 2017 年黑龙江省诸多社会热点和焦点问题进行了有益的探索。这些研究不仅可以为政府部门更加全面深入了解省情、科学制定决策提供智力支持，同时也可以为广大读者认识、了解、关注黑龙江社会发展提供理性思考。

宏观经济类

城市蓝皮书
中国城市发展报告（No.11）
著(编)者：潘家华 单菁菁
2018年9月出版 / 估价：99.00元
PSN B-2007-091-1/1

城乡一体化蓝皮书
中国城乡一体化发展报告（2018）
著(编)者：付崇兰
2018年9月出版 / 估价：99.00元
PSN B-2011-226-1/2

城镇化蓝皮书
中国新型城镇化健康发展报告（2018）
著(编)者：张占斌
2018年8月出版 / 估价：99.00元
PSN B-2014-396-1/1

创新蓝皮书
创新型国家建设报告（2018～2019）
著(编)者：詹正茂
2018年12月出版 / 估价：99.00元
PSN B-2009-140-1/1

低碳发展蓝皮书
中国低碳发展报告（2018）
著(编)者：张希良 齐晔
2018年6月出版 / 估价：99.00元
PSN B-2011-223-1/1

低碳经济蓝皮书
中国低碳经济发展报告（2018）
著(编)者：薛进军 赵忠秀
2018年11月出版 / 估价：99.00元
PSN B-2011-194-1/1

发展和改革蓝皮书
中国经济发展和体制改革报告No.9
著(编)者：邹东涛 王再文
2018年1月出版 / 估价：99.00元
PSN B-2008-122-1/1

国家创新蓝皮书
中国创新发展报告（2017）
著(编)者：陈劲 2018年5月出版 / 估价：99.00元
PSN B-2014-370-1/1

金融蓝皮书
中国金融发展报告（2018）
著(编)者：王国刚
2018年6月出版 / 估价：99.00元
PSN B-2004-031-1/7

经济蓝皮书
2018年中国经济形势分析与预测
著(编)者：李平 2017年12月出版 / 定价：89.00元
PSN B-1996-001-1/1

经济蓝皮书春季号
2018年中国经济前景分析
著(编)者：李扬 2018年5月出版 / 估价：99.00元
PSN B-1999-008-1/1

经济蓝皮书夏季号
中国经济增长报告（2017～2018）
著(编)者：李扬 2018年9月出版 / 估价：99.00元
PSN B-2010-176-1/1

农村绿皮书
中国农村经济形势分析与预测（2017～2018）
著(编)者：魏后凯 黄秉信
2018年4月出版 / 定价：99.00元
PSN G-1998-003-1/1

人口与劳动绿皮书
中国人口与劳动问题报告No.19
著(编)者：张车伟 2018年11月出版 / 估价：99.00元
PSN G-2000-012-1/1

新型城镇化蓝皮书
新型城镇化发展报告（2017）
著(编)者：李伟 宋敏
2018年3月出版 / 定价：98.00元
PSN B-2005-038-1/1

中国省域竞争力蓝皮书
中国省域经济综合竞争力发展报告（2016～2017）
著(编)者：李建平 李闽榕
2018年2月出版 / 定价：198.00元
PSN B-2007-088-1/1

中小城市绿皮书
中国中小城市发展报告（2018）
著(编)者：中国城市经济学会中小城市经济发展委员会
中国城镇化促进会中小城市发展委员会
《中国中小城市发展报告》编纂委员会
中小城市发展战略研究院
2018年11月出版 / 估价：128.00元
PSN G-2010-161-1/1

区域经济类

东北蓝皮书
中国东北地区发展报告（2018）
著(编)者：姜晓秋　2018年11月出版 / 估价：99.00元
PSN B-2006-067-1/1

金融蓝皮书
中国金融中心发展报告（2017～2018）
著(编)者：王力 黄育华　2018年11月出版 / 估价：99.00元
PSN B-2011-186-6/7

京津冀蓝皮书
京津冀发展报告（2018）
著(编)者：祝合良 叶堂林 张贵祥
2018年6月出版 / 估价：99.00元
PSN B-2012-262-1/1

西北蓝皮书
中国西北发展报告（2018）
著(编)者：王福生 马廷旭 董秋生
2018年1月出版 / 定价：99.00元
PSN B-2012-261-1/1

西部蓝皮书
中国西部发展报告（2018）
著(编)者：璋勇 任保平　2018年8月出版 / 估价：99.00元
PSN B-2005-039-1/1

长江经济带产业蓝皮书
长江经济带产业发展报告（2018）
著(编)者：吴传清　2018年11月出版 / 估价：128.00元
PSN B-2017-666-1/1

长江经济带蓝皮书
长江经济带发展报告（2017～2018）
著(编)者：王振　2018年11月出版 / 估价：99.00元
PSN B-2016-575-1/1

长江中游城市群蓝皮书
长江中游城市群新型城镇化与产业协同发展报告（2018）
著(编)者：杨刚强　2018年11月出版 / 估价：99.00元
PSN B-2016-578-1/1

长三角蓝皮书
2017年创新融合发展的长三角
著(编)者：刘飞跃　2018年5月出版 / 估价：99.00元
PSN B-2005-038-1/1

长株潭城市群蓝皮书
长株潭城市群发展报告（2017）
著(编)者：张萍 朱有志　2018年6月出版 / 估价：99.00元
PSN B-2008-109-1/1

特色小镇蓝皮书
特色小镇智慧运营报告（2018）：顶层设计与智慧架构标准
著(编)者：陈劲　2018年1月出版 / 定价：79.00元
PSN B-2018-692-1/1

中部竞争力蓝皮书
中国中部经济社会竞争力报告（2018）
著(编)者：教育部人文社会科学重点研究基地南昌大学中国中部经济社会发展研究中心
2018年12月出版 / 估价：99.00元
PSN B-2012-276-1/1

中部蓝皮书
中国中部地区发展报告（2018）
著(编)者：宋亚平　2018年12月出版 / 估价：99.00元
PSN B-2007-089-1/1

区域蓝皮书
中国区域经济发展报告（2017～2018）
著(编)者：赵弘　2018年5月出版 / 估价：99.00元
PSN B-2004-034-1/1

中三角蓝皮书
长江中游城市群发展报告（2018）
著(编)者：秦尊文　2018年9月出版 / 估价：99.00元
PSN B-2014-417-1/1

中原蓝皮书
中原经济区发展报告（2018）
著(编)者：李英杰　2018年6月出版 / 估价：99.00元
PSN B-2011-192-1/1

珠三角流通蓝皮书
珠三角商圈发展研究报告（2018）
著(编)者：王先庆 林至颖　2018年7月出版 / 估价：99.00元
PSN B-2012-292-1/1

社会政法类

北京蓝皮书
中国社区发展报告（2017～2018）
著(编)者：于燕燕　2018年9月出版 / 估价：99.00元
PSN B-2007-083-5/8

殡葬绿皮书
中国殡葬事业发展报告（2017～2018）
著(编)者：李伯森　2018年6月出版 / 估价：158.00元
PSN G-2010-180-1/1

城市管理蓝皮书
中国城市管理报告（2017-2018）
著(编)者：刘林 刘承水　2018年5月出版 / 估价：158.00元
PSN B-2013-336-1/1

城市生活质量蓝皮书
中国城市生活质量报告（2017）
著(编)者：张连城 张平 杨春学 郎丽华
2017年12月出版 / 定价：89.00元
PSN B-2013-326-1/1

城市政府能力蓝皮书
中国城市政府公共服务能力评估报告（2018）
著(编)者：何艳玲　2018年5月出版 / 估价：99.00元
PSN B-2013-338-1/1

创业蓝皮书
中国创业发展研究报告（2017~2018）
著(编)者：黄群慧 赵卫星 钟宏武
2018年11月出版 / 估价：99.00元
PSN B-2016-577-1/1

慈善蓝皮书
中国慈善发展报告（2018）
著(编)者：杨团　2018年6月出版 / 估价：99.00元
PSN B-2009-142-1/1

党建蓝皮书
党的建设研究报告No.2（2018）
著(编)者：崔建民 陈东平　2018年6月出版 / 估价：99.00元
PSN B-2016-523-1/1

地方法治蓝皮书
中国地方法治发展报告No.3（2018）
著(编)者：李林 田禾　2018年6月出版 / 估价：118.00元
PSN B-2015-442-1/1

电子政务蓝皮书
中国电子政务发展报告（2018）
著(编)者：李季　2018年8月出版 / 估价：99.00元
PSN B-2003-022-1/1

儿童蓝皮书
中国儿童参与状况报告（2017）
著(编)者：苑立新　2017年12月出版 / 定价：89.00元
PSN B-2017-682-1/1

法治蓝皮书
中国法治发展报告No.16（2018）
著(编)者：李林 田禾　2018年3月出版 / 定价：128.00元
PSN B-2004-027-1/3

法治蓝皮书
中国法院信息化发展报告 No.2（2018）
著(编)者：李林 田禾　2018年2月出版 / 定价：118.00元
PSN B-2017-604-3/3

法治政府蓝皮书
中国法治政府发展报告（2017）
著(编)者：中国政法大学法治政府研究院
2018年3月出版 / 定价：158.00元
PSN B-2015-502-1/2

法治政府蓝皮书
中国法治政府评估报告（2018）
著(编)者：中国政法大学法治政府研究院
2018年9月出版 / 估价：168.00元
PSN B-2016-576-2/2

反腐倡廉蓝皮书
中国反腐倡廉建设报告 No.8
著(编)者：张英伟　2018年12月出版 / 估价：99.00元
PSN B-2012-259-1/1

扶贫蓝皮书
中国扶贫开发报告（2018）
著(编)者：李培林 魏后凯　2018年12月出版 / 估价：128.00元
PSN B-2016-599-1/1

妇女发展蓝皮书
中国妇女发展报告 No.6
著(编)者：王金玲　2018年9月出版 / 估价：158.00元
PSN B-2006-069-1/1

妇女教育蓝皮书
中国妇女教育发展报告 No.3
著(编)者：张李玺　2018年10月出版 / 估价：99.00元
PSN B-2008-121-1/1

妇女绿皮书
2018年：中国性别平等与妇女发展报告
著(编)者：谭琳　2018年12月出版 / 估价：99.00元
PSN G-2006-073-1/1

公共安全蓝皮书
中国城市公共安全发展报告（2017~2018）
著(编)者：黄育华 杨文明 赵建辉
2018年6月出版 / 估价：99.00元
PSN B-2017-628-1/1

公共服务蓝皮书
中国城市基本公共服务力评价（2018）
著(编)者：钟君 刘志昌 吴正杲
2018年12月出版 / 估价：99.00元
PSN B-2011-214-1/1

公民科学素质蓝皮书
中国公民科学素质报告（2017~2018）
著(编)者：李群 陈雄 马宗文
2017年12月出版 / 定价：89.00元
PSN B-2014-379-1/1

公益蓝皮书
中国公益慈善发展报告（2016）
著(编)者：朱健刚 胡小军　2018年6月出版 / 估价：99.00元
PSN B-2012-283-1/1

国际人才蓝皮书
中国国际移民报告（2018）
著(编)者：王辉耀　2018年6月出版 / 估价：99.00元
PSN B-2012-304-3/4

国际人才蓝皮书
中国留学发展报告（2018）No.7
著(编)者：王辉耀 苗绿　2018年12月出版 / 估价：99.00元
PSN B-2012-244-2/4

海洋社会蓝皮书
中国海洋社会发展报告（2017）
著(编)者：崔凤 宋宁而　2018年3月出版 / 定价：99.00元
PSN B-2015-478-1/1

行政改革蓝皮书
中国行政体制改革报告No.7（2018）
著(编)者：魏礼群　2018年6月出版 / 估价：99.00元
PSN B-2011-231-1/1

华侨华人蓝皮书
华侨华人研究报告（2017）
著(编)者：张禹东 庄国土　2017年12月出版 / 定价：148.00元
PSN B-2011-204-1/1

互联网与国家治理蓝皮书
互联网与国家治理发展报告（2017）
著(编)者：张志安　2018年1月出版 / 定价：98.00元
PSN B-2017-671-1/1

环境管理蓝皮书
中国环境管理发展报告（2017）
著(编)者：李金惠　2017年12月出版 / 定价：98.00元
PSN B-2017-678-1/1

环境竞争力绿皮书
中国省域环境竞争力发展报告（2018）
著(编)者：李建平 李闽榕 王金南
2018年11月出版 / 估价：198.00元
PSN G-2010-165-1/1

环境绿皮书
中国环境发展报告（2017～2018）
著(编)者：李波　2018年6月出版 / 估价：99.00元
PSN G-2006-048-1/1

家庭蓝皮书
中国“创建幸福家庭活动”评估报告（2018）
著(编)者：国务院发展研究中心“创建幸福家庭活动评估”课题组
2018年12月出版 / 估价：99.00元
PSN B-2015-508-1/1

健康城市蓝皮书
中国健康城市建设研究报告（2018）
著(编)者：王鸿春 盛继洪　2018年12月出版 / 估价：99.00元
PSN B-2016-564-2/2

健康中国蓝皮书
社区首诊与健康中国分析报告（2018）
著(编)者：高和荣 杨叔禹 姜杰
2018年6月出版 / 估价：99.00元
PSN B-2017-611-1/1

教师蓝皮书
中国中小学教师发展报告（2017）
著(编)者：曾晓东 鱼霞
2018年6月出版 / 估价：99.00元
PSN B-2012-289-1/1

教育扶贫蓝皮书
中国教育扶贫报告（2018）
著(编)者：司树杰 王文静 李兴洲
2018年12月出版 / 估价：99.00元
PSN B-2016-590-1/1

教育蓝皮书
中国教育发展报告（2018）
著(编)者：杨东平　2018年3月出版 / 定价：89.00元
PSN B-2006-047-1/1

金融法治建设蓝皮书
中国金融法治建设年度报告（2015～2016）
著(编)者：朱小黄　2018年6月出版 / 估价：99.00元
PSN B-2017-633-1/1

京津冀教育蓝皮书
京津冀教育发展研究报告（2017～2018）
著(编)者：方中雄　2018年6月出版 / 估价：99.00元
PSN B-2017-608-1/1

就业蓝皮书
2018年中国本科生就业报告
著(编)者：麦可思研究院　2018年6月出版 / 估价：99.00元
PSN B-2009-146-1/2

就业蓝皮书
2018年中国高职高专生就业报告
著(编)者：麦可思研究院　2018年6月出版 / 估价：99.00元
PSN B-2015-472-2/2

科学教育蓝皮书
中国科学教育发展报告（2018）
著(编)者：王康友　2018年10月出版 / 估价：99.00元
PSN B-2015-487-1/1

劳动保障蓝皮书
中国劳动保障发展报告（2018）
著(编)者：刘燕斌　2018年9月出版 / 估价：158.00元
PSN B-2014-415-1/1

老龄蓝皮书
中国老年宜居环境发展报告（2017）
著(编)者：党俊武 周燕珉　2018年6月出版 / 估价：99.00元
PSN B-2013-320-1/1

连片特困区蓝皮书
中国连片特困区发展报告（2017～2018）
著(编)者：游俊 冷志明 丁建军
2018年6月出版 / 估价：99.00元
PSN B-2013-321-1/1

流动儿童蓝皮书
中国流动儿童教育发展报告（2017）
著(编)者：杨东平　2018年6月出版 / 估价：99.00元
PSN B-2017-600-1/1

民调蓝皮书
中国民生调查报告（2018）
著(编)者：谢耘耕　2018年12月出版 / 估价：99.00元
PSN B-2014-398-1/1

民族发展蓝皮书
中国民族发展报告（2018）
著(编)者：王延中　2018年10月出版 / 估价：188.00元
PSN B-2006-070-1/1

女性生活蓝皮书
中国女性生活状况报告No.12（2018）
著(编)者：韩湘景　2018年7月出版 / 估价：99.00元
PSN B-2006-071-1/1

汽车社会蓝皮书
中国汽车社会发展报告（2017～2018）
著(编)者：王俊秀　2018年6月出版 / 估价：99.00元
PSN B-2011-224-1/1

青年蓝皮书
中国青年发展报告（2018）No.3
著(编)者：廉思　2018年6月出版 / 估价：99.00元
PSN B-2013-333-1/1

青少年蓝皮书
中国未成年人互联网运用报告（2017～2018）
著(编)者：季为民 李文革 沈杰
2018年11月出版 / 估价：99.00元
PSN B-2010-156-1/1

人权蓝皮书
中国人权事业发展报告No.8（2018）
著(编)者：李君如　2018年9月出版 / 估价：99.00元
PSN B-2011-215-1/1

社会保障绿皮书
中国社会保障发展报告No.9（2018）
著(编)者：王延中　2018年6月出版 / 估价：99.00元
PSN G-2001-014-1/1

社会风险评估蓝皮书
风险评估与危机预警报告（2017～2018）
著(编)者：唐钧　2018年8月出版 / 估价：99.00元
PSN B-2012-293-1/1

社会工作蓝皮书
中国社会工作发展报告（2016~2017）
著(编)者：民政部社会工作研究中心
2018年8月出版 / 估价：99.00元
PSN B-2009-141-1/1

社会管理蓝皮书
中国社会管理创新报告No.6
著(编)者：连玉明　2018年11月出版 / 估价：99.00元
PSN B-2012-300-1/1

社会蓝皮书
2018年中国社会形势分析与预测
著(编)者：李培林 陈光金 张翼
2017年12月出版 / 定价：89.00元
PSN B-1998-002-1/1

社会体制蓝皮书
中国社会体制改革报告No.6（2018）
著(编)者：龚维斌　2018年3月出版 / 定价：98.00元
PSN B-2013-330-1/1

社会心态蓝皮书
中国社会心态研究报告（2018）
著(编)者：王俊秀　2018年12月出版 / 估价：99.00元
PSN B-2011-199-1/1

社会组织蓝皮书
中国社会组织报告（2017-2018）
著(编)者：黄晓勇　2018年6月出版 / 估价：99.00元
PSN B-2008-118-1/2

社会组织蓝皮书
中国社会组织评估发展报告（2018）
著(编)者：徐家良　2018年12月出版 / 估价：99.00元
PSN B-2013-366-2/2

生态城市绿皮书
中国生态城市建设发展报告（2018）
著(编)者：刘举科 孙伟平 胡文臻
2018年9月出版 / 估价：158.00元
PSN G-2012-269-1/1

生态文明绿皮书
中国省域生态文明建设评价报告（ECI 2018）
著(编)者：严耕　2018年12月出版 / 估价：99.00元
PSN G-2010-170-1/1

退休生活蓝皮书
中国城市居民退休生活质量指数报告（2017）
著(编)者：杨一帆　2018年6月出版 / 估价：99.00元
PSN B-2017-618-1/1

危机管理蓝皮书
中国危机管理报告（2018）
著(编)者：文学国 范正青
2018年8月出版 / 估价：99.00元
PSN B-2010-171-1/1

学会蓝皮书
2018年中国学会发展报告
著(编)者：麦可思研究院　2018年12月出版 / 估价：99.00元
PSN B-2016-597-1/1

医改蓝皮书
中国医药卫生体制改革报告（2017～2018）
著(编)者：文学国 房志武
2018年11月出版 / 估价：99.00元
PSN B-2014-432-1/1

应急管理蓝皮书
中国应急管理报告（2018）
著(编)者：宋英华　2018年9月出版 / 估价：99.00元
PSN B-2016-562-1/1

政府绩效评估蓝皮书
中国地方政府绩效评估报告 No.2
著(编)者：贠杰　2018年12月出版 / 估价：99.00元
PSN B-2017-672-1/1

政治参与蓝皮书
中国政治参与报告（2018）
著(编)者：房宁　2018年8月出版 / 估价：128.00元
PSN B-2011-200-1/1

政治文化蓝皮书
中国政治文化报告（2018）
著(编)者：邢元敏 魏大鹏 龚克
2018年8月出版 / 估价：128.00元
PSN B-2017-615-1/1

中国传统村落蓝皮书
中国传统村落保护现状报告（2018）
著(编)者：胡彬彬 李向军 王晓波
2018年12月出版 / 估价：99.00元
PSN B-2017-663-1/1

中国农村妇女发展蓝皮书
农村流动女性城市生活发展报告（2018）
著(编)者：谢丽华　　2018年12月出版 / 估价：99.00元
PSN B-2014-434-1/1

宗教蓝皮书
中国宗教报告（2017）
著(编)者：邱永辉　　2018年8月出版 / 估价：99.00元
PSN B-2008-117-1/1

产业经济类

保健蓝皮书
中国保健服务产业发展报告 No.2
著(编)者：中国保健协会　　中共中央党校
2018年7月出版 / 估价：198.00元
PSN B-2012-272-3/3

保健蓝皮书
中国保健食品产业发展报告 No.2
著(编)者：中国保健协会
中国社会科学院食品药品产业发展与监管研究中心
2018年8月出版 / 估价：198.00元
PSN B-2012-271-2/3

保健蓝皮书
中国保健用品产业发展报告 No.2
著(编)者：中国保健协会
国务院国有资产监督管理委员会研究中心
2018年6月出版 / 估价：198.00元
PSN B-2012-270-1/3

保险蓝皮书
中国保险业竞争力报告（2018）
著(编)者：保监会　　2018年12月出版 / 估价：99.00元
PSN B-2013-311-1/1

冰雪蓝皮书
中国冰上运动产业发展报告（2018）
著(编)者：孙承华 杨占武 刘戈 张鸿俊
2018年9月出版 / 估价：99.00元
PSN B-2017-648-3/3

冰雪蓝皮书
中国滑雪产业发展报告（2018）
著(编)者：孙承华 伍斌 魏庆华 张鸿俊
2018年9月出版 / 估价：99.00元
PSN B-2016-559-1/3

餐饮产业蓝皮书
中国餐饮产业发展报告（2018）
著(编)者：邢颖
2018年6月出版 / 估价：99.00元
PSN B-2009-151-1/1

茶业蓝皮书
中国茶产业发展报告（2018）
著(编)者：杨江帆 李闽榕
2018年10月出版 / 估价：99.00元
PSN B-2010-164-1/1

产业安全蓝皮书
中国文化产业安全报告（2018）
著(编)者：北京印刷学院文化产业安全研究院
2018年12月出版 / 估价：99.00元
PSN B-2014-378-12/14

产业安全蓝皮书
中国新媒体产业安全报告（2016～2017）
著(编)者：肖丽　　2018年6月出版 / 估价：99.00元
PSN B-2015-500-14/14

产业安全蓝皮书
中国出版传媒产业安全报告（2017～2018）
著(编)者：北京印刷学院文化产业安全研究院
2018年6月出版 / 估价：99.00元
PSN B-2014-384-13/14

产业蓝皮书
中国产业竞争力报告（2018）No.8
著(编)者：张其仔　　2018年12月出版 / 估价：168.00元
PSN B-2010-175-1/1

动力电池蓝皮书
中国新能源汽车动力电池产业发展报告（2018）
著(编)者：中国汽车技术研究中心
2018年8月出版 / 估价：99.00元
PSN B-2017-639-1/1

杜仲产业绿皮书
中国杜仲橡胶资源与产业发展报告（2017～2018）
著(编)者：杜红岩 胡文臻 俞锐
2018年6月出版 / 估价：99.00元
PSN G-2013-350-1/1

房地产蓝皮书
中国房地产发展报告No.15（2018）
著(编)者：李春华 王业强
2018年5月出版 / 估价：99.00元
PSN B-2004-028-1/1

服务外包蓝皮书
中国服务外包产业发展报告（2017～2018）
著(编)者：王晓红 刘德军
2018年6月出版 / 估价：99.00元
PSN B-2013-331-2/2

服务外包蓝皮书
中国服务外包竞争力报告（2017～2018）
著(编)者：刘春生 王力 黄育华
2018年12月出版 / 估价：99.00元
PSN B-2011-216-1/2

工业和信息化蓝皮书
世界信息技术产业发展报告（2017～2018）
著(编)者：尹丽波　　2018年6月出版 / 估价：99.00元
PSN B-2015-449-2/6

工业和信息化蓝皮书
战略性新兴产业发展报告（2017～2018）
著(编)者：尹丽波　　2018年6月出版 / 估价：99.00元
PSN B-2015-450-3/6

海洋经济蓝皮书
中国海洋经济发展报告（2015～2018）
著(编)者：殷克东 高金田 方胜民
2018年3月出版 / 定价：128.00元
PSN B-2018-697-1/1

康养蓝皮书
中国康养产业发展报告（2017）
著(编)者：何莽　　2017年12月出版 / 定价：88.00元
PSN B-2017-685-1/1

客车蓝皮书
中国客车产业发展报告（2017～2018）
著(编)者：姚蔚　　2018年10月出版 / 估价：99.00元
PSN B-2013-361-1/1

流通蓝皮书
中国商业发展报告（2018～2019）
著(编)者：王雪峰 林诗慧
2018年7月出版 / 估价：99.00元
PSN B-2009-152-1/2

能源蓝皮书
中国能源发展报告（2018）
著(编)者：崔民选 王军生 陈义和
2018年12月出版 / 估价：99.00元
PSN B-2006-049-1/1

农产品流通蓝皮书
中国农产品流通产业发展报告（2017）
著(编)者：贾敬敦 张东科 张玉玺 张鹏毅 周伟
2018年6月出版 / 估价：99.00元
PSN B-2012-288-1/1

汽车工业蓝皮书
中国汽车工业发展年度报告（2018）
著(编)者：中国汽车工业协会
中国汽车技术研究中心
丰田汽车公司
2018年5月出版 / 估价：168.00元
PSN B-2015-463-1/2

汽车工业蓝皮书
中国汽车零部件产业发展报告（2017～2018）
著(编)者：中国汽车工业协会
中国汽车工程研究院深圳市沃特玛电池有限公司
2018年9月出版 / 估价：99.00元
PSN B-2016-515-2/2

汽车蓝皮书
中国汽车产业发展报告（2018）
著(编)者：中国汽车工程学会
大众汽车集团（中国）
2018年11月出版 / 估价：99.00元
PSN B-2008-124-1/1

世界茶业蓝皮书
世界茶业发展报告（2018）
著(编)者：李闽榕 冯廷佺
2018年5月出版 / 估价：168.00元
PSN B-2017-619-1/1

世界能源蓝皮书
世界能源发展报告（2018）
著(编)者：黄晓勇　　2018年6月出版 / 估价：168.00元
PSN B-2013-349-1/1

石油蓝皮书
中国石油产业发展报告（2018）
著(编)者：中国石油化工集团公司经济技术研究院
中国国际石油化工联合有限责任公司
中国社会科学院数量经济与技术经济研究所
2018年2月出版 / 定价：98.00元
PSN B-2018-690-1/1

体育蓝皮书
国家体育产业基地发展报告（2016～2017）
著(编)者：李颖川　　2018年6月出版 / 估价：168.00元
PSN B-2017-609-5/5

体育蓝皮书
中国体育产业发展报告（2018）
著(编)者：阮伟 钟秉枢
2018年12月出版 / 估价：99.00元
PSN B-2010-179-1/5

文化金融蓝皮书
中国文化金融发展报告（2018）
著(编)者：杨涛 金巍
2018年6月出版 / 估价：99.00元
PSN B-2017-610-1/1

新能源汽车蓝皮书
中国新能源汽车产业发展报告（2018）
著(编)者：中国汽车技术研究中心
日产（中国）投资有限公司
东风汽车有限公司
2018年8月出版 / 估价：99.00元
PSN B-2013-347-1/1

薏仁米产业蓝皮书
中国薏仁米产业发展报告No.2（2018）
著(编)者：李发耀 石明　秦礼康
2018年8月出版 / 估价：99.00元
PSN B-2017-645-1/1

邮轮绿皮书
中国邮轮产业发展报告（2018）
著(编)者：汪泓　　2018年10月出版 / 估价：99.00元
PSN G-2014-419-1/1

智能养老蓝皮书
中国智能养老产业发展报告（2018）
著(编)者：朱勇　　2018年10月出版 / 估价：99.00元
PSN B-2015-488-1/1

中国节能汽车蓝皮书
中国节能汽车发展报告（2017～2018）
著(编)者：中国汽车工程研究院股份有限公司
2018年9月出版 / 估价：99.00元
PSN B-2016-565-1/1

中国陶瓷产业蓝皮书
中国陶瓷产业发展报告（2018）
著(编)者：左和平 黄速建
2018年10月出版 / 估价：99.00元
PSN B-2016-573-1/1

装备制造业蓝皮书
中国装备制造业发展报告（2018）
著(编)者：徐东华
2018年12月出版 / 估价：118.00元
PSN B-2015-505-1/1

行业及其他类

“三农”互联网金融蓝皮书
中国“三农”互联网金融发展报告（2018）
著(编)者：李勇坚 王弢
2018年8月出版 / 估价：99.00元
PSN B-2016-560-1/1

SUV蓝皮书
中国SUV市场发展报告（2017～2018）
著(编)者：靳军 2018年9月出版 / 估价：99.00元
PSN B-2016-571-1/1

冰雪蓝皮书
中国冬季奥运会发展报告（2018）
著(编)者：孙承华 伍斌 魏庆华 张鸿俊
2018年9月出版 / 估价：99.00元
PSN B-2017-647-2/3

彩票蓝皮书
中国彩票发展报告（2018）
著(编)者：益彩基金 2018年6月出版 / 估价：99.00元
PSN B-2015-462-1/1

测绘地理信息蓝皮书
测绘地理信息供给侧结构性改革研究报告（2018）
著(编)者：库热西・买合苏提
2018年12月出版 / 估价：168.00元
PSN B-2009-145-1/1

产权市场蓝皮书
中国产权市场发展报告（2017）
著(编)者：曹和平
2018年5月出版 / 估价：99.00元
PSN B-2009-147-1/1

城投蓝皮书
中国城投行业发展报告（2018）
著(编)者：华景斌
2018年11月出版 / 估价：300.00元
PSN B-2016-514-1/1

城市轨道交通蓝皮书
中国城市轨道交通运营发展报告（2017～2018）
著(编)者：崔学忠 贾文峥
2018年3月出版 / 定价：89.00元
PSN B-2018-694-1/1

大数据蓝皮书
中国大数据发展报告（No.2）
著(编)者：连玉明 2018年5月出版 / 估价：99.00元
PSN B-2017-620-1/1

大数据应用蓝皮书
中国大数据应用发展报告No.2（2018）
著(编)者：陈军君 2018年8月出版 / 估价：99.00元
PSN B-2017-644-1/1

对外投资与风险蓝皮书
中国对外直接投资与国家风险报告（2018）
著(编)者：中债资信评估有限责任公司
中国社会科学院世界经济与政治研究所
2018年6月出版 / 估价：189.00元
PSN B-2017-606-1/1

工业和信息化蓝皮书
人工智能发展报告（2017～2018）
著(编)者：尹丽波 2018年6月出版 / 估价：99.00元
PSN B-2015-448-1/6

工业和信息化蓝皮书
世界智慧城市发展报告（2017～2018）
著(编)者：尹丽波 2018年6月出版 / 估价：99.00元
PSN B-2017-624-6/6

工业和信息化蓝皮书
世界网络安全发展报告（2017～2018）
著(编)者：尹丽波 2018年6月出版 / 估价：99.00元
PSN B-2015-452-5/6

工业和信息化蓝皮书
世界信息化发展报告（2017～2018）
著(编)者：尹丽波 2018年6月出版 / 估价：99.00元
PSN B-2015-451-4/6

工业设计蓝皮书
中国工业设计发展报告（2018）
著(编)者：王晓红 于炜 张立群 2018年9月出版 / 估价：168.00元
PSN B-2014-420-1/1

公共关系蓝皮书
中国公共关系发展报告（2017）
著(编)者：柳斌杰 2018年1月出版 / 定价：89.00元
PSN B-2016-579-1/1

公共关系蓝皮书
中国公共关系发展报告（2018）
著(编)者：柳斌杰　2018年11月出版 / 估价：99.00元
PSN B-2016-579-1/1

管理蓝皮书
中国管理发展报告（2018）
著(编)者：张晓东　2018年10月出版 / 估价：99.00元
PSN B-2014-416-1/1

轨道交通蓝皮书
中国轨道交通行业发展报告（2017）
著(编)者：仲建华 李闽榕
2017年12月出版 / 定价：98.00元
PSN B-2017-674-1/1

海关发展蓝皮书
中国海关发展前沿报告（2018）
著(编)者：干春晖　2018年6月出版 / 估价：99.00元
PSN B-2017-616-1/1

互联网医疗蓝皮书
中国互联网健康医疗发展报告（2018）
著(编)者：芮晓武　2018年6月出版 / 估价：99.00元
PSN B-2016-567-1/1

黄金市场蓝皮书
中国商业银行黄金业务发展报告（2017～2018）
著(编)者：平安银行　2018年6月出版 / 估价：99.00元
PSN B-2016-524-1/1

会展蓝皮书
中外会展业动态评估研究报告（2018）
著(编)者：张敏 任中峰 聂鑫焱 牛盼强
2018年12月出版 / 估价：99.00元
PSN B-2013-327-1/1

基金会蓝皮书
中国基金会发展报告（2017~2018）
著(编)者：中国基金会发展报告课题组
2018年6月出版 / 估价：99.00元
PSN B-2013-368-1/1

基金会绿皮书
中国基金会发展独立研究报告（2018）
著(编)者：基金会中心网　中央民族大学基金会研究中心
2018年6月出版 / 估价：99.00元
PSN G-2011-213-1/1

基金会透明度蓝皮书
中国基金会透明度发展研究报告（2018）
著(编)者：基金会中心网
清华大学廉政与治理研究中心
2018年9月出版 / 估价：99.00元
PSN B-2013-339-1/1

建筑装饰蓝皮书
中国建筑装饰行业发展报告（2018）
著(编)者：葛道顺 刘晓一
2018年10月出版 / 估价：198.00元
PSN B-2016-553-1/1

金融监管蓝皮书
中国金融监管报告（2018）
著(编)者：胡滨　2018年3月出版 / 定价：98.00元
PSN B-2012-281-1/1

金融蓝皮书
中国互联网金融行业分析与评估（2018～2019）
著(编)者：黄国平 伍旭川　2018年12月出版 / 估价：99.00元
PSN B-2016-585-7/7

金融科技蓝皮书
中国金融科技发展报告（2018）
著(编)者：李扬 孙国峰　2018年10月出版 / 估价：99.00元
PSN B-2014-374-1/1

金融信息服务蓝皮书
中国金融信息服务发展报告（2018）
著(编)者：李平　2018年5月出版 / 估价：99.00元
PSN B-2017-621-1/1

金蜜蜂企业社会责任蓝皮书
金蜜蜂中国企业社会责任报告研究（2017）
著(编)者：殷格非 于志宏 管竹笋
2018年1月出版 / 定价：99.00元
PSN B-2018-693-1/1

京津冀金融蓝皮书
京津冀金融发展报告（2018）
著(编)者：王爱俭 王璟怡　2018年10月出版 / 估价：99.00元
PSN B-2016-527-1/1

科普蓝皮书
国家科普能力发展报告（2018）
著(编)者：王康友　2018年5月出版 / 估价：138.00元
PSN B-2017-632-4/4

科普蓝皮书
中国基层科普发展报告（2017～2018）
著(编)者：赵立新 陈玲　2018年9月出版 / 估价：99.00元
PSN B-2016-568-3/4

科普蓝皮书
中国科普基础设施发展报告（2017～2018）
著(编)者：任福君　2018年6月出版 / 估价：99.00元
PSN B-2010-174-1/3

科普蓝皮书
中国科普人才发展报告（2017～2018）
著(编)者：郑念 任嵘嵘　2018年7月出版 / 估价：99.00元
PSN B-2016-512-2/4

科普能力蓝皮书
中国科普能力评价报告（2018～2019）
著(编)者：李富强 李群　2018年8月出版 / 估价：99.00元
PSN B-2016-555-1/1

临空经济蓝皮书
中国临空经济发展报告（2018）
著(编)者：连玉明　2018年9月出版 / 估价：99.00元
PSN B-2014-421-1/1

旅游安全蓝皮书
中国旅游安全报告（2018）
著(编)者：郑向敏 谢朝武　　2018年5月出版 / 估价：158.00元
PSN B-2012-280-1/1

旅游绿皮书
2017～2018年中国旅游发展分析与预测
著(编)者：宋瑞　　2018年1月出版 / 定价：99.00元
PSN G-2002-018-1/1

煤炭蓝皮书
中国煤炭工业发展报告（2018）
著(编)者：岳福斌　　2018年12月出版 / 估价：99.00元
PSN B-2008-123-1/1

民营企业社会责任蓝皮书
中国民营企业社会责任报告（2018）
著(编)者：中华全国工商业联合会
2018年12月出版 / 估价：99.00元
PSN B-2015-510-1/1

民营医院蓝皮书
中国民营医院发展报告（2017）
著(编)者：薛晓林　　2017年12月出版 / 定价：89.00元
PSN B-2012-299-1/1

闽商蓝皮书
闽商发展报告（2018）
著(编)者：李闽榕 王日根 林琛
2018年12月出版 / 估价：99.00元
PSN B-2012-298-1/1

农业应对气候变化蓝皮书
中国农业气象灾害及其灾损评估报告（No.3）
著(编)者：矫梅燕　　2018年6月出版 / 估价：118.00元
PSN B-2014-413-1/1

品牌蓝皮书
中国品牌战略发展报告（2018）
著(编)者：汪同三　　2018年10月出版 / 估价：99.00元
PSN B-2016-580-1/1

企业扶贫蓝皮书
中国企业扶贫研究报告（2018）
著(编)者：钟宏武　　2018年12月出版 / 估价：99.00元
PSN B-2016-593-1/1

企业公益蓝皮书
中国企业公益研究报告（2018）
著(编)者：钟宏武 汪杰 黄晓娟
2018年12月出版 / 估价：99.00元
PSN B-2015-501-1/1

企业国际化蓝皮书
中国企业全球化报告（2018）
著(编)者：王辉耀 苗绿　　2018年11月出版 / 估价：99.00元
PSN B-2014-427-1/1

企业蓝皮书
中国企业绿色发展报告No.2（2018）
著(编)者：李红玉 朱光辉
2018年8月出版 / 估价：99.00元
PSN B-2015-481-2/2

企业社会责任蓝皮书
中资企业海外社会责任研究报告（2017～2018）
著(编)者：钟宏武 叶柳红 张蒽
2018年6月出版 / 估价：99.00元
PSN B-2017-603-2/2

企业社会责任蓝皮书
中国企业社会责任研究报告（2018）
著(编)者：黄群慧 钟宏武 张蒽 汪杰
2018年11月出版 / 估价：99.00元
PSN B-2009-149-1/2

汽车安全蓝皮书
中国汽车安全发展报告（2018）
著(编)者：中国汽车技术研究中心
2018年8月出版 / 估价：99.00元
PSN B-2014-385-1/1

汽车电子商务蓝皮书
中国汽车电子商务发展报告（2018）
著(编)者：中华全国工商业联合会汽车经销商商会
北方工业大学
北京易观智库网络科技有限公司
2018年10月出版 / 估价：158.00元
PSN B-2015-485-1/1

汽车知识产权蓝皮书
中国汽车产业知识产权发展报告（2018）
著(编)者：中国汽车工程研究院股份有限公司
中国汽车工程学会
重庆长安汽车股份有限公司
2018年12月出版 / 估价：99.00元
PSN B-2016-594-1/1

青少年体育蓝皮书
中国青少年体育发展报告（2017）
著(编)者：刘扶民 杨桦　　2018年6月出版 / 估价：99.00元
PSN B-2015-482-1/1

区块链蓝皮书
中国区块链发展报告（2018）
著(编)者：李伟　　2018年9月出版 / 估价：99.00元
PSN B-2017-649-1/1

群众体育蓝皮书
中国群众体育发展报告（2017）
著(编)者：刘国永 戴健　　2018年5月出版 / 估价：99.00元
PSN B-2014-411-1/3

群众体育蓝皮书
中国社会体育指导员发展报告（2018）
著(编)者：刘国永 王欢　　2018年6月出版 / 估价：99.00元
PSN B-2016-520-3/3

人力资源蓝皮书
中国人力资源发展报告（2018）
著(编)者：余兴安　　2018年11月出版 / 估价：99.00元
PSN B-2012-287-1/1

融资租赁蓝皮书
中国融资租赁业发展报告（2017～2018）
著(编)者：李光荣 王力　　2018年8月出版 / 估价：99.00元
PSN B-2015-443-1/1

商会蓝皮书
中国商会发展报告No.5（2017）
著(编)者：王钦敏　2018年7月出版 / 估价：99.00元
PSN B-2008-125-1/1

商务中心区蓝皮书
中国商务中心区发展报告No.4（2017~2018）
著(编)者：李国红 单菁菁　2018年9月出版 / 估价：99.00元
PSN B-2015-444-1/1

设计产业蓝皮书
中国创新设计发展报告（2018）
著(编)者：王晓红 张立群 于炜
2018年11月出版 / 估价：99.00元
PSN B-2016-581-2/2

社会责任管理蓝皮书
中国上市公司社会责任能力成熟度报告No.4（2018）
著(编)者：肖红军 王晓光 李伟阳
2018年12月出版 / 估价：99.00元
PSN B-2015-507-2/2

社会责任管理蓝皮书
中国企业公众透明度报告No.4（2017~2018）
著(编)者：黄速建 熊梦 王晓光 肖红军
2018年6月出版 / 估价：99.00元
PSN B-2015-440-1/2

食品药品蓝皮书
食品药品安全与监管政策研究报告（2016~2017）
著(编)者：唐民皓　2018年6月出版 / 估价：99.00元
PSN B-2009-129-1/1

输血服务蓝皮书
中国输血行业发展报告（2018）
著(编)者：孙俊　2018年12月出版 / 估价：99.00元
PSN B-2016-582-1/1

水利风景区蓝皮书
中国水利风景区发展报告（2018）
著(编)者：董建文 兰思仁
2018年10月出版 / 估价：99.00元
PSN B-2015-480-1/1

数字经济蓝皮书
全球数字经济竞争力发展报告（2017）
著(编)者：王振　2017年12月出版 / 定价：79.00元
PSN B-2017-673-1/1

私募市场蓝皮书
中国私募股权市场发展报告（2017~2018）
著(编)者：曹和平　2018年12月出版 / 估价：99.00元
PSN B-2010-162-1/1

碳排放权交易蓝皮书
中国碳排放权交易报告（2018）
著(编)者：孙永平　2018年11月出版 / 估价：99.00元
PSN B-2017-652-1/1

碳市场蓝皮书
中国碳市场报告（2018）
著(编)者：定金彪　2018年11月出版 / 估价：99.00元
PSN B-2014-430-1/1

体育蓝皮书
中国公共体育服务发展报告（2018）
著(编)者：戴健　2018年12月出版 / 估价：99.00元
PSN B-2013-367-2/5

土地市场蓝皮书
中国农村土地市场发展报告（2017~2018）
著(编)者：李光荣　2018年6月出版 / 估价：99.00元
PSN B-2016-526-1/1

土地整治蓝皮书
中国土地整治发展研究报告（No.5）
著(编)者：国土资源部土地整治中心
2018年7月出版 / 估价：99.00元
PSN B-2014-401-1/1

土地政策蓝皮书
中国土地政策研究报告（2018）
著(编)者：高延利 张建平 吴次芳
2018年1月出版 / 定价：98.00元
PSN B-2015-506-1/1

网络空间安全蓝皮书
中国网络空间安全发展报告（2018）
著(编)者：惠志斌 覃庆玲
2018年11月出版 / 估价：99.00元
PSN B-2015-466-1/1

文化志愿服务蓝皮书
中国文化志愿服务发展报告（2018）
著(编)者：张永新 良警宇　2018年11月出版 / 估价：128.00元
PSN B-2016-596-1/1

西部金融蓝皮书
中国西部金融发展报告（2017~2018）
著(编)者：李忠民　2018年8月出版 / 估价：99.00元
PSN B-2010-160-1/1

协会商会蓝皮书
中国行业协会商会发展报告（2017）
著(编)者：景朝阳 李勇　2018年6月出版 / 估价：99.00元
PSN B-2015-461-1/1

新三板蓝皮书
中国新三板市场发展报告（2018）
著(编)者：王力　2018年8月出版 / 估价：99.00元
PSN B-2016-533-1/1

信托市场蓝皮书
中国信托业市场报告（2017~2018）
著(编)者：用益金融信托研究院
2018年6月出版 / 估价：198.00元
PSN B-2014-371-1/1

信息化蓝皮书
中国信息化形势分析与预测（2017~2018）
著(编)者：周宏仁　2018年8月出版 / 估价：99.00元
PSN B-2010-168-1/1

信用蓝皮书
中国信用发展报告（2017~2018）
著(编)者：章政 田侃　2018年6月出版 / 估价：99.00元
PSN B-2013-328-1/1

休闲绿皮书
2017～2018年中国休闲发展报告
著(编)者：宋瑞　2018年7月出版 / 估价：99.00元
PSN G-2010-158-1/1

休闲体育蓝皮书
中国休闲体育发展报告（2017～2018）
著(编)者：李相如 钟秉枢
2018年10月出版 / 估价：99.00元
PSN B-2016-516-1/1

养老金融蓝皮书
中国养老金融发展报告（2018）
著(编)者：董克用 姚余栋
2018年9月出版 / 估价：99.00元
PSN B-2016-583-1/1

遥感监测绿皮书
中国可持续发展遥感监测报告（2017）
著(编)者：顾行发 汪克强 潘教峰 李闽榕 徐东华 王琦安
2018年6月出版 / 估价：298.00元
PSN B-2017-629-1/1

药品流通蓝皮书
中国药品流通行业发展报告（2018）
著(编)者：佘鲁林 温再兴
2018年7月出版 / 估价：198.00元
PSN B-2014-429-1/1

医疗器械蓝皮书
中国医疗器械行业发展报告（2018）
著(编)者：王宝亭 耿鸿武
2018年10月出版 / 估价：99.00元
PSN B-2017-661-1/1

医院蓝皮书
中国医院竞争力报告（2017~2018）
著(编)者：庄一强　2018年3月出版 / 定价：108.00元
PSN B-2016-528-1/1

瑜伽蓝皮书
中国瑜伽业发展报告（2017~2018）
著(编)者：张永建 徐华锋 朱泰余
2018年6月出版 / 估价：198.00元
PSN B-2017-625-1/1

债券市场蓝皮书
中国债券市场发展报告（2017～2018）
著(编)者：杨农　2018年10月出版 / 估价：99.00元
PSN B-2016-572-1/1

志愿服务蓝皮书
中国志愿服务发展报告（2018）
著(编)者：中国志愿服务联合会
2018年11月出版 / 估价：99.00元
PSN B-2017-664-1/1

中国上市公司蓝皮书
中国上市公司发展报告（2018）
著(编)者：张鹏 张平 黄胤英
2018年9月出版 / 估价：99.00元
PSN B-2014-414-1/1

中国新三板蓝皮书
中国新三板创新与发展报告（2018）
著(编)者：刘平安 闻召林
2018年8月出版 / 估价：158.00元
PSN B-2017-638-1/1

中国汽车品牌蓝皮书
中国乘用车品牌发展报告（2017）
著(编)者：《中国汽车报》社有限公司
博世（中国）投资有限公司
中国汽车技术研究中心数据资源中心
2018年1月出版 / 定价：89.00元
PSN B-2017-679-1/1

中医文化蓝皮书
北京中医药文化传播发展报告（2018）
著(编)者：毛嘉陵　2018年6月出版 / 估价：99.00元
PSN B-2015-468-1/2

中医文化蓝皮书
中国中医药文化传播发展报告（2018）
著(编)者：毛嘉陵　2018年7月出版 / 估价：99.00元
PSN B-2016-584-2/2

中医药蓝皮书
北京中医药知识产权发展报告No.2
著(编)者：汪洪 屠志涛　2018年6月出版 / 估价：168.00元
PSN B-2017-602-1/1

资本市场蓝皮书
中国场外交易市场发展报告（2016～2017）
著(编)者：高峦　2018年6月出版 / 估价：99.00元
PSN B-2009-153-1/1

资产管理蓝皮书
中国资产管理行业发展报告（2018）
著(编)者：郑智　2018年7月出版 / 估价：99.00元
PSN B-2014-407-2/2

资产证券化蓝皮书
中国资产证券化发展报告（2018）
著(编)者：沈炳熙 曹彤 李哲平
2018年4月出版 / 定价：98.00元
PSN B-2017-660-1/1

自贸区蓝皮书
中国自贸区发展报告（2018）
著(编)者：王力 黄育华
2018年6月出版 / 估价：99.00元
PSN B-2016-558-1/1

国际问题与全球治理类

“一带一路”跨境通道蓝皮书
“一带一路”跨境通道建设研究报（2017～2018）
著(编)者：余鑫 张秋生　2018年1月出版 / 定价：89.00元
PSN B-2016-557-1/1

“一带一路”蓝皮书
“一带一路”建设发展报告（2018）
著(编)者：李永全　2018年3月出版 / 定价：98.00元
PSN B-2016-552-1/1

“一带一路”投资安全蓝皮书
中国“一带一路”投资与安全研究报告（2018）
著(编)者：邹统钎 梁昊光　2018年4月出版 / 定价：98.00元
PSN B-2017-612-1/1

“一带一路”文化交流蓝皮书
中阿文化交流发展报告（2017）
著(编)者：王辉　2017年12月出版 / 定价：89.00元
PSN B-2017-655-1/1

G20国家创新竞争力黄皮书
二十国集团（G20）国家创新竞争力发展报告（2017～2018）
著(编)者：李建平 李闽榕 赵新力 周天勇
2018年7月出版 / 估价：168.00元
PSN Y-2011-229-1/1

阿拉伯黄皮书
阿拉伯发展报告（2016～2017）
著(编)者：罗林　2018年6月出版 / 估价：99.00元
PSN Y-2014-381-1/1

北部湾蓝皮书
泛北部湾合作发展报告（2017～2018）
著(编)者：吕余生　2018年12月出版 / 估价：99.00元
PSN B-2008-114-1/1

北极蓝皮书
北极地区发展报告（2017）
著(编)者：刘惠荣　2018年7月出版 / 估价：99.00元
PSN B-2017-634-1/1

大洋洲蓝皮书
大洋洲发展报告（2017～2018）
著(编)者：喻常森　2018年10月出版 / 估价：99.00元
PSN B-2013-341-1/1

东北亚区域合作蓝皮书
2017年“一带一路”倡议与东北亚区域合作
著(编)者：刘亚政 金美花
2018年5月出版 / 估价：99.00元
PSN B-2017-631-1/1

东盟黄皮书
东盟发展报告（2017）
著(编)者：杨晓强 庄国土　2018年6月出版 / 估价：99.00元
PSN Y-2012-303-1/1

东南亚蓝皮书
东南亚地区发展报告（2017～2018）
著(编)者：王勤　2018年12月出版 / 估价：99.00元
PSN B-2012-240-1/1

非洲黄皮书
非洲发展报告No.20（2017～2018）
著(编)者：张宏明　2018年7月出版 / 估价：99.00元
PSN Y-2012-239-1/1

非传统安全蓝皮书
中国非传统安全研究报告（2017～2018）
著(编)者：潇枫 罗中枢　2018年8月出版 / 估价：99.00元
PSN B-2012-273-1/1

国际安全蓝皮书
中国国际安全研究报告（2018）
著(编)者：刘慧　2018年7月出版 / 估价：99.00元
PSN B-2016-521-1/1

国际城市蓝皮书
国际城市发展报告（2018）
著(编)者：屠启宇　2018年2月出版 / 定价：89.00元
PSN B-2012-260-1/1

国际形势黄皮书
全球政治与安全报告（2018）
著(编)者：张宇燕　2018年1月出版 / 定价：99.00元
PSN Y-2001-016-1/1

公共外交蓝皮书
中国公共外交发展报告（2018）
著(编)者：赵启正 雷蔚真　2018年6月出版 / 估价：99.00元
PSN B-2015-457-1/1

海丝蓝皮书
21世纪海上丝绸之路研究报告（2017）
著(编)者：华侨大学海上丝绸之路研究院
2017年12月出版 / 定价：89.00元
PSN B-2017-684-1/1

金砖国家黄皮书
金砖国家综合创新竞争力发展报告（2018）
著(编)者：赵新力 李闽榕 黄茂兴
2018年8月出版 / 估价：128.00元
PSN Y-2017-643-1/1

拉美黄皮书
拉丁美洲和加勒比发展报告（2017～2018）
著(编)者：袁东振　2018年6月出版 / 估价：99.00元
PSN Y-1999-007-1/1

澜湄合作蓝皮书
澜沧江-湄公河合作发展报告（2018）
著(编)者：刘稚　2018年9月出版 / 估价：99.00元
PSN B-2011-196-1/1

欧洲蓝皮书
欧洲发展报告（2017～2018）
著(编)者：黄平 周弘 程卫东
2018年6月出版 / 估价：99.00元
PSN B-1999-009-1/1

葡语国家蓝皮书
葡语国家发展报告（2016～2017）
著(编)者：王成安 张敏 刘金兰
2018年6月出版 / 估价：99.00元
PSN B-2015-503-1/2

葡语国家蓝皮书
中国与葡语国家关系发展报告·巴西（2016）
著(编)者：张曙光
2018年8月出版 / 估价：99.00元
PSN B-2016-563-2/2

气候变化绿皮书
应对气候变化报告（2018）
著(编)者：王伟光 郑国光
2018年11月出版 / 估价：99.00元
PSN G-2009-144-1/1

全球环境竞争力绿皮书
全球环境竞争力报告（2018）
著(编)者：李建平 李闽榕 王金南
2018年12月出版 / 估价：198.00元
PSN G-2013-363-1/1

全球信息社会蓝皮书
全球信息社会发展报告（2018）
著(编)者：丁波涛 唐涛 2018年10月出版 / 估价：99.00元
PSN B-2017-665-1/1

日本经济蓝皮书
日本经济与中日经贸关系研究报告（2018）
著(编)者：张季风 2018年6月出版 / 估价：99.00元
PSN B-2008-102-1/1

上海合作组织黄皮书
上海合作组织发展报告（2018）
著(编)者：李进峰 2018年6月出版 / 估价：99.00元
PSN Y-2009-130-1/1

世界创新竞争力黄皮书
世界创新竞争力发展报告（2017）
著(编)者：李建平 李闽榕 赵新力
2018年6月出版 / 估价：168.00元
PSN Y-2013-318-1/1

世界经济黄皮书
2018年世界经济形势分析与预测
著(编)者：张宇燕 2018年1月出版 / 定价：99.00元
PSN Y-1999-006-1/1

世界能源互联互通蓝皮书
世界能源清洁发展与互联互通评估报告（2017）：欧洲篇
著(编)者：国网能源研究院
2018年1月出版 / 定价：128.00元
PSN B-2018-695-1/1

丝绸之路蓝皮书
丝绸之路经济带发展报告（2018）
著(编)者：任宗哲 白宽犁 谷孟宾
2018年1月出版 / 定价：89.00元
PSN B-2014-410-1/1

新兴经济体蓝皮书
金砖国家发展报告（2018）
著(编)者：林跃勤 周文
2018年8月出版 / 估价：99.00元
PSN B-2011-195-1/1

亚太蓝皮书
亚太地区发展报告（2018）
著(编)者：李向阳 2018年5月出版 / 估价：99.00元
PSN B-2001-015-1/1

印度洋地区蓝皮书
印度洋地区发展报告（2018）
著(编)者：汪戎 2018年6月出版 / 估价：99.00元
PSN B-2013-334-1/1

印度尼西亚经济蓝皮书
印度尼西亚经济发展报告（2017）：增长与机会
著(编)者：左志刚 2017年11月出版 / 定价：89.00元
PSN B-2017-675-1/1

渝新欧蓝皮书
渝新欧沿线国家发展报告（2018）
著(编)者：杨柏 黄森
2018年6月出版 / 估价：99.00元
PSN B-2017-626-1/1

中阿蓝皮书
中国-阿拉伯国家经贸发展报告（2018）
著(编)者：张廉 段庆林 王林聪 杨巧红
2018年12月出版 / 估价：99.00元
PSN B-2016-598-1/1

中东黄皮书
中东发展报告No.20（2017～2018）
著(编)者：杨光 2018年10月出版 / 估价：99.00元
PSN Y-1998-004-1/1

中亚黄皮书
中亚国家发展报告（2018）
著(编)者：孙力
2018年3月出版 / 定价：98.00元
PSN Y-2012-238-1/1

国别类

澳大利亚蓝皮书
澳大利亚发展报告（2017-2018）
著(编)者：孙有中 韩锋　2018年12月出版 / 估价：99.00元
PSN B-2016-587-1/1

巴西黄皮书
巴西发展报告（2017）
著(编)者：刘国枝　2018年5月出版 / 估价：99.00元
PSN Y-2017-614-1/1

德国蓝皮书
德国发展报告（2018）
著(编)者：郑春荣　2018年6月出版 / 估价：99.00元
PSN B-2012-278-1/1

俄罗斯黄皮书
俄罗斯发展报告（2018）
著(编)者：李永全　2018年6月出版 / 估价：99.00元
PSN Y-2006-061-1/1

韩国蓝皮书
韩国发展报告（2017）
著(编)者：牛林杰 刘宝全　2018年6月出版 / 估价：99.00元
PSN B-2010-155-1/1

加拿大蓝皮书
加拿大发展报告（2018）
著(编)者：唐小松　2018年9月出版 / 估价：99.00元
PSN B-2014-389-1/1

美国蓝皮书
美国研究报告（2018）
著(编)者：郑秉文 黄平　2018年5月出版 / 估价：99.00元
PSN B-2011-210-1/1

缅甸蓝皮书
缅甸国情报告（2017）
著(编)者：祝湘辉
2017年11月出版 / 定价：98.00元
PSN B-2013-343-1/1

日本蓝皮书
日本研究报告（2018）
著(编)者：杨伯江　2018年4月出版 / 定价：99.00元
PSN B-2002-020-1/1

土耳其蓝皮书
土耳其发展报告（2018）
著(编)者：郭长刚 刘义　2018年9月出版 / 估价：99.00元
PSN B-2014-412-1/1

伊朗蓝皮书
伊朗发展报告（2017～2018）
著(编)者：冀开运　2018年10月 / 估价：99.00元
PSN B-2016-574-1/1

以色列蓝皮书
以色列发展报告（2018）
著(编)者：张倩红　2018年8月出版 / 估价：99.00元
PSN B-2015-483-1/1

印度蓝皮书
印度国情报告（2017）
著(编)者：吕昭义　2018年6月出版 / 估价：99.00元
PSN B-2012-241-1/1

英国蓝皮书
英国发展报告（2017～2018）
著(编)者：王展鹏　2018年12月出版 / 估价：99.00元
PSN B-2015-486-1/1

越南蓝皮书
越南国情报告（2018）
著(编)者：谢林城　2018年11月出版 / 估价：99.00元
PSN B-2006-056-1/1

泰国蓝皮书
泰国研究报告（2018）
著(编)者：庄国土 张禹东 刘文正
2018年10月出版 / 估价：99.00元
PSN B-2016-556-1/1

文化传媒类

“三农”舆情蓝皮书
中国“三农”网络舆情报告（2017～2018）
著(编)者：农业部信息中心
2018年6月出版 / 估价：99.00元
PSN B-2017-640-1/1

传媒竞争力蓝皮书
中国传媒国际竞争力研究报告（2018）
著(编)者：李本乾 刘强 王大可
2018年8月出版 / 估价：99.00元
PSN B-2013-356-1/1

传媒蓝皮书
中国传媒产业发展报告（2018）
著(编)者：崔保国
2018年5月出版 / 估价：99.00元
PSN B-2005-035-1/1

传媒投资蓝皮书
中国传媒投资发展报告（2018）
著(编)者：张向东 谭云明
2018年6月出版 / 估价：148.00元
PSN B-2015-474-1/1

非物质文化遗产蓝皮书
中国非物质文化遗产发展报告（2018）
著(编)者：陈平　2018年6月出版 / 估价：128.00元
PSN B-2015-469-1/2

非物质文化遗产蓝皮书
中国非物质文化遗产保护发展报告（2018）
著(编)者：宋俊华　2018年10月出版 / 估价：128.00元
PSN B-2016-586-2/2

广电蓝皮书
中国广播电影电视发展报告（2018）
著(编)者：国家新闻出版广电总局发展研究中心
2018年7月出版 / 估价：99.00元
PSN B-2006-072-1/1

广告主蓝皮书
中国广告主营销传播趋势报告No.9
著(编)者：黄升民 杜国清 邵华冬 等
2018年10月出版 / 估价：158.00元
PSN B-2005-041-1/1

国际传播蓝皮书
中国国际传播发展报告（2018）
著(编)者：胡正荣 李继东 姬德强
2018年12月出版 / 估价：99.00元
PSN B-2014-408-1/1

国家形象蓝皮书
中国国家形象传播报告（2017）
著(编)者：张昆　2018年6月出版 / 估价：128.00元
PSN B-2017-605-1/1

互联网治理蓝皮书
中国网络社会治理研究报告（2018）
著(编)者：罗昕 支庭荣
2018年9月出版 / 估价：118.00元
PSN B-2017-653-1/1

纪录片蓝皮书
中国纪录片发展报告（2018）
著(编)者：何苏六　2018年10月出版 / 估价：99.00元
PSN B-2011-222-1/1

科学传播蓝皮书
中国科学传播报告（2016~2017）
著(编)者：詹正茂　2018年6月出版 / 估价：99.00元
PSN B-2008-120-1/1

两岸创意经济蓝皮书
两岸创意经济研究报告（2018）
著(编)者：罗昌智 董泽平
2018年10月出版 / 估价：99.00元
PSN B-2014-437-1/1

媒介与女性蓝皮书
中国媒介与女性发展报告（2017~2018）
著(编)者：刘利群　2018年5月出版 / 估价：99.00元
PSN B-2013-345-1/1

媒体融合蓝皮书
中国媒体融合发展报告（2017~2018）
著(编)者：梅宁华 支庭荣
2017年12月出版 / 定价：98.00元
PSN B-2015-479-1/1

全球传媒蓝皮书
全球传媒发展报告（2017~2018）
著(编)者：胡正荣 李继东　2018年6月出版 / 估价：99.00元
PSN B-2012-237-1/1

少数民族非遗蓝皮书
中国少数民族非物质文化遗产发展报告（2018）
著(编)者：肖远平（彝） 柴立（满）
2018年10月出版 / 估价：118.00元
PSN B-2015-467-1/1

视听新媒体蓝皮书
中国视听新媒体发展报告（2018）
著(编)者：国家新闻出版广电总局发展研究中心
2018年7月出版 / 估价：118.00元
PSN B-2011-184-1/1

数字娱乐产业蓝皮书
中国动画产业发展报告（2018）
著(编)者：孙立军 孙平 牛兴侦
2018年10月出版 / 估价：99.00元
PSN B-2011-198-1/2

数字娱乐产业蓝皮书
中国游戏产业发展报告（2018）
著(编)者：孙立军 刘跃军　2018年10月出版 / 估价：99.00元
PSN B-2017-662-2/2

网络视听蓝皮书
中国互联网视听行业发展报告（2018）
著(编)者：陈鹏　2018年2月出版 / 定价：148.00元
PSN B-2018-688-1/1

文化创新蓝皮书
中国文化创新报告（2017·No.8）
著(编)者：傅才武　2018年6月出版 / 估价：99.00元
PSN B-2009-143-1/1

文化建设蓝皮书
中国文化发展报告（2018）
著(编)者：江畅 孙伟平 戴茂堂
2018年5月出版 / 估价：99.00元
PSN B-2014-392-1/1

文化科技蓝皮书
文化科技创新发展报告（2018）
著(编)者：于平 李凤亮　2018年10月出版 / 估价：99.00元
PSN B-2013-342-1/1

文化蓝皮书
中国公共文化服务发展报告（2017~2018）
著(编)者：刘新成 张永新 张旭
2018年12月出版 / 估价：99.00元
PSN B-2007-093-2/10

文化蓝皮书
中国少数民族文化发展报告（2017~2018）
著(编)者：武翠英 张晓明 任乌晶
2018年9月出版 / 估价：99.00元
PSN B-2013-369-9/10

文化蓝皮书
中国文化产业供需协调检测报告（2018）
著(编)者：王亚南　2018年3月出版 / 定价：99.00元
PSN B-2013-323-8/10

文化蓝皮书
中国文化消费需求景气评价报告（2018）
著(编)者：王亚南　2018年3月出版 / 定价：99.00元
PSN B-2011-236-4/10

文化蓝皮书
中国公共文化投入增长测评报告（2018）
著(编)者：王亚南　2018年3月出版 / 定价：99.00元
PSN B-2014-435-10/10

文化品牌蓝皮书
中国文化品牌发展报告（2018）
著(编)者：欧阳友权　2018年5月出版 / 估价：99.00元
PSN B-2012-277-1/1

文化遗产蓝皮书
中国文化遗产事业发展报告（2017~2018）
著(编)者：苏杨 张颖岚 卓杰 白海峰 陈晨 陈叙图
2018年8月出版 / 估价：99.00元
PSN B-2008-119-1/1

文学蓝皮书
中国文情报告（2017~2018）
著(编)者：白烨　2018年5月出版 / 估价：99.00元
PSN B-2011-221-1/1

新媒体蓝皮书
中国新媒体发展报告No.9（2018）
著(编)者：唐绪军　2018年7月出版 / 估价：99.00元
PSN B-2010-169-1/1

新媒体社会责任蓝皮书
中国新媒体社会责任研究报告（2018）
著(编)者：钟瑛　2018年12月出版 / 估价：99.00元
PSN B-2014-423-1/1

移动互联网蓝皮书
中国移动互联网发展报告（2018）
著(编)者：余清楚　2018年6月出版 / 估价：99.00元
PSN B-2012-282-1/1

影视蓝皮书
中国影视产业发展报告（2018）
著(编)者：司若 陈鹏 陈锐
2018年6月出版 / 估价：99.00元
PSN B-2016-529-1/1

舆情蓝皮书
中国社会舆情与危机管理报告（2018）
著(编)者：谢耘耕
2018年9月出版 / 估价：138.00元
PSN B-2011-235-1/1

中国大运河蓝皮书
中国大运河发展报告（2018）
著(编)者：吴欣　2018年2月出版 / 估价：128.00元
PSN B-2018-691-1/1

地方发展类-经济

澳门蓝皮书
澳门经济社会发展报告（2017~2018）
著(编)者：吴志良 郝雨凡
2018年7月出版 / 估价：99.00元
PSN B-2009-138-1/1

澳门绿皮书
澳门旅游休闲发展报告（2017~2018）
著(编)者：郝雨凡 林广志
2018年5月出版 / 估价：99.00元
PSN G-2017-617-1/1

北京蓝皮书
北京经济发展报告（2017~2018）
著(编)者：杨松　2018年6月出版 / 估价：99.00元
PSN B-2006-054-2/8

北京旅游绿皮书
北京旅游发展报告（2018）
著(编)者：北京旅游学会
2018年7月出版 / 估价：99.00元
PSN G-2012-301-1/1

北京体育蓝皮书
北京体育产业发展报告（2017~2018）
著(编)者：钟秉枢 陈杰 杨铁黎
2018年9月出版 / 估价：99.00元
PSN B-2015-475-1/1

滨海金融蓝皮书
滨海新区金融发展报告（2017）
著(编)者：王爱俭 李向前　2018年4月出版 / 估价：99.00元
PSN B-2014-424-1/1

城乡一体化蓝皮书
北京城乡一体化发展报告（2017~2018）
著(编)者：吴宝新 张宝秀 黄序
2018年5月出版 / 估价：99.00元
PSN B-2012-258-2/2

非公有制企业社会责任蓝皮书
北京非公有制企业社会责任报告（2018）
著(编)者：宋贵伦 冯培
2018年6月出版 / 估价：99.00元
PSN B-2017-613-1/1

福建旅游蓝皮书
福建省旅游产业发展现状研究（2017~2018）
著(编)者：陈敏华 黄远水 2018年12月出版 / 估价：128.00元
PSN B-2016-591-1/1

福建自贸区蓝皮书
中国（福建）自由贸易试验区发展报告（2017~2018）
著(编)者：黄茂兴 2018年6月出版 / 估价：118.00元
PSN B-2016-531-1/1

甘肃蓝皮书
甘肃经济发展分析与预测（2018）
著(编)者：安文华 罗哲 2018年1月出版 / 定价：99.00元
PSN B-2013-312-1/6

甘肃蓝皮书
甘肃商贸流通发展报告（2018）
著(编)者：张应华 王福生 王晓芳
2018年1月出版 / 定价：99.00元
PSN B-2016-522-6/6

甘肃蓝皮书
甘肃县域和农村发展报告（2018）
著(编)者：包东红 朱智文 王建兵
2018年1月出版 / 定价：99.00元
PSN B-2013-316-5/6

甘肃农业科技绿皮书
甘肃农业科技发展研究报告（2018）
著(编)者：魏胜文 乔德华 张东伟
2018年12月出版 / 估价：198.00元
PSN B-2016-592-1/1

甘肃气象保障蓝皮书
甘肃农业对气候变化的适应与风险评估报告（No.1）
著(编)者：鲍文中 周广胜
2017年12月出版 / 定价：108.00元
PSN B-2017-677-1/1

巩义蓝皮书
巩义经济社会发展报告（2018）
著(编)者：丁同民 朱军 2018年6月出版 / 估价：99.00元
PSN B-2016-532-1/1

广东外经贸蓝皮书
广东对外经济贸易发展研究报告（2017～2018）
著(编)者：陈万灵 2018年6月出版 / 估价：99.00元
PSN B-2012-286-1/1

广西北部湾经济区蓝皮书
广西北部湾经济区开放开发报告（2017～2018）
著(编)者：广西壮族自治区北部湾经济区和东盟开放合作办公室
广西社会科学院
广西北部湾发展研究院
2018年5月出版 / 估价：99.00元
PSN B-2010-181-1/1

广州蓝皮书
广州城市国际化发展报告（2018）
著(编)者：张跃国 2018年8月出版 / 估价：99.00元
PSN B-2012-246-11/14

广州蓝皮书
中国广州城市建设与管理发展报告（2018）
著(编)者：张其学 陈小钢 王宏伟 2018年8月出版 / 估价：99.00元
PSN B-2007-087-4/14

广州蓝皮书
广州创新型城市发展报告（2018）
著(编)者：尹涛 2018年6月出版 / 估价：99.00元
PSN B-2012-247-12/14

广州蓝皮书
广州经济发展报告（2018）
著(编)者：张跃国 尹涛 2018年7月出版 / 估价：99.00元
PSN B-2005-040-1/14

广州蓝皮书
2018年中国广州经济形势分析与预测
著(编)者：魏明海 谢博能 李华
2018年6月出版 / 估价：99.00元
PSN B-2011-185-9/14

广州蓝皮书
中国广州科技创新发展报告（2018）
著(编)者：于欣伟 陈爽 邓佑满 2018年8月出版 / 估价：99.00元
PSN B-2006-065-2/14

广州蓝皮书
广州农村发展报告（2018）
著(编)者：朱名宏 2018年7月出版 / 估价：99.00元
PSN B-2010-167-8/14

广州蓝皮书
广州汽车产业发展报告（2018）
著(编)者：杨再高 冯兴亚 2018年7月出版 / 估价：99.00元
PSN B-2006-066-3/14

广州蓝皮书
广州商贸业发展报告（2018）
著(编)者：张跃国 陈杰 荀振英
2018年7月出版 / 估价：99.00元
PSN B-2012-245-10/14

贵阳蓝皮书
贵阳城市创新发展报告No.3（白云篇）
著(编)者：连玉明 2018年5月出版 / 估价：99.00元
PSN B-2015-491-3/10

贵阳蓝皮书
贵阳城市创新发展报告No.3（观山湖篇）
著(编)者：连玉明 2018年5月出版 / 估价：99.00元
PSN B-2015-497-9/10

贵阳蓝皮书
贵阳城市创新发展报告No.3（花溪篇）
著(编)者：连玉明 2018年5月出版 / 估价：99.00元
PSN B-2015-490-2/10

贵阳蓝皮书
贵阳城市创新发展报告No.3（开阳篇）
著(编)者：连玉明 2018年5月出版 / 估价：99.00元
PSN B-2015-492-4/10

贵阳蓝皮书
贵阳城市创新发展报告No.3（南明篇）
著(编)者：连玉明 2018年5月出版 / 估价：99.00元
PSN B-2015-496-8/10

贵阳蓝皮书
贵阳城市创新发展报告No.3（清镇篇）
著(编)者：连玉明 2018年5月出版 / 估价：99.00元
PSN B-2015-489-1/10

贵阳蓝皮书
贵阳城市创新发展报告No.3（乌当篇）
著(编)者：连玉明 2018年5月出版 / 估价：99.00元
PSN B-2015-495-7/10

贵阳蓝皮书
贵阳城市创新发展报告No.3（息烽篇）
著(编)者：连玉明 2018年5月出版 / 估价：99.00元
PSN B-2015-493-5/10

贵阳蓝皮书
贵阳城市创新发展报告No.3（修文篇）
著(编)者：连玉明 2018年5月出版 / 估价：99.00元
PSN B-2015-494-6/10

贵阳蓝皮书
贵阳城市创新发展报告No.3（云岩篇）
著(编)者：连玉明 2018年5月出版 / 估价：99.00元
PSN B-2015-498-10/10

贵州房地产蓝皮书
贵州房地产发展报告No.5（2018）
著(编)者：武廷方 2018年7月出版 / 估价：99.00元
PSN B-2014-426-1/1

贵州蓝皮书
贵州册亨经济社会发展报告（2018）
著(编)者：黄德林 2018年6月出版 / 估价：99.00元
PSN B-2016-525-8/9

贵州蓝皮书
贵州地理标志产业发展报告（2018）
著(编)者：李发耀 黄其松 2018年8月出版 / 估价：99.00元
PSN B-2017-646-10/10

贵州蓝皮书
贵安新区发展报告（2017～2018）
著(编)者：马长青 吴大华 2018年6月出版 / 估价：99.00元
PSN B-2015-459-4/10

贵州蓝皮书
贵州国家级开放创新平台发展报告（2017～2018）
著(编)者：申晓庆 吴大华 季泓
2018年11月出版 / 估价：99.00元
PSN B-2016-518-7/10

贵州蓝皮书
贵州国有企业社会责任发展报告（2017～2018）
著(编)者：郭丽 2018年12月出版 / 估价：99.00元
PSN B-2015-511-6/10

贵州蓝皮书
贵州民航业发展报告（2017）
著(编)者：申振东 吴大华 2018年6月出版 / 估价：99.00元
PSN B-2015-471-5/10

贵州蓝皮书
贵州民营经济发展报告（2017）
著(编)者：杨静 吴大华 2018年6月出版 / 估价：99.00元
PSN B-2016-530-9/9

杭州都市圈蓝皮书
杭州都市圈发展报告（2018）
著(编)者：洪庆华 沈翔 2018年4月出版 / 定价：98.00元
PSN B-2012-302-1/1

河北经济蓝皮书
河北省经济发展报告（2018）
著(编)者：马树强 金浩 张贵 2018年6月出版 / 估价：99.00元
PSN B-2014-380-1/1

河北蓝皮书
河北经济社会发展报告（2018）
著(编)者：康振海 2018年1月出版 / 定价：99.00元
PSN B-2014-372-1/3

河北蓝皮书
京津冀协同发展报告（2018）
著(编)者：陈璐 2017年12月出版 / 定价：79.00元
PSN B-2017-601-2/3

河南经济蓝皮书
2018年河南经济形势分析与预测
著(编)者：王世炎 2018年3月出版 / 定价：89.00元
PSN B-2007-086-1/1

河南蓝皮书
河南城市发展报告（2018）
著(编)者：张占仓 王建国 2018年5月出版 / 估价：99.00元
PSN B-2009-131-3/9

河南蓝皮书
河南工业发展报告（2018）
著(编)者：张占仓 2018年5月出版 / 估价：99.00元
PSN B-2013-317-5/9

河南蓝皮书
河南金融发展报告（2018）
著(编)者：喻新安 谷建全
2018年6月出版 / 估价：99.00元
PSN B-2014-390-7/9

河南蓝皮书
河南经济发展报告（2018）
著(编)者：张占仓 完世伟
2018年6月出版 / 估价：99.00元
PSN B-2010-157-4/9

河南蓝皮书
河南能源发展报告（2018）
著(编)者：国网河南省电力公司经济技术研究院
河南省社会科学院
2018年6月出版 / 估价：99.00元
PSN B-2017-607-9/9

河南商务蓝皮书
河南商务发展报告（2018）
著(编)者：焦锦淼 穆荣国 2018年5月出版 / 估价：99.00元
PSN B-2014-399-1/1

河南双创蓝皮书
河南创新创业发展报告（2018）
著(编)者：喻新安 杨雪梅
2018年8月出版 / 估价：99.00元
PSN B-2017-641-1/1

黑龙江蓝皮书
黑龙江经济发展报告（2018）
著(编)者：朱宇 2018年1月出版 / 定价：89.00元
PSN B-2011-190-2/2

湖南城市蓝皮书
区域城市群整合
著(编)者：童中贤 韩未名　2018年12月出版 / 估价：99.00元
PSN B-2006-064-1/1

湖南蓝皮书
湖南城乡一体化发展报告（2018）
著(编)者：陈文胜 王文强 陆福兴
2018年8月出版 / 估价：99.00元
PSN B-2015-477-8/8

湖南蓝皮书
2018年湖南电子政务发展报告
著(编)者：梁志峰　2018年5月出版 / 估价：128.00元
PSN B-2014-394-6/8

湖南蓝皮书
2018年湖南经济发展报告
著(编)者：卞鹰　2018年5月出版 / 估价：128.00元
PSN B-2011-207-2/8

湖南蓝皮书
2016年湖南经济展望
著(编)者：梁志峰　2018年5月出版 / 估价：128.00元
PSN B-2011-206-1/8

湖南蓝皮书
2018年湖南县域经济社会发展报告
著(编)者：梁志峰　2018年5月出版 / 估价：128.00元
PSN B-2014-395-7/8

湖南县域绿皮书
湖南县域发展报告（No.5）
著(编)者：袁准 周小毛 黎仁寅
2018年6月出版 / 估价：99.00元
PSN G-2012-274-1/1

沪港蓝皮书
沪港发展报告（2018）
著(编)者：尤安山　2018年9月出版 / 估价：99.00元
PSN B-2013-362-1/1

吉林蓝皮书
2018年吉林经济社会形势分析与预测
著(编)者：邵汉明　2017年12月出版 / 定价：89.00元
PSN B-2013-319-1/1

吉林省城市竞争力蓝皮书
吉林省城市竞争力报告（2017~2018）
著(编)者：崔岳春 张磊
2018年3月出版 / 定价：89.00元
PSN B-2016-513-1/1

济源蓝皮书
济源经济社会发展报告（2018）
著(编)者：喻新安　2018年6月出版 / 估价：99.00元
PSN B-2014-387-1/1

江苏蓝皮书
2018年江苏经济发展分析与展望
著(编)者：王庆五 吴先满
2018年7月出版 / 估价：128.00元
PSN B-2017-635-1/3

江西蓝皮书
江西经济社会发展报告（2018）
著(编)者：陈石俊 龚建文　2018年10月出版 / 估价：128.00元
PSN B-2015-484-1/2

江西蓝皮书
江西设区市发展报告（2018）
著(编)者：姜玮 梁勇
2018年10月出版 / 估价：99.00元
PSN B-2016-517-2/2

经济特区蓝皮书
中国经济特区发展报告（2017）
著(编)者：陶一桃　2018年1月出版 / 估价：99.00元
PSN B-2009-139-1/1

辽宁蓝皮书
2018年辽宁经济社会形势分析与预测
著(编)者：梁启东 魏红江　2018年6月出版 / 估价：99.00元
PSN B-2006-053-1/1

民族经济蓝皮书
中国民族地区经济发展报告（2018）
著(编)者：李曦辉　2018年7月出版 / 估价：99.00元
PSN B-2017-630-1/1

南宁蓝皮书
南宁经济发展报告（2018）
著(编)者：胡建华　2018年9月出版 / 估价：99.00元
PSN B-2016-569-2/3

内蒙古蓝皮书
内蒙古精准扶贫研究报告（2018）
著(编)者：张志华　2018年1月出版 / 定价：89.00元
PSN B-2017-681-2/2

浦东新区蓝皮书
上海浦东经济发展报告（2018）
著(编)者：周小平 徐美芳
2018年1月出版 / 定价：89.00元
PSN B-2011-225-1/1

青海蓝皮书
2018年青海经济社会形势分析与预测
著(编)者：陈玮　2018年1月出版 / 定价：98.00元
PSN B-2012-275-1/2

青海科技绿皮书
青海科技发展报告（2017）
著(编)者：青海省科学技术信息研究所
2018年3月出版 / 定价：98.00元
PSN G-2018-701-1/1

山东蓝皮书
山东经济形势分析与预测（2018）
著(编)者：李广杰　2018年7月出版 / 估价：99.00元
PSN B-2014-404-1/5

山东蓝皮书
山东省普惠金融发展报告（2018）
著(编)者：齐鲁财富网
2018年9月出版 / 估价：99.00元
PSN B2017-676-5/5

山西蓝皮书
山西资源型经济转型发展报告（2018）
著(编)者：李志强　2018年7月出版 / 估价：99.00元
PSN B-2011-197-1/1

陕西蓝皮书
陕西经济发展报告（2018）
著(编)者：任宗哲 白宽犁 裴成荣
2018年1月出版 / 定价：89.00元
PSN B-2009-135-1/6

陕西蓝皮书
陕西精准脱贫研究报告（2018）
著(编)者：任宗哲 白宽犁 王建康
2018年4月出版 / 定价：89.00元
PSN B-2017-623-6/6

上海蓝皮书
上海经济发展报告（2018）
著(编)者：沈开艳　2018年2月出版 / 定价：89.00元
PSN B-2006-057-1/7

上海蓝皮书
上海资源环境发展报告（2018）
著(编)者：周冯琦 胡静　2018年2月出版 / 定价：89.00元
PSN B-2006-060-4/7

上海蓝皮书
上海奉贤经济发展分析与研判（2017～2018）
著(编)者：张兆安 朱平芳　2018年3月出版 / 定价：99.00元
PSN B-2018-698-8/8

上饶蓝皮书
上饶发展报告（2016～2017）
著(编)者：廖其志　2018年6月出版 / 估价：128.00元
PSN B-2014-377-1/1

深圳蓝皮书
深圳经济发展报告（2018）
著(编)者：张骁儒　2018年6月出版 / 估价：99.00元
PSN B-2008-112-3/7

四川蓝皮书
四川城镇化发展报告（2018）
著(编)者：侯水平 陈炜　2018年6月出版 / 估价：99.00元
PSN B-2015-456-7/7

四川蓝皮书
2018年四川经济形势分析与预测
著(编)者：杨钢　2018年1月出版 / 定价：158.00元
PSN B-2007-098-2/7

四川蓝皮书
四川企业社会责任研究报告（2017～2018）
著(编)者：侯水平 盛毅　2018年5月出版 / 估价：99.00元
PSN B-2014-386-4/7

四川蓝皮书
四川生态建设报告（2018）
著(编)者：李晟之　2018年5月出版 / 估价：99.00元
PSN B-2015-455-6/7

四川蓝皮书
四川特色小镇发展报告（2017）
著(编)者：吴志强　2017年11月出版 / 定价：89.00元
PSN B-2017-670-8/8

体育蓝皮书
上海体育产业发展报告（2017~2018）
著(编)者：张林 黄海燕
2018年10月出版 / 估价：99.00元
PSN B-2015-454-4/5

体育蓝皮书
长三角地区体育产业发展报（2017～2018）
著(编)者：张林　2018年6月出版 / 估价：99.00元
PSN B-2015-453-3/5

天津金融蓝皮书
天津金融发展报告（2018）
著(编)者：王爱俭 孔德昌
2018年5月出版 / 估价：99.00元
PSN B-2014-418-1/1

图们江区域合作蓝皮书
图们江区域合作发展报告（2018）
著(编)者：李铁　2018年6月出版 / 估价：99.00元
PSN B-2015-464-1/1

温州蓝皮书
2018年温州经济社会形势分析与预测
著(编)者：蒋儒标 王春光 金浩
2018年6月出版 / 估价：99.00元
PSN B-2008-105-1/1

西咸新区蓝皮书
西咸新区发展报告（2018）
著(编)者：李扬 王军
2018年6月出版 / 估价：99.00元
PSN B-2016-534-1/1

修武蓝皮书
修武经济社会发展报告（2018）
著(编)者：张占仓 袁凯声
2018年10月出版 / 估价：99.00元
PSN B-2017-651-1/1

偃师蓝皮书
偃师经济社会发展报告（2018）
著(编)者：张占仓 袁凯声 何武周
2018年7月出版 / 估价：99.00元
PSN B-2017-627-1/1

扬州蓝皮书
扬州经济社会发展报告（2018）
著(编)者：陈扬
2018年12月出版 / 估价：108.00元
PSN B-2011-191-1/1

长垣蓝皮书
长垣经济社会发展报告（2018）
著(编)者：张占仓 袁凯声 秦保建
2018年10月出版 / 估价：99.00元
PSN B-2017-654-1/1

遵义蓝皮书
遵义发展报告（2018）
著(编)者：邓彦 曾征 龚永育
2018年9月出版 / 估价：99.00元
PSN B-2014-433-1/1

地方发展类-社会

安徽蓝皮书
安徽社会发展报告（2018）
著(编)者：程桦　2018年6月出版 / 估价：99.00元
PSN B-2013-325-1/1

安徽社会建设蓝皮书
安徽社会建设分析报告（2017~2018）
著(编)者：黄家海 蔡宪
2018年11月出版 / 估价：99.00元
PSN B-2013-322-1/1

北京蓝皮书
北京公共服务发展报告（2017~2018）
著(编)者：施昌奎　2018年6月出版 / 估价：99.00元
PSN B-2008-103-7/8

北京蓝皮书
北京社会发展报告（2017~2018）
著(编)者：李伟东
2018年7月出版 / 估价：99.00元
PSN B-2006-055-3/8

北京蓝皮书
北京社会治理发展报告（2017~2018）
著(编)者：殷星辰　2018年7月出版 / 估价：99.00元
PSN B-2014-391-8/8

北京律师蓝皮书
北京律师发展报告 No.4（2018）
著(编)者：王隽　2018年12月出版 / 估价：99.00元
PSN B-2011-217-1/1

北京人才蓝皮书
北京人才发展报告（2018）
著(编)者：敏华　2018年12月出版 / 估价：128.00元
PSN B-2011-201-1/1

北京社会心态蓝皮书
北京社会心态分析报告（2017~2018）
北京市社会心理服务促进中心
2018年10月出版 / 估价：99.00元
PSN B-2014-422-1/1

北京社会组织管理蓝皮书
北京社会组织发展与管理（2018）
著(编)者：黄江松
2018年6月出版 / 估价：99.00元
PSN B-2015-446-1/1

北京养老产业蓝皮书
北京居家养老发展报告（2018）
著(编)者：陆杰华 周明明
2018年8月出版 / 估价：99.00元
PSN B-2015-465-1/1

法治蓝皮书
四川依法治省年度报告No.4（2018）
著(编)者：李林 杨天宗 田禾
2018年3月出版 / 定价：118.00元
PSN B-2015-447-2/3

福建妇女发展蓝皮书
福建省妇女发展报告（2018）
著(编)者：刘群英　2018年11月出版 / 估价：99.00元
PSN B-2011-220-1/1

甘肃蓝皮书
甘肃社会发展分析与预测（2018）
著(编)者：安文华 谢增虎 包晓霞
2018年1月出版 / 定价：99.00元
PSN B-2013-313-2/6

广东蓝皮书
广东全面深化改革研究报告（2018）
著(编)者：周林生 涂成林
2018年12月出版 / 估价：99.00元
PSN B-2015-504-3/3

广东蓝皮书
广东社会工作发展报告（2018）
著(编)者：罗观翠　2018年6月出版 / 估价：99.00元
PSN B-2014-402-2/3

广州蓝皮书
广州青年发展报告（2018）
著(编)者：徐柳 张强
2018年8月出版 / 估价：99.00元
PSN B-2013-352-13/14

广州蓝皮书
广州社会保障发展报告（2018）
著(编)者：张跃国　2018年8月出版 / 估价：99.00元
PSN B-2014-425-14/14

广州蓝皮书
2018年中国广州社会形势分析与预测
著(编)者：张强 郭志勇 何镜清
2018年6月出版 / 估价：99.00元
PSN B-2008-110-5/14

贵州蓝皮书
贵州法治发展报告（2018）
著(编)者：吴大华　2018年5月出版 / 估价：99.00元
PSN B-2012-254-2/10

贵州蓝皮书
贵州人才发展报告（2017）
著(编)者：于杰 吴大华
2018年9月出版 / 估价：99.00元
PSN B-2014-382-3/10

贵州蓝皮书
贵州社会发展报告（2018）
著(编)者：王兴骥　2018年6月出版 / 估价：99.00元
PSN B-2010-166-1/10

杭州蓝皮书
杭州妇女发展报告（2018）
著(编)者：魏颖
2018年10月出版 / 估价：99.00元
PSN B-2014-403-1/1

河北蓝皮书
河北法治发展报告（2018）
著(编)者：康振海 2018年6月出版 / 估价：99.00元
PSN B-2017-622-3/3

河北食品药品安全蓝皮书
河北食品药品安全研究报告（2018）
著(编)者：丁锦霞
2018年10月出版 / 估价：99.00元
PSN B-2015-473-1/1

河南蓝皮书
河南法治发展报告（2018）
著(编)者：张林海 2018年7月出版 / 估价：99.00元
PSN B-2014-376-6/9

河南蓝皮书
2018年河南社会形势分析与预测
著(编)者：牛苏林 2018年5月出版 / 估价：99.00元
PSN B-2005-043-1/9

河南民办教育蓝皮书
河南民办教育发展报告（2018）
著(编)者：胡大白 2018年9月出版 / 估价：99.00元
PSN B-2017-642-1/1

黑龙江蓝皮书
黑龙江社会发展报告（2018）
著(编)者：王爱丽 2018年1月出版 / 定价：89.00元
PSN B-2011-189-1/2

湖南蓝皮书
2018年湖南两型社会与生态文明建设报告
著(编)者：卞鹰 2018年5月出版 / 估价：128.00元
PSN B-2011-208-3/8

湖南蓝皮书
2018年湖南社会发展报告
著(编)者：卞鹰 2018年5月出版 / 估价：128.00元
PSN B-2014-393-5/8

健康城市蓝皮书
北京健康城市建设研究报告（2018）
著(编)者：王鸿春 盛继洪
2018年9月出版 / 估价：99.00元
PSN B-2015-460-1/2

江苏法治蓝皮书
江苏法治发展报告No.6（2017）
著(编)者：蔡道通 龚廷泰
2018年8月出版 / 估价：99.00元
PSN B-2012-290-1/1

江苏蓝皮书
2018年江苏社会发展分析与展望
著(编)者：王庆五 刘旺洪
2018年8月出版 / 估价：128.00元
PSN B-2017-636-2/3

民族教育蓝皮书
中国民族教育发展报告（2017·内蒙古卷）
著(编)者：陈中永
2017年12月出版 / 定价：198.00元
PSN B-2017-669-1/1

南宁蓝皮书
南宁法治发展报告（2018）
著(编)者：杨维超 2018年12月出版 / 估价：99.00元
PSN B-2015-509-1/3

南宁蓝皮书
南宁社会发展报告（2018）
著(编)者：胡建华 2018年10月出版 / 估价：99.00元
PSN B-2016-570-3/3

内蒙古蓝皮书
内蒙古反腐倡廉建设报告 No.2
著(编)者：张志华 2018年6月出版 / 估价：99.00元
PSN B-2013-365-1/1

青海蓝皮书
2018年青海人才发展报告
著(编)者：王宇燕 2018年9月出版 / 估价：99.00元
PSN B-2017-650-2/2

青海生态文明建设蓝皮书
青海生态文明建设报告（2018）
著(编)者：张西明 高华 2018年12月出版 / 估价：99.00元
PSN B-2016-595-1/1

人口与健康蓝皮书
深圳人口与健康发展报告（2018）
著(编)者：陆杰华 傅崇辉
2018年11月出版 / 估价：99.00元
PSN B-2011-228-1/1

山东蓝皮书
山东社会形势分析与预测（2018）
著(编)者：李善峰 2018年6月出版 / 估价：99.00元
PSN B-2014-405-2/5

陕西蓝皮书
陕西社会发展报告（2018）
著(编)者：任宗哲 白宽犁 牛昉
2018年1月出版 / 定价：89.00元
PSN B-2009-136-2/6

上海蓝皮书
上海法治发展报告（2018）
著(编)者：叶必丰 2018年9月出版 / 估价：99.00元
PSN B-2012-296-6/7

上海蓝皮书
上海社会发展报告（2018）
著(编)者：杨雄 周海旺
2018年2月出版 / 定价：89.00元
PSN B-2006-058-2/7

社会建设蓝皮书
2018年北京社会建设分析报告
著(编)者：宋贵伦 冯虹 2018年9月出版 / 估价：99.00元
PSN B-2010-173-1/1

深圳蓝皮书
深圳法治发展报告（2018）
著(编)者：张骁儒 2018年6月出版 / 估价：99.00元
PSN B-2015-470-6/7

深圳蓝皮书
深圳劳动关系发展报告（2018）
著(编)者：汤庭芬 2018年8月出版 / 估价：99.00元
PSN B-2007-097-2/7

深圳蓝皮书
深圳社会治理与发展报告（2018）
著(编)者：张骁儒 2018年6月出版 / 估价：99.00元
PSN B-2008-113-4/7

生态安全绿皮书
甘肃国家生态安全屏障建设发展报告（2018）
著(编)者：刘举科 喜文华
2018年10月出版 / 估价：99.00元
PSN G-2017-659-1/1

顺义社会建设蓝皮书
北京市顺义区社会建设发展报告（2018）
著(编)者：王学武 2018年9月出版 / 估价：99.00元
PSN B-2017-658-1/1

四川蓝皮书
四川法治发展报告（2018）
著(编)者：郑泰安 2018年6月出版 / 估价：99.00元
PSN B-2015-441-5/7

四川蓝皮书
四川社会发展报告（2018）
著(编)者：李羚 2018年6月出版 / 估价：99.00元
PSN B-2008-127-3/7

四川社会工作与管理蓝皮书
四川省社会工作人力资源发展报告（2017）
著(编)者：边慧敏 2017年12月出版 / 定价：89.00元
PSN B-2017-683-1/1

云南社会治理蓝皮书
云南社会治理年度报告（2017）
著(编)者：晏雄 韩全芳
2018年5月出版 / 估价：99.00元
PSN B-2017-667-1/1

地方发展类-文化

北京传媒蓝皮书
北京新闻出版广电发展报告（2017~2018）
著(编)者：王志 2018年11月出版 / 估价：99.00元
PSN B-2016-588-1/1

北京蓝皮书
北京文化发展报告（2017~2018）
著(编)者：李建盛 2018年5月出版 / 估价：99.00元
PSN B-2007-082-4/8

创意城市蓝皮书
北京文化创意产业发展报告（2018）
著(编)者：郭万超 张京成 2018年12月出版 / 估价：99.00元
PSN B-2012-263-1/7

创意城市蓝皮书
天津文化创意产业发展报告（2017~2018）
著(编)者：谢思全 2018年6月出版 / 估价：99.00元
PSN B-2016-536-7/7

创意城市蓝皮书
武汉文化创意产业发展报告（2018）
著(编)者：黄永林 陈汉桥 2018年12月出版 / 估价：99.00元
PSN B-2013-354-4/7

创意上海蓝皮书
上海文化创意产业发展报告（2017~2018）
著(编)者：王慧敏 王兴全 2018年8月出版 / 估价：99.00元
PSN B-2016-561-1/1

非物质文化遗产蓝皮书
广州市非物质文化遗产保护发展报告（2018）
著(编)者：宋俊华 2018年12月出版 / 估价：99.00元
PSN B-2016-589-1/1

甘肃蓝皮书
甘肃文化发展分析与预测（2018）
著(编)者：马廷旭 戚晓萍 2018年1月出版 / 定价：99.00元
PSN B-2013-314-3/6

甘肃蓝皮书
甘肃舆情分析与预测（2018）
著(编)者：王俊莲 张谦元 2018年1月出版 / 定价：99.00元
PSN B-2013-315-4/6

广州蓝皮书
中国广州文化发展报告（2018）
著(编)者：屈哨兵 陆志强 2018年6月出版 / 估价：99.00元
PSN B-2009-134-7/14

广州蓝皮书
广州文化创意产业发展报告（2018）
著(编)者：徐咏虹 2018年7月出版 / 估价：99.00元
PSN B-2008-111-6/14

海淀蓝皮书
海淀区文化和科技融合发展报告（2018）
著(编)者：陈名杰 孟景伟 2018年5月出版 / 估价：99.00元
PSN B-2013-329-1/1

河南蓝皮书
河南文化发展报告（2018）
著(编)者：卫绍生　　2018年7月出版 / 估价：99.00元
PSN B-2008-106-2/9

湖北文化产业蓝皮书
湖北省文化产业发展报告（2018）
著(编)者：黄晓华　　2018年9月出版 / 估价：99.00元
PSN B-2017-656-1/1

湖北文化蓝皮书
湖北文化发展报告（2017~2018）
著(编)者：湖北大学高等人文研究院
中华文化发展湖北省协同创新中心
2018年10月出版 / 估价：99.00元
PSN B-2016-566-1/1

江苏蓝皮书
2018年江苏文化发展分析与展望
著(编)者：王庆五 樊和平　　2018年9月出版 / 估价：128.00元
PSN B-2017-637-3/3

江西文化蓝皮书
江西非物质文化遗产发展报告（2018）
著(编)者：张圣才 傅安平　　2018年12月出版 / 估价：128.00元
PSN B-2015-499-1/1

洛阳蓝皮书
洛阳文化发展报告（2018）
著(编)者：刘福兴 陈启明　　2018年7月出版 / 估价：99.00元
PSN B-2015-476-1/1

南京蓝皮书
南京文化发展报告（2018）
著(编)者：中共南京市委宣传部
2018年12月出版 / 估价：99.00元
PSN B-2014-439-1/1

宁波文化蓝皮书
宁波“一人一艺”全民艺术普及发展报告（2017）
著(编)者：张爱琴　　2018年11月出版 / 估价：128.00元
PSN B-2017-668-1/1

山东蓝皮书
山东文化发展报告（2018）
著(编)者：涂可国　　2018年5月出版 / 估价：99.00元
PSN B-2014-406-3/5

陕西蓝皮书
陕西文化发展报告（2018）
著(编)者：任宗哲 白宽犁 王长寿
2018年1月出版 / 定价：89.00元
PSN B-2009-137-3/6

上海蓝皮书
上海传媒发展报告（2018）
著(编)者：强荧 焦雨虹　　2018年2月出版 / 定价：89.00元
PSN B-2012-295-5/7

上海蓝皮书
上海文学发展报告（2018）
著(编)者：陈圣来　　2018年6月出版 / 估价：99.00元
PSN B-2012-297-7/7

上海蓝皮书
上海文化发展报告（2018）
著(编)者：荣跃明　　2018年6月出版 / 估价：99.00元
PSN B-2006-059-3/7

深圳蓝皮书
深圳文化发展报告（2018）
著(编)者：张骁儒　　2018年7月出版 / 估价：99.00元
PSN B-2016-554-7/7

四川蓝皮书
四川文化产业发展报告（2018）
著(编)者：向宝云 张立伟　　2018年6月出版 / 估价：99.00元
PSN B-2006-074-1/7

郑州蓝皮书
2018年郑州文化发展报告
著(编)者：王哲　　2018年9月出版 / 估价：99.00元
PSN B-2008-107-1/1

皮书起源

“皮书”起源于十七、十八世纪的英国，主要指官方或社会组织正式发表的重要文件或报告，多以“白皮书”命名。在中国，“皮书”这一概念被社会广泛接受，并被成功运作、发展成为一种全新的出版形态，则源于中国社会科学院社会科学文献出版社。

皮书定义

皮书是对中国与世界发展状况和热点问题进行年度监测，以专业的角度、专家的视野和实证研究方法，针对某一领域或区域现状与发展态势展开分析和预测，具备原创性、实证性、专业性、连续性、前沿性、时效性等特点的公开出版物，由一系列权威研究报告组成。

皮书作者

皮书系列的作者以中国社会科学院、著名高校、地方社会科学院的研究人员为主，多为国内一流研究机构的权威专家学者，他们的看法和观点代表了学界对中国与世界的现实和未来最高水平的解读与分析。

皮书荣誉

皮书系列已成为社会科学文献出版社的著名图书品牌和中国社会科学院的知名学术品牌。2016 年，皮书系列正式列入“十三五”国家重点出版规划项目；2013~2018 年，重点皮书列入中国社会科学院承担的国家哲学社会科学创新工程项目；2018 年，59 种院外皮书使用“中国社会科学院创新工程学术出版项目”标识。

中国皮书网

（网址：www.pishu.cn）

发布皮书研创资讯，传播皮书精彩内容
引领皮书出版潮流，打造皮书服务平台

栏目设置

关于皮书：何谓皮书、皮书分类、皮书大事记、皮书荣誉、
皮书出版第一人、皮书编辑部

最新资讯：通知公告、新闻动态、媒体聚焦、网站专题、视频直播、下载专区

皮书研创：皮书规范、皮书选题、皮书出版、皮书研究、研创团队

皮书评奖评价：指标体系、皮书评价、皮书评奖

互动专区：皮书说、社科数托邦、皮书微博、留言板

所获荣誉

2008 年、2011 年，中国皮书网均在全国新闻出版业网站荣誉评选中获得“最具商业价值网站”称号；

2012 年，获得“出版业网站百强”称号。

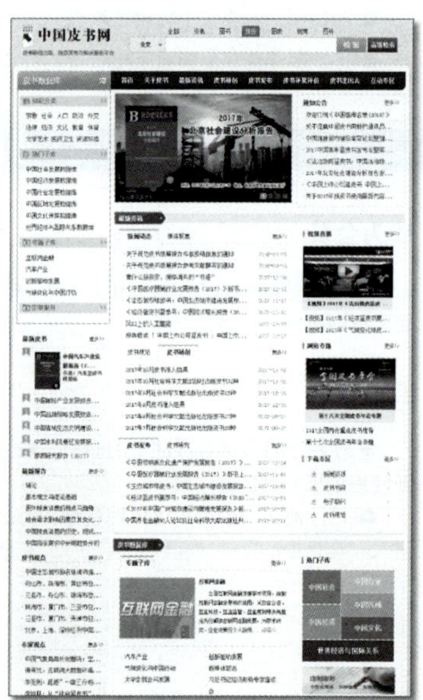

网库合一

2014 年，中国皮书网与皮书数据库端口合一，实现资源共享。

“一带一路”建设伴随海陆两翼的全方位开放，在新的历史发展条件下，为企业向沿线国家（地区）“走出去”带来了广泛机遇，中国与沿线国家（地区）进行了深入交流和广泛务实的合作。“一带一路”倡议实施以来已取得了丰硕的成果，建立了一系列合作机制、达成了一大批合作协议，在“五通”领域均有突破性进展，优势产业合作项目陆续成功落地，合作方式和渠道有效拓展，对外进出口和投资额持续增长。

随着“一带一路”的扎实推进以及各领域产业合作的加快，企业“走出去”迈入新的发展阶段。沿线国家（地区）已成为中国企业对外投资的重要目的地和重要市场。特别是中小民营企业向“一带一路”沿线“走出去”的热情高涨。一年来，我国民营企业对外投资呈爆炸式增长态势，海外市场拓展十分踊跃，同比增长近300%，在投资方面的案例数占当年总数的70%左右。企业对外投资领域呈多样化发展趋势，中小企业“走出去”从产品和劳务输出逐渐转变为多层次多领域的输出，形成了一些各具特色的典型模式，产业链分工也更加优化，区域产业配套能力和综合竞争力显著增强。在“一带一路”建设内容的指引下，中小企业可以充分发挥自身优势进行广泛参与，特别是信息产业、电子商务、装备制造、原材料等领域，“一带一路”建设为中国中小企业打开了全新的发展空间。

一 中小企业参与“一带一路”建设发展现状与态势

（一）中小企业“走出去”发力迅猛，政策支持是重要推动力

商务部发布的数据显示，2016年我国对“一带一路”沿线53个国家直接投资145.3亿美元，占同期全部总额的8%左右，主要流向东南亚的新加坡、马来西亚、泰国、印度尼西亚和南亚的印度等国家和地区。另外，在对外承包方面，2016年我国企业在“一带一路”沿线的61个国家中，新签的对外承包工程项目合同达到8158份，合同额为1260.3亿美元，同比增长36%；营业完成额为759.7亿美元，同比增长9.7%。另外，从2000年至

2017 年 6 月，中国企业在沿线国家的并购案例高达 751 宗。

由此可见，中国企业拓展“一带一路”市场方兴未艾。“一带一路”沿线除了包含少数发达经济体（如新加坡、以色列）外，多数是发展中国家或新兴经济体，甚至有些国家尚处于欠发达地区。这些国家普遍处于发展上升阶段，因此推动“一带一路”倡议构想与商业实践，非常有利于中国与沿线各国经济的共同发展，促进全球经济发展新一极的形成。与此同时，对中国来说，“一带一路”倡议是扩大对外经贸合作空间、推动企业全球化发展、带动产业转型升级、调整产能过剩的又一新机遇。

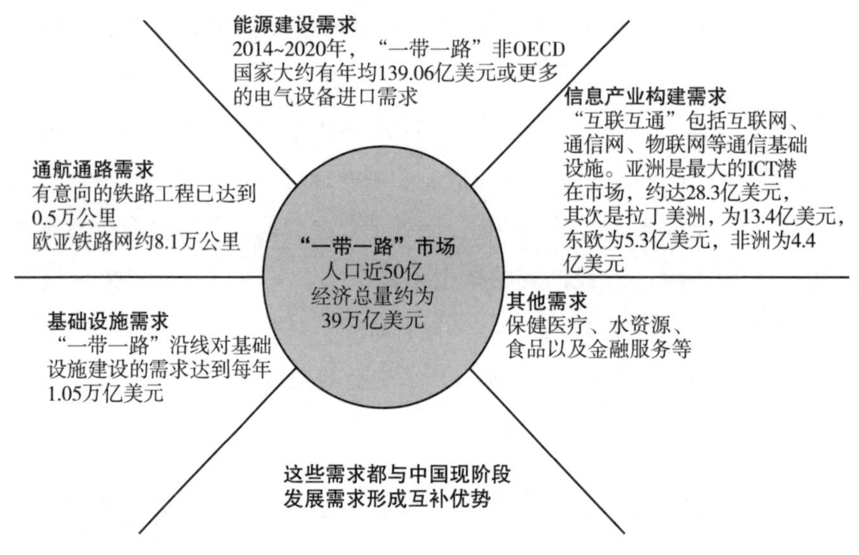

图 1　“一带一路”市场分析

资料来源：曹佳洁、苗绿：《初探如何在“一带一路”沿线市场上创造共享价值》。

国内外对中小企业的政策支持和相关优惠条件是企业重点考虑的因素，越来越多的企业开始根据政策支持和国家战略制订对外投资计划。政策支持是中小企业向“一带一路”国家（地区）“走出去”的重要推动力。在政策上，中国积极支持民营企业调动全球要素，优化资源配置，主动融入全球产业链。特别是 2016 年工业和信息化部出台的《促进中小企业国际化发展五年行动计划（2016－2020年）》，提出了多项针对性解决措施，促进中小民营企业把国外技术、资产、人才以及先进的管理经验引进来，同时吸引国外高新技术企业在中国孵化，推动中小企业技术创新、转型升级。2017年7月，工业和信息化部、中国国际贸易促进委员会联合印发《开展支持中小企业参与“一带一路”建设专项行动的通知》（工信部联企业〔2017〕191号），通知提出助力中小企业赴沿线国家开展贸易投资、为中小企业提供优质服务、提升中小企业国际竞争力等三项重点工作，包括十条具体措施，支持中小企业参与“一带一路”建设。政府在跨境人民币贷款政策上，也致力于解决目前中小企业的融资难问题。例如，鼓励地方设立专项资金，或者与银行联合成立投贷联动引导基金，开展试点工程，对符合条件的民营企业给予贴息；设立中小民营企业贷款担保业务，设立“政府、银行、三方担保保险”多方参与的风险共担融资模式，提高中小民营企业的金融风险防范意识等。

（二）企业拓展上下游产业链、提升品牌意愿强烈

“寻求海外市场和拓展上下游产业链”也成为中国中小企业“走出去”所考虑的重要因素之一，企业开始深耕细化业务，在产业链的上下游积极寻找适合的标的公司进行产业拓展，争取占据更大的潜在市场；与此同时，提升企业品牌的影响力对中小企业对外投资也越来越重要。特别是近几年随着“中国制造”的产业转型，中国制造业的产品质量和品牌影响力已经成为企业海外投资的竞争指标之一。

与此同时，目的国招商引资优惠政策，寻求海外资源如高端人力资源、低价劳动力、零部件以及原材料等，解决国内产能过剩和市场饱和问题等，也越来越成为中小企业在对外投资过程中考虑的因素。

（三）行业分布较广，地域集群特点突出

中小企业沿“一带一路”沿线国家（地区）进行海外开拓的行业分布较广，但以开展贸易和传统产业为主。经过多年的国际市场开拓，一些经

济发达地区的中小企业通过早期的外贸进出口等方式进行发展，积累了一定的资本和经验，近年来还有不少中小企业开展集群式海外投资，在国外建立中国商品市场和合作园区等，这在很大程度上也推动了海外 FDI 的发展。另外，近几年国家鼓励发展境外直接投资，中小企业在其中也占有相当比重。在传统产业和部分新兴产业上，中小企业海外直接投资的分布也较为集中。

中小企业的“一带一路”海外投资体现了较强的地域集群特点，其中浙江、福建等地的企业最多。投资目标国/地区针对不同类型企业特点呈现不同分布，在各大经济走廊市场已经取得了一定成绩。我国中小企业对外直接投资的国别对象存在目标导向型特征。其中，生产型境外投资机构一般集中布局在周边国家，如东南亚国家；研发型机构重点集中在少数发达国家，如以色列等；贸易型机构则分布在一些发达国家。中小企业对外直接投资一般首选在一些发展中国家，这与经济学理论中的产业梯度转移呈现基本吻合。

（四）境外合作园区成为重要载体和支撑平台

海外园区建设既是“一带一路”建设的主要内容，也是我国中小企业参与沿线国家产业合作的重要平台。一方面，海外园区成为推动我国中小企业抱团“走出去”、避免企业“单打独斗”、规避海外风险的重要方式。另一方面，海外园区建设符合国际产业合作的新趋势，有助于推进国内企业通过扩展海外发展空间实现转型升级，同时顺应了沿线国家发展需要。截至 2017 年底，我国在 20 个“一带一路”沿线国家已有 56 个已建和在建境外经贸合作区。这些园区主要集中在制造业、能矿资源和农产品加工领域。例如，白俄罗斯明斯克中白工业园、孟加拉达卡服装和家电产业园区、巴基斯坦瓜达尔能源化工园区，分别依托东道国工业基础和产业配套良好的城市区域、劳动力资源丰富区以及能矿资源富集区。目前，中国在“一带一路”沿线建设的海外园区正在开始向更加多元化和高级化的方向发展，出现了包括商贸物流园区、科技合作园等在内的诸多形式。除了中央政府和国家部委之外，地方政府也成为合作区建设的主要推动力量之一。

在中小企业参与海外园区建设方面，该模式下的园区类型多元、运作机制较为灵活，包括单个企业推动、多个企业推动和与所在国企业联合推动等类型。如红豆集团联合国内其他多家民营企业，与柬埔寨国际投资开发集团合资开发建设了柬埔寨西哈努克港经济特区。然而，大多数情况下，中小企业推动建设的海外园区更容易遇到“水土不服”，该类企业应主动对接东道国重点区域发展战略，切实尊重和主动融入当地社会。

二　中小企业参与“一带一路”建设的比较优势

（一）“创新实效”优势，利于增强活力

在参与“一带一路”建设过程中，中小企业一定程度上能够带来比大型企业更加明显的创新实效。产品、服务必须符合现代市场环境要求，技术的更新周期不断缩短，而中小企业较小规模的自身特点便决定了其能够快速适应市场需求的独特优势。它们往往能够依托活跃的创新思维，高效率地实现对短周期项目的快速盈利。根据发明专利统计，中小企业占全国发明专利的70%左右，很重要的原因就是小企业贴近市场，资源的调配能力很强，机制灵活，创新回报很直接。因此在这个意义上，中小企业的创新效率和时效相对大型企业具有优势，也更能根据沿线市场的变化做出反应。

中小企业满足市场需求的创新思维一方面体现在投资决策的准确性上，另一方面体现在市场应变的速度上。跨国经营是一项投资决策，因此投资决策的准确性是进入地区市场的关键因素。在资金上，中小企业的投资风险相对较小，投资方向的自由度与选择范围都较大；在人事和行政方面，中小企业组织结构简易、产权清晰；在技术上，新的想法更容易付诸实践，阻碍因素相对较少。因此，与大企业相比，中小企业受政府干预因素更少，其投资决策更贴近市场需求，亦能在市场的不断变化中灵活转变投资决策，在大企业困扰于繁杂的行政流程时获取速度优势。

（二）“技术积累”优势，利于专业深耕

中国中小企业“技术积累”的发展背景使之更加符合“一带一路”发展中国家的合作偏好：适用于发展中国家的生产技术是在长期对外贸易经验的基础上形成并经过改进后的小批量制造技术和劳动密集型技术，配之以适宜的多功能机器设备。先进技术与地区特点相结合的“技术积累”能够为“一带一路”发展中国家企业提供重要借鉴。

中小企业尤其是民营中小企业对原始创新的模仿能力是其获取竞争优势的重要方式。首先，中小企业家对创新技术具有较强的认知总结能力，并能在大量的现有知识存量中做出分析与判断，发掘具有市场前景的盈利模式，并快速做出决策。其次，中小企业的管理人员往往具有开放活泼的领导者风格，在决策制定过程中表现出明显的风险偏好倾向。中小企业家能够利用现有资源对生产经营活动进行快速高效的组织，在一定程度上弥补资源短缺的不足，在开拓国外市场的过程中增加了可配置资源数量，竞争优势进一步凸显。最后，中小企业特别是中型企业具有较高的技术专业化程度，即便是实施多元化发展战略，往往也是围绕核心技术优势拓展的业务领域，因此，这种较高的专业化水平也是中小企业的特有优势。

（三）“管理效率”优势，利于审慎决策

就管理效率而言，中小企业的优势体现在：一方面，中小企业的决策者往往具有更大的决策权，内部环节相应较少，易于管理；另一方面，中小企业往往是经过苦心经营才建立起来，资金的运用更是必须“用在刀刃上”，其决策必然经过审慎考虑。在这个意义上，其对外投资决策就更有可能成功。

其实，中国部分中小企业已经在局部领域形成了自身独特的竞争优势，可以归纳为以下三点。一是能利用既有的生产经验来发现和闯入利基市场，特别是欠发达地区市场。这类市场的主要特点是市场容量和需求较小，但在这种分散化的产业组织或结构下，规模庞大的企业难以从中获得规模经济，

也就无意与中小企业争夺这种市场，因此中小企业是从大企业的竞争缝隙中获得利基。二是能利用“好调头”的成本优势来拓展市场。中国企业在部分传统行业如服装等仍然具有规模经济和成本优势。三是中企善用华商伙伴或网络来降低在海外市场上的信息搜寻成本，降低了国际经营中的交易成本和信息不对称，因此更容易获得一定的竞争优势。

（四）“集群互补”优势，利于协同配套

相比大中小企业协同集群，中小企业集群在这里主要是指众多中小企业集合而成的组织，它既具有跨国大型企业的规模优势和高效率，又兼具分散状态下中小企业的灵活优势。在企业“走出去”的实践中，这种集聚方式相关性的造就，加速了新技术扩散升级的步伐，企业也更有机会迅速根据市场信息来调整在集群内的传递路径，从而更大可能地发挥产品和结构的比较优势，更能整合性地形成区域特点和优势。

三　中小企业“一带一路”“走出去”的典型模式

（一）“借船出海”模式：配套大企业走向沿线市场

“借船出海”是中小企业以较快的速度获取海外经验的一种便捷方法。中国的大企业特别是跨国企业在技术装备、绿色制造、人才储备、营销网络等方面已经具备了融入海外市场、配置全球资源的综合实力。中小企业由于规模小、产品单一、风险承受力差，具有一定的依附性。在该模式下，中小企业与大企业结成某种相对稳定的协作关系，基于大企业的跨国经营优势，为其匹配相关联的配套产品或服务，主动参与大企业全球产业资源配置的进程中，以投标联合体、分包合作、采购合作等多种形式组成“联合舰队”，在境外实施合作项目，以取得 1 +1 >2 的良好效果。

在“借船出海”模式下，中小企业通常以经营许可、承包、分包等形式从大企业获得业务，或依靠人才、技术、渠道等将自己纳入大型企业的生

产体系中，形成全球网络。有时大企业也采取参股等方式投资带动中小企业进行跨国经营，这种合作形式容易形成“椎型”或“中卫型”的企业集团或集群。中小企业通过“借船”，与大企业组成战略联盟得以“双赢”，既避免了对目标地原材料、劳动力、市场等方面的初步调查，又能充分利用大企业在信息、渠道、人才、管理等方面的便利条件，降低参与国际开拓的不确定性和风险，与大型企业实现多样化发展。

（二）“抱团出海”模式：构建全产业链战略联盟

在落实“一带一路”倡议，特别是推进基础设施建设和产能项目的过程中，以大型央企为代表的“国家队”是重大项目的主要实施者，中小企业发挥自身优势，成为市场领域不可或缺的成员。但是，单靠中小企业自身力量进行国际经营往往面临较大风险，“抱团出海”通过达成共同目标，可以发挥“单船出海”所不具备的特长，提升企业的整体实力。在该模式下，企业通过契约结成联盟，利用结盟各方的优势，形成规模经济或范围经济。

产业链式“抱团出海”就是依托企业所处的上下游产业链关系而进行的“走出去”。浙江的鞋制品生产企业就是一例。它们并不是一般的“小而全”的企业，其分工非常精细，原材料生产、配件加工、整体设计等整个链条的发展相当成熟。企业之间通过精益化的分工和互补协作关系降低了成本，从而为其进行国际化经营和海外开拓奠定了规模和成本优势基础。类似这种基于某种核心产品而组合或围绕在一起的中小企业，完全可以利用集群式特点进行产业链整体的“走出去”，开创在“一带一路”沿线发展的良好局面。

“抱团出海”的另一个表现形式就是成立合资企业。就一般意义而言，合资企业既可以是中外合资，又可以是企业在国内保持相对独立，在“走出去”时根据各自优势组合成联营体，来开拓沿线市场。但是，中小企业由于规模、实力等的局限，往往无法与国外企业进行直接合资，因此多采用后者，即国内两家或多家企业共同出资在海外组建新的企业（其中通常有一家大企业作为主导）。在这种情况下，不同企业的不同优势具有较强的互补性，从而得以联合起来，以企业集群的方式在海外建立合资企业，开展跨国投资，既可以提高适应能力，又能降低风险。

如果中小企业无法与大型企业或企业联盟进行“联姻”，可以在中小企业间形成联盟，如共担风险、共享渠道，形成合力，节约成本，更好地向“一带一路”沿线国家（地区）进发。当然，不同企业的海外开拓目的地不一定与“抱团”企业完全同步，在这种情况下，可通过在第三国建立生产基地或渠道的方式，来保持彼此间的密切协作关系。

（三）“贸易出海”模式：通过跨境贸易开拓沿线市场

在中小企业走入“一带一路”沿线市场的过程中，最常见或普遍的方式就是通过出口贸易。现阶段，我国中小企业向“一带一路”沿线国家（地区）的出口总量已经具备一定规模，并表现了强大的增长潜力。中小企业的出口产品结构也发生了一定变动，附加值高和技术密集型的终端产品比重在稳步提高，在沿线市场中的竞争力也在逐步提高，中小企业成为对外贸易企业大军中一股不可或缺的力量。特别是随着跨境电子商务的突飞猛进，跨境电子商务平台在中小企业海外发展中起到了至关重要的作用。这些新业态平台可以帮助中小企业节约交易成本、打开市场渠道，是中小企业参与跨境电商的重要方式。

如果通过贸易形式承接传统产业的转移，能使中国的中小企业立足于现有的基础，充分动态地发挥比较优势和自身能动性，并取得出口方面竞争优势的话，那么通过以配套集群或接受大型跨国公司当地采购等形式介入大公司投资的资本、技术密集型产业的上下游关联行业中的模式，能使中国的中小企业充分分享跨国公司的各种溢出效应，为其在国际竞争中资源禀赋的提升准备了充要条件。随着“一带一路”建设的深入推进，中小企业的对外合作范围正在由“一带一路”沿线国家（地区）沿着各大经济走廊进行辐射。对外合作内容由服装加工、塑料制品等传统行业扩大到技术、设备、人才、资金融通等各个领域。

“贸易出海”模式下，可以采取以下渐进式的推进战略：第一，立足国

内和自身优势，向目标国（地区）出口成品，建立营销网络，熟悉当地市场基本情况，积累进一步“走出去”的经验；第二，当企业的产品在当地市场取得一定份额后，设立拥有经营权的分销机构，代替在地化的进口商角色，把服务链条环节在目标市场进行延伸；第三，在东道国市场站稳脚跟后，根据市场潜力跟进投资，将储运、装配等后端环节输入，此时企业不再是简单地出口终端产品，而是将中间环节在地化，在当地组装终端产品，并基于在目标市场建立的营销网络将产品销售；第四，如果企业十分看好东道国的市场前景，可以进一步投资，实现全部环节的在地化经营，直至完成整个直接投资过程。

（四）“驾船出海”模式：独立开拓、直接进行对外投资

这种模式主要适用于已经积累了一定跨国经营经验，具有较强的自身实力、资源能力和竞争优势的中小企业。2017 年，“互联网 +”、新能源、新材料、生物制药和电子信息等产业，特别是战略性新兴企业强势出击，快速融入“一带一路”沿线市场，一批有实力的中小企业和创新企业在境外设立制造基地、研发中心和开发基地等。如北上广深等地的中小企业以多种方式（如产业链上的集群配套等）嵌入 ICT、生物制药、节能环保等高技术领域，开拓了市场，走进了前沿尖端。在这种形式下，独立开拓型海外发展给予了企业更大的自主独立权和发展机会。

该模式下，中小企业通过新建企业或并购等方式进行开拓。它的一个主要优点是投资者自身可以在较大程度上把握风险，掌握项目策划各个方面的主动性。根据已有经验，我国的中小企业特别是一些成熟企业，可以通过新建企业的方式在沿线一些相对不发达的国家进行直接投资，使企业将一些成熟改进的技术和产品转移过去。新建方式以机器、原材料、技术、产权等作为原始资本投入，往往需要从事大量的筹建工作，因而速度慢、周期长，投资风险也较大，所以中小企业在决定以该方式进行投资之前一定要有充足的、体系化的、完善的项目策划。另外，有实力的中型企业可以考虑实施并购策略，与新建方式相比，兼并收购可以使企业较为迅速地进入目标市场，

及时获得被收购方的既有资源和市场份额，减少了立足东道国的阻碍，实现生产或经营的在地化，大大降低了风险和不确定性。当然，并购行为自身也带有一定风险，这就需要企业权衡利弊后做出决定。

值得注意的是，由于中小企业规模小，在资金、管理、技术、市场拓展等方面都存在一定不足，因而抗风险能力差，无论是采用新建企业还是海外并购方式，对于中小企业来说都存在较大困难。综上而言，对外直接投资的成败与其生存发展具有很大的关联性，因此独立开拓型企业要保持慎重，审慎决策。

四　中小企业参与“一带一路”建设面临的问题

（一）促进中小企业参与国际和跨区域合作的服务体系不健全

在中小企业参与“一带一路”国际合作过程中，信息的互联互通以及其他要素的全方位服务供给是重要基石。尽管政府机构、行业协会、标准化组织等为中小企业进入沿线市场做出了不懈努力，但缺乏完善的“一带一路”中小企业公共服务体系依然是其参与建设的软肋，具体表现在以下三点。一是可用信息的获取渠道较少，数据联通水平仍有待提高，中介服务费用普遍高昂。目前，中小企业要想开拓国际市场就需要做好专业的市场调研、完备的政策评估和咨询、项目落地的可行性分析等关乎成败的重要工作，这些深层次的服务需求虽然市场上许多专业化服务机构可以满足，但其高昂的服务费将中小企业拒之门外，制约了中小企业的国际市场开拓。与此同时，从普遍意义上而言，各地针对“一带一路”沿线开拓的服务体系建设水平参差不齐，服务质量的区域差距较大，具有国际影响力的咨询公司、人力资源服务机构等中介机构匮乏，商会协会等中间组织的作用也并未完全发挥，使领馆的相关职能有待在更广泛的意义上进行完善，适应国际市场和规则的法律援助与专业咨询机构有待建立。二是中小企业海外维权服务保障体系缺乏。尽管，近年来中国企业海外胜诉案件日益增多，但成功案例仍屈指可数，这些都不能给中小企业境外维权以信心。此外，企业在海外投资过程中难免涉及法律或维权问题，而境外维权服务的严重不足，信息交流平台的落实，风险评估、政策法规咨询等中介服务的缺失，使领馆的援助支持以及商业保障力度不足等问题使中小企业海外维权举步维艰，中小企业在海外市场的合法权益无法得到保障，这些都容易造成企业“走出去”的信心不足，打击其进行海外投资的热情。三是国际贸易规则掌握不准，普及度不够高，提供规则服务的机构和平台不足。由于中小企业对贸易规则和国际惯例认知程度不高，加上在选择和使用国际结算方式等方面缺乏经验，中国中小企业在签订和履行国际贸易合同时很容易出现纰漏，无法保护自己的合法权益。目前，国内尚未建立专门为中小企业提供国际贸易规则普及的专门机构和“一带一路”公共服务平台，这也是中小企业“走出去”需要解决的一大问题。

中小企业在参与“一带一路”跨区域合作进程中，“双重割裂”已经成为显著特征。一方面，各地方政府缺乏沟通、协调、互补以及规划，并没形成区域性联动。如果各省（区、市）达成统一规划目标，充分利用沿线节点城市的区位优势、基础设施等条件，实现优势互补，那么，中小企业在跨区域合作中阻力将会减少很多，产生事半功倍的效果。但事实却是，缺乏省际项目联合推进和政策协调机制使不同省区市无法形成合力，甚至产生了内部竞争的消耗局面，造成了区域间割裂的现状。另一方面，中小企业彼此间由于缺乏协同也产生了相互的割裂局面。根据官方调查数据，民营企业海外市场的盈利率仅有10%。“抱团出海”是增加中小企业海外盈利的重要措施，但实际上许多民营中小企业在“一带一路”“走出去”的过程中仍然仅仅依靠自身力量，与其他中小企业缺乏协调和联合，同时与大企业的协调配套能力不足，又无法依靠大企业进行海外市场开拓。

（二）沿线国家投资环境复杂，加大了中小企业海外经营难度

“一带一路”沿线各国无论是在利益诉求还是在发展条件和水平上都具有多元化和差异化等特点，加之国家间政治关系的复杂性更加重了投资环境

的复杂程度，这导致了我国中小企业在与沿线国家进行合作时出现了“不通”的问题。在“硬”的方面，“一带一路”的部分沿线国家经济不发达，基础设施薄弱，交通运输、网络通信、油气管道等设施联通度较低，制约了中小企业参与国际化产业合作的进程。在“软”的方面，沿线各国的市场情况、办事方法、政策法规等存在较大差异，这导致了我国中小企业在开拓海外市场的进程中面临国内政策法规与国外不兼容、企业单独谈判能力势单力薄，商品生产与服务标准未与国际接轨，贸易通道不畅等多重挑战，加大了中小企业投资与经营的难度。

中国企业在与部分国家（地区）合作过程中存在技术标准不对接的问题。例如，沿线部分国家虽然自身技术能力较差，但它们以欧美的工业技术和标准作为准绳，这就使中资企业入驻该地区市场面临巨大压力。特别是部分国家在基础设施建设领域长期采用欧洲标准，已形成固定的标准体系和利益集团，甚至某些国家的电力项目严格规定采用欧美或日韩标准，不能使用中国标准，这就为中国企业的入驻设置了巨大的障碍。

（三）缺乏具有综合能力和国际化视野的复合人才

具有丰富的专业知识、优秀的市场能力和海外工作经验的综合型人才是推动中小企业走入“一带一路”国家（地区）的重要基础。无法了解沿线被投资国的文化习俗以及相关法律政策，就无法打开其市场，实现市场开拓需要相关复合人才支持，人才是连接企业与市场的纽带。事实上，在进行海外市场开拓时，企业在“招进人才”和“派出人才”两个过程中都存在问题。许多中国企业缺乏熟悉海外市场环境、做出全方位投资决策的高级管理人才，这是企业“走出去”的短板，也是导致对外投资成功率大打折扣的重要原因之一。导致中国企业出现人才跟不上发展需求的原因是：一方面，沿线不同国家有其自身独特的市场环境和文化，仅仅依靠国内的教育体系来培养适应海外工作环境的人才并不能完全切合实际；另一方面，虽然中国培养了大量的海外留学人员和华人华侨等优秀人才，但许多都深造并定居海外，并未为国所用，这就使“走出去”企业缺乏强大的智力支持。

人才严重短缺是“走出去”企业进行“一带一路”跨国和跨区域合作过程中面临的重要问题，对外合作不仅需要精通外语的语言类人才，而且需要大量的“懂得内情”的专业人士。目前，许多企业在人才布局中都存在“救急的多、华人多”现象，这主要是企业在人才引进和培养中缺乏国际化视野，缺乏国际化人才培养目标定位，欠缺留住和吸引国际化人才的经验，尚未建立完善的人才培训和管理机制等造成的。因此，如何建立良好、成熟的员工培训和管理机制是中国企业做大做强的重要议题和关键。

（四）企业在海外发展中的决策与经营能力有待提高

中国许多企业尚未形成科学的公司管理体制，企业的跨国经营管理不能适应国际市场竞争的需要。企业在境外经营管理上出现两种相反的倾向。一种是将权力集中在母公司手中，对境外子公司进行严格的管理和干预，这就严重束缚了境外企业的手脚，容易错失机会，不利于境外子公司竞争力的提升。甚至有的企业只是将国内的管理手段和方法直接运用到境外子公司，不依据所在国家和地区的政策法规以及国际惯例进行管理模式的调整，导致企业生产经营出现问题。一种是采取放任自流的态度，一旦境外子公司得到投资批准后，母公司就对其资产损益、经营状况、财务管理以及今后的市场前景不做管理和干预，任境外子公司自然发展，这必然会导致管理失控。

与此同时，中国从事跨国经营的大部分公司尚未形成开放有序、横向纵向联系的网络，公司内部在资金流、物流、信息流上基本处于封闭的循环系统。目前，大部分的境外企业仅仅与国内母公司进行双向联系，受到母公司的遥控，缺乏与其他境外子公司的互动和多向联系，没有形成覆盖全球的网络，这在一定程度上提高了资源共享和生产经营的成本，不利于母公司对海外子公司的控制以及进行整体规划的战略实施，不利于企业进行合理避税，不利于企业构建合理的价值链，使企业本身的优势无法发挥。

中国中小企业拓展沿线市场的综合能力有待提高。对外，发达国家对中国企业的技术标准、包装程序、质量认证等方面的要求和规定日益苛刻；对内，中国中小企业自身技术水平和经营管理水平有待提升，收集和处理、反馈国际信息的能力较弱、高端管理人才匮乏、战略性规划缺乏等。在内忧外患的境遇下，中国中小企业要想在国际竞争中谋求一席，制定出符合自身特点的宏观与微观战略还任重道远。

（五）金融支持体系不完善，融资难融资贵依然存在

资金匮乏是中小企业进行跨国经营的巨大瓶颈。在创业初期，中小企业可以依靠利润留存、自由资金滚动的资金运作模式来推动企业的发展壮大，但是在进阶国际化经营阶段就需要具备较强的融资能力，吸纳外部资金来突破自身资金规模的限制，取得后发优势。但是，目前的状况是中国中小企业在融资方面仍面临一定困难。一是在直接融资方面，虽然上市是中小企业进行直接融资最简单有效的方法，但是自身实力以及相关政策门槛等致使大多数企业依然无法采取直接融资方式。仅仅有小部分中小企业可以通过该种方式融资，且投资于中小企业的风险投资基金和产业基金发展并不成熟，风险依然比较大，融资可靠性差。二是在间接融资方面，苛刻的贷款审批制度依然是制约中小企业特别是小微企业融资的最大屏障。主要表现为贷款周期短，利率较高、可抵押物选择范围小等。此外，中小企业尚未实现经营和财务信息的透明化，没有建立完善的信用信息体系，导致银行在进行信用调查时成本高、耗时长，在某种程度上加剧了银行“放贷难”和企业“融资难”。三是由于大多数政策性金融机构的资金支持倾向于“一带一路”的主力军——大型国有企业，加之商业银行国际业务发展相对滞后、人民币本币互换范围不完全等，中小企业向“一带一路”沿线国家（地区）“走出去”的过程中面临融资困难、渠道不畅等一系列限制。

（六）境外各类风险长期存在，系统性风险须引起注意

第一，“一带一路”沿线涉及全球多个高风险的敏感地带，部分国家存在地区局势紧张、极端主义势力抬头、恐怖主义势力扩张及跨境犯罪等问题。与此同时，领导人交接、民族冲突、民主政治转型等多重政治矛盾也充

斥沿线多国。第二，一些国家采用多重手段进行贸易保护，比如，实施关税及非关税壁垒、本土生产产品享受银行特别贷款优惠利率、零部件必须限制在本地生产等措施来保护本土企业。第三，“一带一路”沿线国家地区民族多样化、文化多元化、语言复杂化和宗教信仰差异化，都对中国企业进行海外项目的投资建设构成巨大挑战。尤其是沿线某些国家的媒体为了制造敌对意识，大肆渲染“中国威胁论”，这在无形中提高了中国中小企业海外合作的交易成本。第四，中小企业在参与跨国产能合作中应防微杜渐，警惕因侥幸心理引发的环保纠纷问题。例如，化工、钢铁、建材、水泥等产业存在耗能、污染等问题，即使目前在工业化发展程度较低的国家受到欢迎，但从长远发展来看依然潜藏环境保护风险，需要企业自身不断提升污染防范意识和环保技术。第五，“一带一路”沿线国家拥有复杂的法律体系，包括英美法系、大陆法系和伊斯兰法系等。在“走出去”的过程中，中小企业如果对沿线国家的法律法规、税务等不熟悉，或者市场调研论证不全面，项目可行性分析不深入，会面临更多风险和困扰。另外，“一带一路”沿线国家中有许多发展中国家，它们中许多尚未建立完善的法律法规体系，政策稳定性较低甚至经常出现“朝令夕改”的情况，这容易让企业无所适从。一些国家还会以“对公共利益有重大影响”、“安全原因”、反倾销、反垄断、反补贴等理由或手段来妨碍或阻止中国企业进入本土市场。此外，企业在“走出去”过程中势必要与国际金融市场对接，国际金融市场中的利率和汇率等风险要素的波动就会对企业开展业务、生产经营产生相应的影响。

五 加快推进中小企业深度融入“一带一路”建设的建议

（一）顶层设计，发挥中小企业在“一带一路”建设中生力军作用

十九大报告中指出，“激发和保护企业家精神，鼓励更多社会主体投身

创新创业”、“要支持民营企业发展，激发各类市场主体活力，要努力实现更高质量、更有效率、更加公平、更可持续的发展”、“深化科技体制改革，建立以企业为主体、市场为导向、产学研深度融合的技术创新体系，加强对中小企业创新的支持”。显然，随着“一带一路”建设的深入推进，以及国家顶层战略，支持鼓励中国中小企业融入建设，在新的历史条件下，将为其带来广阔的发展空间。

在顶层设计上，需要加强统筹规划，健全引导机制，提供系统支持，推动中小企业有序进行海外布局。建议成立跨部门的中小企业“一带一路”产业合作领导机构，统筹中小企业参与“一带一路”建设的规划、战略和基本政策，形成上下协调、可持续发展的领导机制。中小企业走入“一带一路”沿线国家（地区）虽然取得了一定成绩，但总体而言在全球价值链、产业链条上的地位仍有待提升，仍然存在“散、乱、弱”的情况，且现有的支持力度与企业的需求尚存差距，建议把中小企业纳入“一带一路”建设的整体规划，打造海外拓展网络体系。同时，加强调查研究，选取若干“一带一路”沿线发展环境优、风险水平低、区位条件好的国家（地区），打造有力的战略支点，在此基础上围绕重点领域和环节，以点带面打造大企业和中小企业在沿线国家有机互补、融通发展的网络体系。坚持政府引导、市场运作、企业主导的原则，推出相关产业领域的正面和负面清单，加强对中小企业海外开拓的引导，明确清单内的可为和不可为领域，采取具有可行性的手段来积极保障项目的落地生根，推动中小企业有序参与产业合作。

（二）合纵连横，加强鼓励中小企业“抱团出海”“兵团作战”

在海外业务拓展方面，我国的中小企业往往能力较弱、出海方式较零散、出海的企业规模往往较小。为此，在中小企业的海外业务拓展方面，需要加强各中小企业相互积极联合、协同协作能力。一是在产能合作过程中，充分发挥基础设施建设项目的支撑作用，积极提高整个产业链条上的协作和配套能力。二是应用 BOT、PPP 等新模式，加强一般意义上的规划、咨询、

认证、产权等的企业服务，同时发挥专业机构的互补作用，充分调动专业机构服务中小企业走向“一带一路”海外市场。三是充分发挥大企业的作用，形成大中小企业在参与“一带一路”建设上融通发展的格局。目前，在基础设施建设、产能等重点合作领域，大型央企仍是“排头雁”，中小企业则受制于各种条件显得势单力薄，但中小企业仍可通过各种方式发挥灵敏度和专业上的优势，实现良好的协同生态。

（三）深入对接，支持中小企业扎根境外经贸合作区、产业园区

海外合作区/产业园模式是促进中小企业“走出去”的重要力量。一方面，海外合作区/产业园模式能够有效简化审批流程，促进产业聚集效应；另一方面，可以降低单枪匹马“走出去”的风险。对于合作区/产业园来说，要不断提高合作区的层次，扩大经济区的规模，健全多层次宽领域的合作体系，使其能够进一步发挥示范和集聚作用，以扩大海外合作区/产业园的覆盖范围。同时，也要加强多方面的政策支持和倾斜力度，集中体现在财政、税收、创业金融等方面，以最大限度地满足中小企业需求。地方应加强对中小企业的引导，鼓励并支持中小企业结合自身的优势构建合作区域网络，更快、更稳健地与海外园区对接。

同时，进一步打造专门的中小企业合作园区示范平台。建议在有条件的沿线国家建设一批具有示范作用的境外中小企业合作园区，充分利用合作区的集聚和规模效应，突出园区的可推广和可复制性。中小企业合作园区模式可在各项配套能力佳、条件成熟的国家（地区）先行先试，积累成功经验，再向更多国家进行推广。加强双边就合作园区在金融、税收、设施、审批等方面的磋商，消除投资壁垒，在园区前期规划、配套基础设施建设、投融资支撑、入园企业招引以及交付运营管理等方面加强务实合作，使中小企业合作园区成为各项资源要素的汇聚地。在打造示范平台的过程中，充分携手金融机构、海外服务中介、行业组织协会等，形成合力，带动中小企业快速高效地“走出去”。

（四）开拓进取，帮助中小企业提升整体素质和核心竞争力

核心技术与创新能力是企业稳健发展的重要保障。政府和社会力量是驱动企业发展的重要力量。政府方面，一方面，要大力支持科技创新，鼓励技术研发，进一步加大对产学研合作的支持力度，以辅助企业建立高质化、高端化的发展路径；另一方面，制定相关政策措施驱动企业融入“一带一路”建设，建设涉及多领域、多层次的协同创新平台，推动企业向自主设计、自主研发等方向转化。中小企业参与跨境示范合作区建设是沿“一带一路”“走出去”的可行方法，鼓励社会力量通过跨境电子商务等方式开拓市场，支持吸纳能力强、平台作用显著的电商入园发展。

此外，“缺人才”是中小企业“走出去”面临的主要困难。其困难主要表现在两方面：一方面是如何帮助人才“走出去”；另一方面是如何就地“取才”以服务于“走出去”的中小企业。要突破此问题，可以通过加强国际人才培训，以需要为导向有针对性、有目的性地培养国际化人才，构建符合“一带一路”建设的聚才用才机制。在帮助人才“走出去”的同时，也要善于发掘参与“一带一路”建设的国家本土人才。总体而言，一方面，要善于结合本国教育资源，利用本国教育优势，建设国内人才出海的平台，培养外语能力强、了解当地文化的国际化人才。另一方面，要挖掘企业所在国家本土的人才，建立相应的海外人才特别是留学人员和华人华侨的吸引与管理体系，便于“就地取材”。

（五）搭建平台，构建面向沿线国家的国内跨区域协调体系

为中小企业参与“一带一路”建设搭建服务平台。中小企业大规模“走出去”，意味着产业体系、产业链上下游的“走出去”，广大中小企业是“一带一路”产业链和价值链中最具活力、最具创造力的中坚力量。然而在面对“一带一路”纷繁复杂的投资经营环境，中小企业防范风险、应对风险、化险为“机”的能力相对不足。因此，要为中小企业提供更多的金融

支撑、政策支持，健全保障中小企业“走出去”可持续发展、创新发展的体制机制，搭建促进中小企业参与“一带一路”投资合作的各类公共服务平台，引导“一带一路”沿线的大企业与中小企业通过专业分工，建立合作共赢、协同创新关系，进一步完善各项支持政策，以实际行动支持和服务广大中小企业参与“一带一路”建设、推进国际化布局。

建议在“一带一路”沿线国家组建专门的服务组织/机构，为中小企业提供全方位、多层次、宽领域的信息和情报支撑，同时在市场条件下提供需求预测、统计分析等各方面的服务，以此便利企业在目标国寻找共担风险和收益的合作者。同时，依托服务机构分布范围广泛、专业性强的优势，推动企业间知识共享、成果转化流动，推动企业间加强协同合作。同时，在国内联动的层面上制定内陆和沿海地区不同的对接机制，按市场情况进行梯度导向。一是在东部和中西部地区实现信息和资源的共享交流，加强协调统筹。二是从规划、政策、措施等方面加强海陆对接，建立区域性的协调机制。三是在制度层面设立信息通传、定期沟通的协调机制，确保区域间实现互补性、全方位的合作，为本地和周边市场汇聚资源、拓展空间。

（六）防控风险，做好预警强化风险评估与管控

提高预警和防范化解风险的能力。发挥海外领事馆对中小企业沿“一带一路”沿线市场“走出去”的引导和保护机制，帮助企业维护海外合法权益，克服“初来乍到”及“水土不服”的弊端。使领馆不仅熟悉国家方针和外交政策，而且动态掌握东道国企业的发展情况，是中小企业海外经营的强大后盾。因此，有必要推动使领馆把双边和多边关系维护好发展好，利用多层次多领域的沟通和协调机制，强化投资环境建设的能力，为企业海外发展提供更好的发展环境。同时，进一步努力打造责任和命运共同体，与沿线各国共同营造良好发展环境，倡导可持续安全观。另外，加强措施保护企业在外资金安全也十分必要，建议持续推进双边及多边投资保护机制，建立海外投资保险制度、投资亏损准备金制度等，妥善运用政策性出口信用保险分散风险，以帮助中小企业分担国际化金融和资金风险。

当然，企业在走入沿线市场之前，有必要全面了解可能的风险、调整及市场情况，从而研判投资机遇，制定合理的方案，其自身要综合各方面情况，筑牢应对风险和挑战的能力。这也离不开相关专业人员在执行境外安全联络员制度上的反应力。在风险初见端倪时就采取适当的措施，防止事态风险扩大。从而建立有效的应急机制，增强应急处置的能力。

总之，进入新时代，开启进一步走向世界、发展更高层次开放型经济的新征程，正如习近平总书记所强调的，我们必须“以‘一带一路’建设为重点，形成陆海内外联动、东西双向互济的开放格局”。而中小企业这支生力军，应该勇做先锋队、马前卒，发挥勇于创新、敢于担当的精神，深度融入“一带一路”建设大潮，在开放中筑牢自信，不断开辟发展的新境界。

参考文献

辜胜阻:《推动企业“走出去”实施“一带一路”战略的对策思考》,《中国人大》2017 年第 1 期。

廖萌:《“一带一路”建设背景下我国企业“走出去”的机遇与挑战》,《经济纵横》2015 年第 9 期。

孙静:《我国中小企业“走出去”意愿研究》，南开大学硕士学位论文，2015。

陈坚:《完善中国企业“走出去”政策措施体系之思考》,《国际贸易》2013 年第 10 期。

张雨、戴翔:《政治风险影响了我国企业“走出去”吗》,《国际经贸探索》2013 年第 5 期。

戴翔、韩剑、张二震:《集聚优势与中国企业“走出去”》,《中国工业经济》2013 年第 2 期。

洪俊杰、黄薇、张蕙、陶攀:《中国企业走出去的理论解读》,《国际经济评论》2012 年第 4 期。

钱明光:《论中国企业实施“走出去”战略遇到的问题及对策》，对外经济贸易大学硕士学位论文，2006。

杨立强:《中国中小企业“走出去”的基础与策略研究》，对外经济贸易大学。

赵海娟:《专家支招“一带一路”倡议下中国品牌走出去》,《中国经济时报》2017 年 9 月 11 日。

李军：《“一带一路”战略环境下企业走出去的风险与策略》，《当代经济》2017 年第 2 期。

汪孙达：《“一带一路”下 OFDI 的产业升级效应研究》，浙江大学硕士学位论文，2017。

孙乾坤：《中国对“一带一路”国家直接投资的区位选择研究》，对外经济贸易大学博士学位论文，2017。

胡想相：《“一带一路”倡议下中国钢铁业产能过剩转移研究》，浙江大学硕士学位论文，2017。

杨荣国：《“一带一路”公共外交战略研究》，兰州大学博士学位论文，2017。

刘刚：《“一带一路”战略下中国西部对外开放路径选择》，对外经济贸易大学博士学位论文，2016。

苏馨：《中国对“一带一路”沿线国家直接投资的风险研究》，吉林大学硕士学位论文，2017。

Abstract

Annual Report on the Belt and Road Industrial Cooperation (*2017 - 2018*) is annual review report about the development of industry and information technology construction the Belt and Road. The report, gets its first publication in 2018, with a unique perspective, comprehensive analysis and interpretation of authority. Hope to be able to provide reference to the industry.

In 2017, a report by global research institutes, the authority of the research achievements and viewpoints, through massive data analysis and typical case analysis and prediction analysis, multi-level, multi angle, systematically expounded China's development and trend along the countries participating in the the Belt and Road construction industry cooperation. The report is structurally divided into 10 chapters, including the general report, the notice and the thematic study. General report on the overall analysis and forecast for the domestic and global "The Belt and Road" industrial cooperation of the overall development trend, the report from the joint sea economic corridor angle, explain, China Mongolia and Russia-Asia-West, the new Eurasian Continental Bridge, Pakistan, Chinese-Indochina, Meng Zhong, India and Burma six corridor construction and China along the national industrial cooperation and friendly exchanges and the latest development characteristics. Feature articles for the electronic information industry, the information security industry, small and medium sized enterprises research "The Belt and Road" hot issues in-depth systematic research and discussion, to further improve the comprehensive and authoritative. This report has some guidance and readability for the industry and the academic community.

Contents

I General Reports

Abstract: In 2017, the construction of industry cooperation about Belt and Road made significant progress. In key areas and countries, cooperation in production, investment and digital silk road achieved fruitful results, when strategic docking deepening, economic and trade cooperation zone exceeding one hundred, 100 papers being signed with 86 countries and international organizations of Belt and Road cooperation, a large number of important projects landing, economic development and a lot of job opportunities being achieved. The first "The Belt and Road International Cooperation Forum" was held successfully, planning the

"The Belt and Road" path for future cooperation, showing the common development and prosperity prospects.

Keywords: Industrial Cooperation; The Belt and Road; Industrial Park

Abstract: The construction of the "One Belt and One Road" has been written into the report of the 19th National Congress of the CPC and the "Constitution of the Chinese Communist Party." It can be predicted that with the new era of socialism with Chinese characteristics, "Belt and Road" will further bring together the wisdom of all parties and push forward the efforts of a wider range of countries along the line, higher level and deeper international cooperation. Under the inevitable development trend of economic globalization, the cooperation between China and the countries along the "One Belt and One Road" in 2018 is expected from the aspects of top-level design, monetary order, free trade, facilities interconnection and international personnel training.

Keywords: Economic Globalization; Community of Destiny; RMB Internationalization; Free Trade; Industrial Parks; Talent Training

Ⅱ Key Areas Reports

B. 3 The Status Quo of Industrial Cooperation and Development between Mongolia, Russia and China in Economic Corridor

Hu Yang, Chen Xingni / 043

Abstract: As an important part of China's "Belt and Road" strategy, China-Mongolia-Russia Economic Corridor is an important channel for deepening all-round cooperation with Russia and Mongolia. In 2017, the bilateral trade volume between China and Russia, China and Mongolia both increased substantially. Facilities unicom remained to be the priority area for cooperation in the corridor and the cooperation in energy and equipment was further deepened. Therefore, this article summarizes the status quo of China-Mongolia-Russia economic cooperation in corridor construction, analyzes the difficulties and discusses the concrete advancing strategies of corridor construction to promote the healthy development of economic corridor.

Keywords: Eurasian Economic Union; "Prairie Road" Facilities Unicom; Energy Projects; Equipment Cooperation; Top-level Design; Policies

B. 4 The Status Quo of Industrial Cooperation and Development between Central Asia, West Asia and China in Economic Corridor

Zhang Yu, Peng Jingyi / 056

Abstract: In recent years, China has made great strides in productivity cooperation with Central Asia and Western Asia. Particularly, in 2017, China's strategic partnership with the five Central Asian countries was further deepened, and many projects in multilateral cooperation have reached. Highlights are frequent

Abstract: China-Indochina economic corridor vast east from the Pearl River Delta Economic Zone, along the Nanning Guangzhou expressway, Nanning Guangzhou high-speed railway, passing Nanning, Pingxiang, Hanoi and Singapore, through Indochina Vietnam, Laos, Kampuchea, Thailand, Burma, Malaysia and other countries, is the continental bridge connected with China and Indochina, the international economic corridor of ASEAN cooperation and LAN-Mekong cooperation. In 2017, in the 50th anniversary of ASEAN and the 20th anniversary of "10 + 3" cooperation, as the priority area of Belt and Road construction, exchanges mechanisms between China and corridor countries are more diverse, the pilot projects fruited well, the connection between sea and land has made a breakthrough, and the construction of industrial parks promote the production and trade cooperation to a new stage more closely.

Keywords: Indochina; ASEAN; LAN-Mekong Cooperation

Abstract: In the framework of international cooperation aimed at advancing the "Belt and Road", South Asia possesses the geographical advantages of involving and driving north and south and communicating land and sea. It has an important position that is unattainable in other regions. Due to the doubts of India, the progress of "One Belt and One Road" construction in Bangladesh, China, India, Burma and the South Asia region is uneven. However, the overall progress is good and there are many achievements in infrastructure projects. With the advancing construction of the "Belt and Road Initiative", both China and this corridor have both successful experience in international cooperation as well as various challenges that deserve to be summed up and benefited from.

Keywords: Seek Common Ground While Reserving Differences; Infrastructure; Construction of Parks

Abstract: The CMB Economic Corridor is the flagship project and a model project in the process of "One Belt One Road" construction. With the focus on Gwadar Port, transport infrastructure, energy and industrial cooperation, a "1 + 4" economic cooperation layout will be formed to achieve win-win cooperation and development. In 2017, the "Vision of China-Pakistan Economic Corridor" was announced. The cooperation between China and Pakistan in such projects as energy and Gwadar steadily progressed, while the focus of cooperation shifted to the industrialization. As a result, the article summarizes the latest progress of the cooperation between China and Pakistan and further discusses the prospects of corridor construction and suggestions for specific promotion.

Keywords: Infrastructure; New Energy Sources; Ports; Free Zones; Industrial Parks

Ⅲ Topic Research

Abstract: In our era, information technology has become an important driving force for economic and social development, thus the ICT industry has attracted much attention. The ICT industry development levels of the countries along the "Belt and Road" differ significantly, thus the demand is clear. By promoting the "Belt and Road" initiative, the cooperation between China and countries along the "Belt and Road" has achieved fruitful results. But there are also some problems in mechanism, environment, structure, internationalization ability, credit and other issues. In the future, we should strengthen the cooperation between China and countries along the "Belt and Road" in top layer design, collaborative innovation, market development, extension services and other areas of ICT industry, in order to make ICT industry become a new name card of the "Belt and Road" initiative.

Keywords: Belt and Road; ICT Industry; Cooperation Model

Abstract: In recent years, the overall global industrial information security risks continue to rise, the number of industrial control system-related vulnerabilities remain high, the impact of industrial information security incidents continued to expand. As Internet, IoT, cloud computing, artificial intelligence and other information technologies continue to infiltrate industrial production activities, security incidents targeting industrial facilities and products will become more and more frequent. Cyber attacks have shifted from affecting virtual assets to disrupting the physical world. The issue of industrial information security has become a global focus and all countries have set off a new upsurge of strengthening industrial information security. Focusing on the development of industrial information security, this paper reviews and analyzes the development characteristics of countries along the Belt and Road, summarizes the progress made in China's industrial information security, and analyzes the development of China's industrial information security The direction and obstacles of "Belt and Road" industrial

皮书起源

“皮书”起源于十七、十八世纪的英国，主要指官方或社会组织正式发表的重要文件或报告，多以“白皮书”命名。在中国，“皮书”这一概念被社会广泛接受，并被成功运作、发展成为一种全新的出版形态，则源于中国社会科学院社会科学文献出版社。

皮书定义

皮书是对中国与世界发展状况和热点问题进行年度监测，以专业的角度、专家的视野和实证研究方法，针对某一领域或区域现状与发展态势展开分析和预测，具备原创性、实证性、专业性、连续性、前沿性、时效性等特点的公开出版物，由一系列权威研究报告组成。

皮书作者

皮书系列的作者以中国社会科学院、著名高校、地方社会科学院的研究人员为主，多为国内一流研究机构的权威专家学者，他们的看法和观点代表了学界对中国与世界的现实和未来最高水平的解读与分析。

皮书荣誉

皮书系列已成为社会科学文献出版社的著名图书品牌和中国社会科学院的知名学术品牌。2016 年，皮书系列正式列入“十三五”国家重点出版规划项目；2013~2018 年，重点皮书列入中国社会科学院承担的国家哲学社会科学创新工程项目；2018 年，59 种院外皮书使用“中国社会科学院创新工程学术出版项目”标识。

中国皮书网

（网址：www.pishu.cn）

发布皮书研创资讯，传播皮书精彩内容
引领皮书出版潮流，打造皮书服务平台

栏目设置

关于皮书：何谓皮书、皮书分类、皮书大事记、皮书荣誉、
　　　　　皮书出版第一人、皮书编辑部

最新资讯：通知公告、新闻动态、媒体聚焦、网站专题、视频直播、下载专区

皮书研创：皮书规范、皮书选题、皮书出版、皮书研究、研创团队

皮书评奖评价：指标体系、皮书评价、皮书评奖

互动专区：皮书说、社科数托邦、皮书微博、留言板

所获荣誉

2008 年、2011 年，中国皮书网均在全国新闻出版业网站荣誉评选中获得“最具商业价值网站”称号；

2012 年,获得“出版业网站百强”称号。

网库合一

2014 年，中国皮书网与皮书数据库端口合一，实现资源共享。

中国社会发展数据库（下设12个子库）

全面整合国内外中国社会发展研究成果，汇聚独家统计数据、深度分析报告，涉及社会、人口、政治、教育、法律等12个领域，为了解中国社会发展动态、跟踪社会核心热点、分析社会发展趋势提供一站式资源搜索和数据分析与挖掘服务。

中国经济发展数据库（下设12个子库）

基于"皮书系列"中涉及中国经济发展的研究资料构建，内容涵盖宏观经济、农业经济、工业经济、产业经济等12个重点经济领域，为实时掌控经济运行态势、把握经济发展规律、洞察经济形势、进行经济决策提供参考和依据。

中国行业发展数据库（下设17个子库）

以中国国民经济行业分类为依据，覆盖金融业、旅游、医疗卫生、交通运输、能源矿产等100多个行业，跟踪分析国民经济相关行业市场运行状况和政策导向，汇集行业发展前沿资讯，为投资、从业及各种经济决策提供理论基础和实践指导。

中国区域发展数据库（下设6个子库）

对中国特定区域内的经济、社会、文化等领域现状与发展情况进行深度分析和预测，研究层级至县及县以下行政区，涉及地区、区域经济体、城市、农村等不同维度。为地方经济社会宏观态势研究、发展经验研究、案例分析提供数据服务。

中国文化传媒数据库（下设18个子库）

汇聚文化传媒领域专家观点、热点资讯，梳理国内外中国文化发展相关学术研究成果、一手统计数据，涵盖文化产业、新闻传播、电影娱乐、文学艺术、群众文化等18个重点研究领域。为文化传媒研究提供相关数据、研究报告和综合分析服务。

世界经济与国际关系数据库（下设6个子库）

立足"皮书系列"世界经济、国际关系相关学术资源，整合世界经济、国际政治、世界文化与科技、全球性问题、国际组织与国际法、区域研究6大领域研究成果，为世界经济与国际关系研究提供全方位数据分析，为决策和形势研判提供参考。

法律声明